新媒体·新传播·新运营 系列丛书

第 2 版

U0734290

新媒体
广告设计
AIGC 版

微课版

张涛 王娜 姚诚 ◎主编

孔瑞 张锦涛 刘凯 ◎副主编

人民邮电出版社

北京

图书在版编目（CIP）数据

新媒体广告设计：AIGC版：微课版 / 张涛，王娜，
姚诚主编. -- 2版. -- 北京 ： 人民邮电出版社，2025.
（新媒体·新传播·新运营系列丛书）. -- ISBN 978-7
-115-66124-1

Ⅰ. F713.81

中国国家版本馆 CIP 数据核字第 2025J7R430 号

内 容 提 要

新媒体广告融合了艺术与文化、数字技术，在品牌传播和市场推广中发挥着举足轻重的作用。本书将理论讲解与案例分析结合，系统地介绍了新媒体广告设计的理念、策略与方法，主要内容包括走近新媒体广告、新媒体广告文案撰写、新媒体广告色彩设计、新媒体广告字体设计、新媒体广告图像设计、新媒体广告版面编排，以及新媒体广告设计实战等。

本书内容新颖，案例丰富，既可作为高等职业院校和本科院校新媒体广告设计相关课程的教学用书，也适合新媒体广告设计、新媒体运营等领域的从业人员阅读学习。

◆ 主　　编　张　涛　王　娜　姚　诚
　　副主编　孔　瑞　张锦涛　刘　凯
　　责任编辑　姚雨佳
　　责任印制　王　郁　彭志环

◆ 人民邮电出版社出版发行　　北京市丰台区成寿寺路 11 号
　　邮编　100164　电子邮件　315@ptpress.com.cn
　　网址　https://www.ptpress.com.cn
　　临西县阅读时光印刷有限公司印刷

◆ 开本：700×1000　1/16
　　印张：11.5　　　　　　　　　2025 年 5 月第 2 版
　　字数：264 千字　　　　　　　2025 年 5 月河北第 1 次印刷

定价：59.80 元

读者服务热线：(010)81055256　印装质量热线：(010)81055316
反盗版热线：(010)81055315

前言
Preface

数字媒体技术的快速发展，使广告的营销重心从以往的传统营销逐渐向数字营销转移，同时也深刻影响了广告的视觉呈现形式，使新媒体广告设计在企业网络营销中的比重日益增加，新媒体逐步成为企业营销的主要媒介，企业对新媒体广告设计人员的需求也随之增加。

在广告设计领域，设计人员都非常注重广告画面的创意与美感，以富于创意性和形式感的设计吸引和打动消费者。在新媒体技术的影响下，广告设计的内容与传播形式都发生了巨大的变化，广告设计从原来的单向传播逐渐发展为互动、动态的多元化传播，广告设计的方法也在不断创新。

为了帮助读者掌握新媒体广告设计的理念、策略与方法，创作出优质的新媒体广告作品，我们精心策划并编写了这本教材，并获得了各大院校师生和广大读者的一致认可。党的二十大报告提出要"坚持创造性转化、创新性发展"，在此时代背景下，新媒体广告设计行业在锐意创新的基础上取得了长足的发展，并呈现出许多新的特性。为了紧跟行业发展与变化，我们对上一版教材在保留特色的基础上，进行了全新改版。本次改版修订的主要内容如下。

• 根据新媒体广告设计行业的发展与变化，对上一版中较为过时的内容和案例进行了全面更新，内容更新颖，案例更丰富，更能体现当前市场环境下新媒体广告设计工作的特性。

• 新增了部分内容，包括AI技术在新媒体广告设计中的应用、微信公众号广告设计、小红书笔记广告设计、抖音短视频广告设计、抖音直播广告设计等，让读者与时俱进，紧跟行业发展趋势，学习并掌握新知识、新技能。

• 课后练习调整为实践性题目，旨在让读者紧跟课堂学习进行课后练习，提升读者的动手能力，以及对新媒体广告设计知识的运用能力。

• 新增了"素养目标""素养课堂"等板块，便于教师开展素质教育，实现立德树人的教育目标，培养新时代高素质、重应用、善创新、强能力的应用型人才。

前言
Preface

与上一版相比，本版教材的内容更加新颖、与时俱进；更注重理论与实践的完美结合，突出时代性、实用性和科学性；更有利于教师的课堂教学和学生对知识的吸收。

此外，本书还提供了丰富的教学资源，包括微课视频、PPT课件、电子教案、教学大纲、课程标准等，选书教师可以登录人邮教育社区（www.ryjiaoyu.com）下载并获取教学资源。

本书由张涛、王娜、姚诚担任主编，由孔瑞、张锦涛、刘凯担任副主编。由于编者水平有限，书中难免存在不足之处，恳请广大读者批评指正。

编　者

2025年2月

目录
Contents

目录
Contents

目录
Contents

目录
Contents

这么好喝，
居然无糖！

无糖

可口可乐 中国

第 1 章
走近新媒体广告

【知识目标】

➤ 了解广告与网络广告。
➤ 了解网络广告的优势。
➤ 掌握新媒体广告设计的特点。
➤ 掌握新媒体广告设计的创意方法。
➤ 掌握AI技术在新媒体广告中的应用。

【能力目标】

➤ 能够充分认识网络广告的优势。
➤ 能够有意识地将AI技术用于新媒体广告。

【素养目标】

➤ 做好商业利益与人情味的平衡，用广告创意展现美好生活。
➤ 突破传统设计理念和固有思维模式，为广告作品注入新鲜活力。

　　随着移动互联网的快速发展，新媒体已经成为广告领域的新阵地。新媒体广告以其流量宣传和用户群体上的优势，让企业和广告人越来越多地感受到其不可估量的发展优势。本章将从广告、网络广告、新媒体广告设计、AI技术在新媒体广告中的应用等方面着手，深入分析新媒体广告的优势、特点及设计思路。

1.1 广告与网络广告

如今广告无处不在，报纸杂志、电视、广播、互联网等媒体充斥着各种各样的广告，让人应接不暇。在频繁出现的广告"攻势"下，用户的购买欲望会受到引导和刺激。尤其是近年来移动互联网的迅速发展，使网络广告以其独特的形式和极强的渗透力赢得了广泛的关注。

↘ 1.1.1 广告的定义和分类

广告，顾名思义，就是广而告之，即向广大社会公众告知某件事物，这是对广告的一种广义的释义。从狭义上讲，广告则是一种付费的宣传。

广告一词源于拉丁文"advertere"，其意为注意、诱导，约在1300～1475年逐渐演变为advertise，其含义衍化为"使某人注意到某件事"，或者"通知别人某件事，以引起他人的注意"。直到17世纪末，英国开始进行大规模的商业活动，"广告"一词才被广泛使用。此时的"广告"已不单指一则广告，而是指一系列的广告活动。

美国广告代理商协会对广告的定义是：广告是付费的大众传播，其最终目的为传递情报，改变人们对广告产品的态度，诱发其行动从而使广告主得到利益。

《简明不列颠百科全书》对广告的释义是："广告是传播信息的一种方式，其目的在于推销产品、劳务服务，取得政治支持，推进一种事业或引起刊登广告者所希望的其他反应。广告通过各种宣传工具，将信息传递给它所想要吸引的观众或听众。广告不同于其他传递信息的形式，它必须由刊登广告者付给传播信息的媒介一定的报酬。"

随着市场经济的日益发展、科技的进步，以及传播手段的多样化，广告的定义、内涵和外延也在不断变化。

广告可以按广告传播目的、广告传播媒介、产品生命周期划分为不同的类型。

1. 按广告传播目的分类

按广告传播目的的分类，广告可分为经济性广告和非经济性广告。

（1）经济性广告

经济性广告是狭义的广告，指以盈利为目的的广告，广告主以付费的方式，通过公共媒介对产品或服务进行宣传，向消费者有计划地传达信息，促使消费者产生购买行为，从而使广告主获得利益。经济性广告是最常见的，通常也被称为商业广告，如图1-1所示。

（2）非经济性广告

相对于经济性广告，非经济性广告不以获取任何利益为目的，而对某种对象、事物或事情进行宣传，因此属于非营利性广告，主要以公益广告、政府宣传广告等为主。其中，公益广告以传达社会福利、保险、招生、招聘、医疗救助、呼吁环境和动物保护等信息为主，主要以加强公共服务和促进资源合理发展为目的；政府宣传广告则以传达公共法令、政令、交通安全、财政税务等信息为主，主要以加强公共管理和促进社会和谐为目的，如图1-2所示。

图1-1　经济性广告

图1-2　政府宣传广告

2. 按广告传播媒介分类

为了顺应广告设计的需要，根据其特点和表达方式的不同，广告可分为电视广告、网络广告、纸媒体广告、户外广告等，这些广告类型在各自的领域中扮演着不同的角色，并发挥着各自的作用。

（1）电视广告

电视媒体是视听两用媒体，具有综合性的传播功能，对社会大众具有非凡的影响力，同时具有强大的竞争力和生命力。

电视广告创意的重点在于"说什么"和"怎么说"。"说什么"不是一般化地讲述产品的品牌、质量等，而是力求说出产品的特点。"怎么说"就是要用简洁生动的画面和语言构成一个使受众"对广告内涵产生认同与共鸣"的特定意境，即要把"产品性格"艺术化，要说得妙趣横生，令人印象深刻。

"说什么"是电视广告创意的深刻内涵，而"怎么说"则是电视广告创意的表现形式，只有当内涵和形式有机统一时，"说什么"和"怎么说"才能融合得更好。图1-3所示为可口可乐、雪碧无糖系列广告。

图1-3　可口可乐、雪碧无糖系列广告

（2）网络广告

与其他媒体相比，网络广告具有投资少、传播速度快、互动性强的特点。越来越多的商业网站出现后，怎么让消费者知晓自己的网站也就成为一个问题。广告主需要一种可以吸引消费者到自己的网站进行浏览的方法，而网络媒体也需要依靠浏览量来获利，于是产生了网络广告。

（3）纸媒体广告

纸媒体广告是指以纸质媒体（如报纸、杂志、传单等印刷媒介）为载体的广告，这种广告形式有悠久的历史，一度是广告市场的主要形式。纸媒体广告的优势是可读性强、受众稳定、传播效果好，但也存在一些劣势，如形式单一、发布成本高、受众覆盖范围有限。

随着新媒体广告的普及，纸媒体广告的市场份额逐渐受到挑战。但是，由于其独特的优势和稳定的受众基础，纸媒体广告仍然是一种重要的广告形式，如房地产、汽车等行业的广告投放中，纸媒体广告仍然具有不可替代的作用。

（4）户外广告

所谓户外广告，通常是指设置在户外的广告。常见的户外广告有路边广告牌、高立柱广告牌、射灯广告牌、霓虹灯广告牌、灯箱、候车厅广告牌等。

户外广告具有场所固定的特点，它对地区和受众群体也有很强的选择性，通常以地区的特点来选择广告形式。同时，户外广告具有传播力强、成本低的特点，但要注意的是，户外广告由于覆盖面相对较小，因此具有一定的局限性。

3. 按产品生命周期分类

按产品生命周期的不同阶段分类，广告可分为告知性广告、竞争性广告、提示性广告、铺垫性广告。

（1）告知性广告

告知性广告是指新产品刚进入市场时所设计的广告，主要用于介绍新产品的功能、特点、使用方法等，以吸引消费者购买使用。告知性广告如图1-4所示。

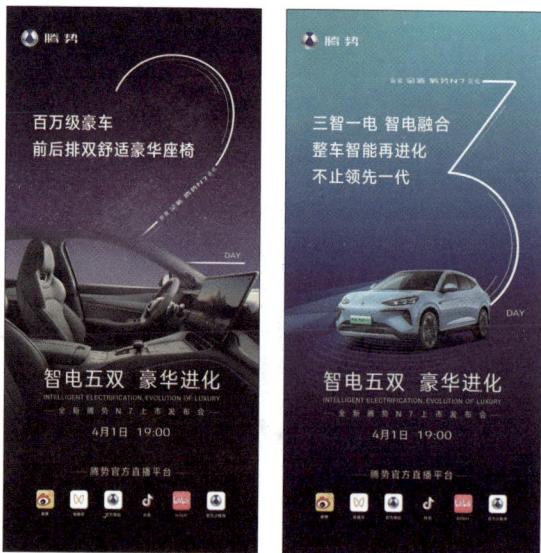

图1-4　告知性广告

（2）竞争性广告

竞争性广告是指产品在成长期与成熟期所设计的广告。此时企业多投放竞争性广告以占领市场、提高企业信誉、提升产品影响力，并介绍自身产品相对于竞争产品的优点和特色，以在竞争中获胜。竞争性广告如图1-5所示。

图1-5 竞争性广告

（3）提示性广告

提示性广告又称维持性广告。当产品处于成熟期时，产品已被广大潜在消费者所接受，产品的销售量达到顶峰，产品利润比较稳定，此时企业投放提示性广告，主要是为了维持已有市场。提示性广告如图1-6所示。

（4）铺垫性广告

铺垫性广告是指产品在衰退期所设计的广告，主要通过宣传产品的品牌、商标来提醒消费者，使消费者继续购买其产品，目的是延缓产品销售量的下降速度。

图1-6 提示性广告

↘ 1.1.2 广告的构成要素

广告是一种动态或活动形式的存在，而不仅仅是静态的展示。因此，研究广告就是要研究构成动态过程的要素，即确定广告的构成要素。广告的构成要素主要包括广告主、广告信息、广告媒体、广告受众等。

1. 广告主

广告主又称广告客户，指广告活动的发起人、广告信息的发布者、广告活动的责任承担者，其主要依据所处的市场竞争状况以及企业实力来确定对广告的投资。

2. 广告信息

广告信息是指广告活动中想告诉受众的内容，一般指产品信息、服务信息和观念信息。产品信息主要包括产品的性能、质量、用途、价格、何时出售，以及在何地购买；服务信息主要是指广告主向社会或个人提供的各种服务类信息，包括为生产服务的信息和为生活服务的信息；观念信息主要是指广告主通过某种广告形式倡导某种意识，使受众树立一种有利于广告主推销产品或服务的消费观念，或者使受众增加有关知识。

3. 广告媒体

广告媒体又称广告媒介，是广告信息进一步传播、扩散的载体，同时也是连接广告主与受众的桥梁。当今广告媒体正日益趋向多元化，所谓"被浪费掉的一半广告费"多数是由于广告媒体选择不当。因此，成功的广告与广告媒体的选择关系十分密切。

4. 广告受众

广告受众是指广告信息传播的对象，主要包括经销商、分销商及其他用户和个人。

↘ 1.1.3 网络广告的定义和优势

网络广告就是在网络上投放的广告，是通过网络广告投放平台并利用网站上的广告横幅、文本链接、多媒体，在互联网上刊登或发布广告，然后通过网络将信息传递给互联网用户的一种高科技广告运作方式。

与传统的四大传播媒体（报纸、杂志、电视、广播）广告及近来备受垂青的户外广告相比，网络广告具有得天独厚的优势，是现代营销媒体战略的重要组成部分。网络广告是主要的网络营销方法之一，在网络营销方法体系中占有举足轻重的地位，事实上多种网络营销方法都可以理解为网络广告的具体表现形式，并不局限于放置在网页上的各种不同规格的横幅（Banner）广告，如电子邮件广告、搜索引擎关键词广告、搜索固定排名等都可以理解为网络广告的表现形式。

相对于其他媒体广告来说，网络广告具备以下几个优势。

1. 打破了时间和空间的限制

互联网把广告信息24小时不间断地传播到世界各地，只要具备上网条件，任何人在任何地点都可以浏览信息，这是传统媒体无法做到的。

2. 可以精准投放

网络广告的受众是年轻、具有活力、受教育程度高、购买力强的群体，网络广告可以直接将信息传递给最有可能购买自身产品的潜在用户。利用软件技术，广告主还可以指定某一类专门人群作为广告传播对象，而不必为与此广告无关的人付费。

3. 灵活性强

网络广告的载体基本上是多媒体、超文本格式文件，用户可以围绕感兴趣的产品了解更为详细的信息。网络广告以图、文、声、像的形式，传送多感官的信息，让用户身临其境地感受产品或服务，并且能够在网上进行预订、交易与结算等活动，从而更有效地增强网络广告的实际效果。

4. 能正确评估广告效果

利用传统媒体做广告，广告主很难准确地知道有多少人接收到了广告信息，而在互联网上可以通过客观的访客流量系统精确地统计出每个广告被多少用户浏览过，以及这些用户查阅的时间分布和地域分布等，从而有助于广告主正确评估广告效果，及时调整广告投放策略。

5. 互动性强

互动性是网络媒体的最大优势，它不同于传统媒体的信息单向传播，而支持信息互动传播，用户可以获取他们认为有用的信息，广告主可以随时得到宝贵的用户反馈信息。

互联网赋予用户直接与广告主进行互动，进而建立未来关系的能力。网络广告可以做到一对一发布以及一对一信息反馈。对网络广告感兴趣的用户不再被动地接受广告，而是可以及时地做出反应。这种优势使网络广告可以与电子商务紧密结合，进而提升交易率。

6. 内容更丰富

网络追求高速度、高可靠性和高安全性，多媒体技术提供文字、声音、图像等综合性服务，不仅可以做到图文并茂，还可以同时进行人机对话。例如，当我们想购买一辆汽车或一套住房时，不仅可以从显示屏上看到汽车与住房的外观和内部结构的展示图片与说明文字，同时可以通过语音识别软件对自己不明白的地方进行咨询，从而实现足不出户就能购物。

1.1.4 网络广告的主要形式

网络广告有多种形式，大致可分为以下几类。

1. 横幅广告

横幅广告也称为旗帜广告，通常以图形界面形式出现在网页顶部、底部或侧边，是网络广告最早采用也是最常见的形式之一。横幅广告可以包含图片、文本或动画，目的在于吸引用户的注意力，并引导他们点击以了解更多信息或访问广告主的网站，如图1-7所示。

图1-7　横幅广告

2. 弹窗广告

弹窗广告是指打开网站、应用或软件后，自动弹出的广告窗口，如小窗口广告与App开屏广告等。这种广告形式通常会在用户浏览网页或使用软件时突然出现，如图1-8所示。

图1-8　弹窗广告

3. 电子邮件广告

电子邮件广告具有针对性强、费用低的特点，并且内容不受限制，可以针对具体的某个人发送特定的广告，如图1-9所示。

图1-9　电子邮件广告

1.2 新媒体与新媒体广告

新媒体是相对于传统媒体而言的，只有媒体构成的基本要素有别于传统媒体，才称得上是新媒体，否则最多也就是在传统媒体的基础上进行的变形或改进。新媒体广告也属于网络广告，不同之处在于新媒体主要指互联网新兴媒体。

⌄ 1.2.1　新媒体的界定

新媒体是利用数字技术，通过计算机网络、无线通信网、卫星等渠道，以及计算机、手机、数字电视等终端，向用户提供信息和服务的传播形态。从空间上来看，新媒体特指当下与传统媒体相对应，以数字压缩和无线网络技术为支撑，利用其大容量、实时性和交互性跨越地理界线，最终得以实现全球化的媒体。

广义的新媒体包括两大类：一是基于技术进步引起的媒体形态的变革，尤其是基于无线通信技术和网络技术而出现的媒体形态，如数字电视、交互式网络电视（Internet Protocol Television，IPTV）、手机终端等；二是随着人们生活方式的转变，以前已经存在，现在才被应用于信息传播的载体，如楼宇电视、车载电视等。狭义的新媒体仅指第一类，即基于技术进步而产生的媒体形态。

实际上，新媒体可以被视为新技术的产物，数字化、多媒体、网络等技术均是新媒体出现的必备条件。新媒体诞生以后，媒介传播的形态就发生了翻天覆地的变化，诸如地铁阅读、写字楼大屏幕等，都是将传统媒体的传播内容移植到了全新的传播空间。这种变化包含以下技术元素。

（1）数字化的出现使大量的传统媒体加入新媒体的阵营，这一改变主要呈现为媒体的技术变革，不论是内容存储的数字化，还是传播形式的数字化，都大幅提升了媒介的传播效率。

（2）媒介形态也因新技术的诞生而呈现出多样性，网络电视、网络广播、电子阅读器等均将传统媒体的内容移植到了新的媒介平台上。

我们可以从以下4个层面来理解新媒体的概念。

➤ **技术层面**：利用数字技术、网络技术和移动通信技术的媒体。

➤ **渠道层面**：通过互联网、宽带局域网、无线通信网和卫星等渠道传播的媒体。

➤ **终端层面**：以电视、计算机和手机等作为主要输出终端的媒体。

➤ **服务层面**：向用户提供视频、音频、语音数据服务、连线游戏、远程教育等集成信息和娱乐服务的媒体。

↘ 1.2.2　新媒体广告的表现形态

新媒体广告不仅可以吸引用户沟通、提升交易达成率，还可以提升品牌印象、增强用户黏性。

新媒体广告的表现形态主要分为以下几种。

1. 线上新媒体广告

手机媒体是线上新媒体的代表。手机媒体是到目前为止所有媒体形式中最具普及性、最快捷、最方便的平台。手机媒体上的广告形式多种多样，主要集中投放于用户量庞大、针对性强或者有关联性的App内部。

（1）即时通信类软件（以微信为例）

①朋友圈广告

微信会根据手机类型、年龄、城市和兴趣标签等信息对广告的目标人群进行精准匹配，目前已经可以定向投放。朋友圈广告如图1-10所示。

②账号昵称广告

账号昵称广告是利用微信昵称进行品牌宣传和推广的广告。微信昵称是用户展示自己身份和个性的重要标识，合理利用微信昵称可以达到一定的广告宣传效果。

图1-10　朋友圈广告

③公众号广告

公众号广告可以分为软文广告、硬广告、原文链接广告、二维码广告等多种形式。

软文广告是目前公众号的主流广告形式，其最大的优点是易于被用户接受，甚至会使用户形成一种期待感——猜中了开头却猜不中广告。

硬广告的优点是简单、直接，缺点是阅读体验和转发率差，而且容易破坏用户的阅读体验。此类广告以旅游推广和电商促销等为主。

原文链接广告通常配合软文或者Banner广告进行组合推广，常适用于H5、官网和产品购买页，如图1-11所示。这种形式的广告缺少优质的导语，致使导流效果较差。

二维码广告同样以搭配软文推广为宜，但也有很多独立操作的案例。广告主通常为注册时间较短、粉丝较少的微信公众号，投放这类广告的目的是"涨粉"。这种形式适合选择同类或相关公众号，吸引的粉丝一般为高质量目标人群，预算充足的号主可以考虑使用，但是需要搭配高质量的短文案，即既要短小精悍，又要直击人心。

④微信短视频广告

微信短视频广告是指在微信平台上投放的短视频形式的广告。微信短视频广告具有视觉冲击力强、互动性强、内容形式多样的特点，所以被广泛应用于品牌推广和营销。

（2）门户搜索类网站（以百度为例）

①搜索推广

百度搜索推广是一种按效果付费的网络推广方式，它是百度推广业务的一部分。大量用户每天在百度平台上进行数亿次搜索，其中一部分搜索词明确地表达了某种商业意图，即希望购买某

图1-11　原文链接广告

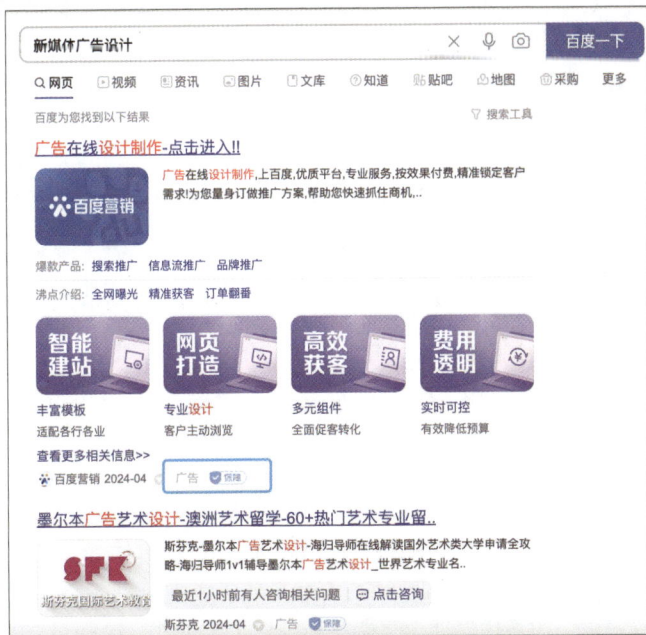

一产品，寻找某一服务的提供商，或者希望了解该产品或服务相关的信息。同时，提供这些产品或服务的企业也在寻找潜在客户。

百度搜索推广的关键词定位技术可以将高价值的企业推广结果精准地展现给有商业意图的搜索用户，同时满足用户的搜索需求和企业的推广需求，如图1-12所示。

图1-12　搜索推广

11

②品牌推广

品牌推广是百度平台为广告主量身定制的网络营销推广服务。当搜索用户使用企业品牌对应的关键词进行搜索时，企业推广信息会以图文并茂的形式出现在搜索结果的第一位，充分展示企业实力及品牌形象。品牌推广是企业有效提升品牌知名度和获取目标用户关注的创新推广模式。

③网盟推广

百度网盟推广是一种按照效果付费的网络定向推广服务。它以百度联盟的数万家合作伙伴作为投放和传播平台，广告主可以自行选择投放网站和地域，将各种类型（如文字、图片、动画等）的推广信息展现在各类百度联盟网站上，最大限度地触及潜在用户。

④图片推广

百度图片推广是一种针对特定关键词的网络推广方式，按时间段固定付费，推广图片将出现在百度图片搜索结果的第一页，不同词汇的价格不同。广告主购买了图片推广关键词后，就会被主动查找这些关键词的用户找到并向其展示企业推广图片，从而给企业带来商业机会。

⑤知识推广

知识推广是一种更好地将商业推广效果与用户浏览体验相结合的商业推广方式。广告主通过业务系统筛选出与自身业务高度相关的行业或品牌问题，然后在业务系统中回答问题，生成专属的问题页面，并在百度知道检索结果页、百度知道详情页等页面得以展现。

广告主不仅可以通过回答用户问题传播企业的具体业务信息，还可以通过专属问题页面上大量的图片广告位增加精准、强势的品牌曝光，从而锁定目标消费群体，最终促成用户转化。

（3）社交娱乐类应用（以小红书为例）

①小红书话题广告

小红书话题广告是在小红书平台上以特定话题为核心，通过创意内容展示品牌或产品，引发用户讨论的广告形式。话题广告充分利用了小红书社区的用户活跃度和内容分享属性，实现了广告与内容的结合，从而达到吸引潜在消费者、提升品牌知名度的目的，如图1-13所示。

②小红书视频广告

小红书视频广告以短视频的形式呈现，可以展示产品使用场景、品牌故事或产品功能。视频广告生动直观，能够吸引用户的注意力，提升广告的互动性和转化率。

③信息流广告

信息流广告以原生内容的形式融入小红书的用户信息流中，不易被用户识别为广告，可以提高用户接受度。信息流广告主要以图文结合或视频形式存在，展示在用户浏览内容的过程中，根据用户的兴趣和行为进行智能推荐，如图1-14所示。

2. 线下新媒体广告

随着时代的发展，线下也涌现出了诸多新媒体广告形式。这些新奇的广告表现形式充斥在生活中的各个角落。

（1）电子菜谱广告

电子菜谱广告是指利用平板电脑的可视听效果，充分结合当今餐饮、酒店行业的发展趋势，将广告以图片、文字、视频等形式植入平板电脑的内置电子菜谱中的一种新媒体广告，如图1-15所示。

图1-13　小红书话题广告

图1-14　信息流广告

图1-15　电子菜谱广告

（2）公交广告

公共汽车与乘客的相互流动性是公交广告最具魅力的地方，车内聚集的人群是产品宣传的重要阵地。公交广告具有较强的广告冲击力和其他媒体广告不可替代的广告受众。

（3）楼宇广告

楼宇广告能够以最低的成本最精准地定位目标用户，凡居住在高层住宅楼的用户，每人每天一般会上下楼梯3～4次，而楼梯旁边的平面广告至少有3～4次进入他们的视线的机会，因此楼宇广告具有其他媒体广告所不具有的广告阅读强制性。楼宇广告如图1-16所示。

图1-16　楼宇广告

📖 **课堂讨论**

请与同学相互探讨平时生活中见到的新媒体广告，哪一种广告形态最多，你对此有何感受？

↘ 1.2.3　新媒体时代广告传播的特点

新媒体的基本技术特征是数字化，基本传播特征是互动性。新媒体不仅具有信息量大、使用方便、检索快速便捷、图文声像并茂、互动性强、信息传播和更新速度快等特性，还具有计算机检索功能、超文本功能，是一种具有强大生命力的传播媒体。新媒体广告作为新媒体的重要传播内容，具备以下传播特点。

1. 传播与更新速度快

新媒体广告是一种数字化的传播方式，它将一定的信息转化成数字，经过传播以后再在操作平台上还原为特定的信息。

新媒体广告可以通过互联网高速传播并实时更新，可以像电台、电视台一样进行实时、实况报道，显然优于传统的传播方式。新媒体广告传播速度快、时效性强，不受印刷、运输、发行等因素的限制，在上网的瞬间便可以同步发给所有的用户。新媒体更新速度快，而且更新成本低，其更新周期可以"分""秒"计算，而电视、广播的更新周期要以"小时"计算，纸质报纸的更新周期以"天"甚至以"周"计算，纸质期刊与图书的更新周期则更长。

新媒体还可以做到同步传播和异步传播相统一，其即时刷新的特性提高了新闻的时效性，其本身"接收的异步性"能够方便用户随时随地按照自身需求进行信息接收。

2. 零成本全球传播

新媒体广告的传播突破地域、没有疆界，跨国传播的成本几乎为零。无论是从传播者的角度，还是从用户的角度，新媒体广告跨国传播与本地传播的成本与速度几乎是相同的。换言之，新媒体广告的成本与传播距离、范围无关，这一点与传统媒体广告截然不同。

纸质媒体和广播、电视虽然在理论上也能进行全球传播，但是其传播的成本与传播的距离成正比。新媒体完全打破了传统的或者说物理上的空间概念，实现了网络信息传播无阻碍化。新媒体广告可以通过互联网以低成本在世界范围内快速、便捷地传播。

3. 传播方式、传播媒介多样

新媒体是一种多媒体的传播方式，所以新媒体广告可以运用不同的传播载体实现各种不同形式的单一传播或者整合传播。它可以借助文字、图片、视频、声音中的任何一种形式或几种形式的组合来进行传播活动，如图1-17所示。这种具有立体感的多媒体传播组合可以更加真实地反映所宣传的对象，给用户带来逼真而生动的体验。

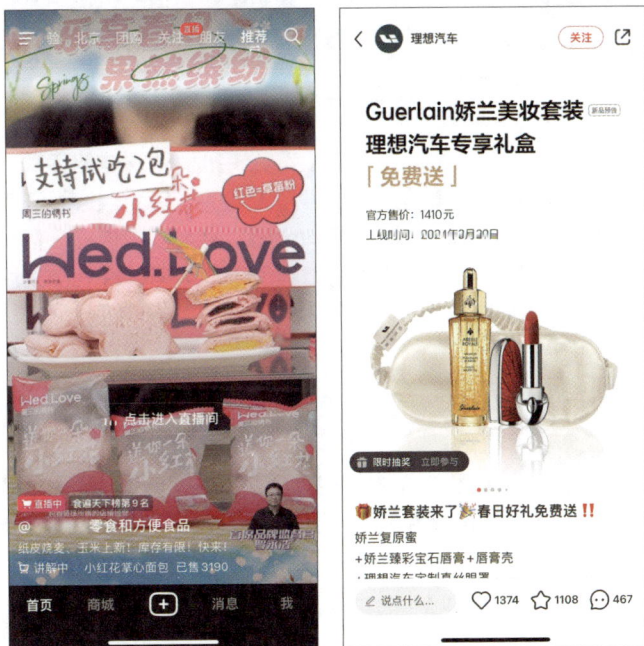

图1-17 视频与文字图片结合的广告示例

新媒体融合了文字、声音、图片、视频等多种形式的媒体，克服了传统的文字媒体（报纸）、声音媒体（广播）和视觉媒体（电视）难以逾越的障碍。新媒体不仅具有一般电视的功能，还具有容量大、可检索等功能，从而使得其多媒体特性更加实用，所以新媒体实际上是多种媒体的综合体。

随着新媒体平台日趋成熟，用户可以同时通过多个媒体渠道接收信息，所以新媒体广告传播的信息也可以通过多种媒体平台传送给用户。

4. 采用超文本非线性组织方式

所谓超文本，就是一种非线性的信息组织方式。超文本使新媒体广告的传播效果和传播质量得到大幅度的提升，并且开启了用户黏性运营的大门，衍生了一系列新职业。

超文本是一种模拟人类思维方式的文本，即在数据中包含其他数据的链接。用户单击文本中加标注的一些特殊的关键词和图像，就能打开另一个文本。超媒体又进一步扩展了超文本所链接的信息类型，用户不仅能从一个文本跳转到另一个文本，还可以激活一段声音、显示一个图形，或者播放一段视频。用超文本、超媒体方式组织信息，方便用户在接收某个内容时方便地跳转到其他内容，更加符合人们的阅读和思维规律。

人们的思维活动是多维的、发散的，而不是线性的。传统媒体的表达方式是按顺序的、线性的，而不是跳跃的、多向的，这样的表达方式不符合人们的思维习惯。人们要求新的媒体能够突破线性表达的桎梏，采用多维的表达方式，使其具有联想功能，从而更接近人们对知识、概念、思想的表达习惯。

新媒体改变了信息组织方式，其魅力在于能够将分布于世界各地的图文并茂的多媒体信息以超链接的方式组织在一起。利用这一点，新媒体广告可以在世界范围内实现广告信息的高效传播，以超文本、超媒体方式来组织广告信息，使用户在接收广告信息时，实现从诱导性广告信息到实用性广告信息的跳转以及表达方式的转换，从而更好地迎合用户的主体地位及思维规律。

5. 互动性

从传播学的角度看，互动性是新媒体的根本性特征。新媒体的传播方式中有很多是开放式的互动传播。传统媒体的传播方式通常是单向的，传受双方无法随时随地进行双向传播。而新媒体既能单向传播，也可以双向传播，甚至多向传播。新媒体的传播方式具有很强的互动性，因此新媒体广告不仅可以吸引用户沟通、提升交易达成率，还可以提升品牌印象、增强用户黏性。

1.3 新媒体广告设计

新媒体是新时代的主要传播方式，它重塑了信息传播流程，极大限度地激发了各行各业的生产潜力。新媒体广告设计要适应社会的新需要和新思路，所以要在广告设计上进行创新。

1.3.1 新媒体广告设计的表现方式

现代广告在新媒体技术的支持下，能够将传统媒体中相互分离的元素（如文字、图形、声音、影像等）有机地结合到一起，来进行信息的传输与显示。基于这些元素的结合，广告设计的表现手段和范围相对于以往有了很大的扩展，并且这样的设计能够触及人类的多个感官，使用户拥有多样的视听感受，加深广告对用户的影响。

1. 广告图形设计变得精细、抽象

在新媒体技术的支持下，很大一部分广告图形的设计变得极其精细、抽象，是一种用传统手绘方式很难完成的有机图形。采用这种表现方式的广告案例如图1-18所示。例如，越来越多的广告开始使用矢量图作为广告创作的元素，既能体现其原创性，相对于以往的摄影图片和图库图片来说又更具表现力，让越来越多的设计人员在设计时不再只限于使用图库或摄影图片。利用计算机创作的矢量图片可以按任意倍数放大或缩小，但画面清晰度不会受到影响。这类图形相对传统手绘图形来说具有更强的可操作性，且结合夸张的色彩，能够营造一种时尚、前卫的风格，让广告在现代社会能够很快地吸引目标用户。

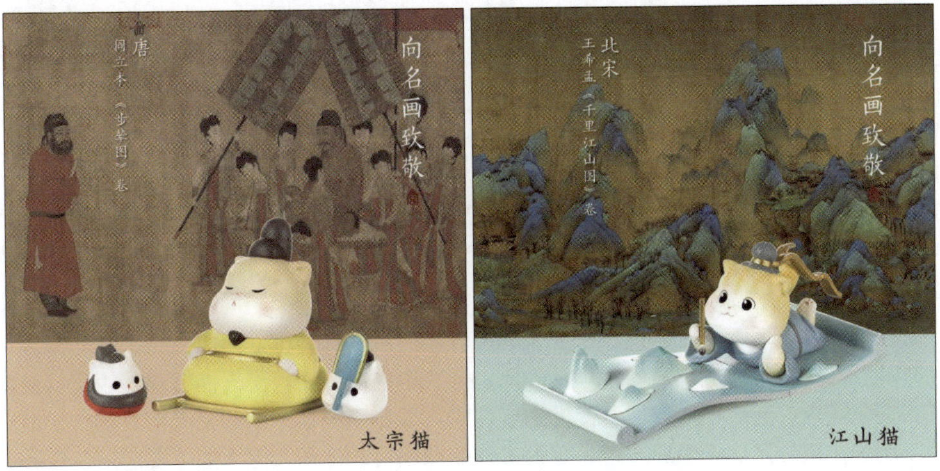

图1-18 广告图形设计变得精细、抽象的广告案例

2. 以动态化的方式表现广告

在新媒体广告设计中，广告形式除了继续沿用二维和三维的静态表现方式外，动态化这一特点在广告设计中也被运用得更为广泛。这种表现形式突破了传统印刷媒体的范畴，将各种用来传递信息的动态元素进行有机地组合。

在新媒体中，动态元素主要包括动画、音频和视频等，其中音频在多媒体技术中起着举足轻重的作用，它除了用来传递信息外，还能配合视频文件增强整个广告的表现力。背景音乐、视频和动画在广告中的运用可以营造出一种更具表现力和情节感的氛围，用户在浏览广告时，会被这些动态元素唤起某种特殊的情感，从而加深对该广告的印象。

动态广告可以作为局部的视觉元素出现，在页面中的某处滚动播放，也可以使文字、图形以闪烁的形式在网页的小面积范围内出现，或者采用全屏形式，在用户打开网页的同时在网页中央弹出广告动画等。

3. 以非线性的方式表现广告

非线性是一种相对于线性编辑来说更为便捷的剪辑手段。线性编辑意味着叙事方式的单一性，而非线性的叙事方式则可以从任意一点开始，向任意一个方向发展。非线性

既是数字媒介的技术特征和编辑手段，也是视觉传达的一种新的思维方式和观察视角。

随着社会的发展，每个时代的设计人员都在探索最适合这个时代的视觉表现形式，以便让信息在这个时代的环境下能更有效地传播。设计人员通过掌握用户所熟知的视觉符号，并利用各种技术手段能够设计出多种多样的视觉表现形式。非线性的表现形式就是基于对现代社会环境和人群需求的理解而产生的，这种形式在新媒体背景下的网络中得以发展和普及，超链接等方式的存在允许接收方可以在任何时刻跳转到更感兴趣的信息内容上。从一个页面跳转至另一个页面只需单击即可，这种便捷的方式可以让用户更加自由且更快速地得到链接的详细信息。

↘ 1.3.2 新媒体广告设计的特点

在新媒体环境下，信息遍及社会发展的方方面面，各种或杂乱、或有序、或浅显、或深刻的信息直接、间接地影响着人们的日常生活，使人们的生产、生活发生了翻天覆地的变化。

其中，广告设计行业受影响较为明显。毋庸置疑，新媒体对广告设计行业的发展起着载体作用，它推动着广告设计的创新发展，而为了适应新媒体环境，广告设计行业立足创新、锐意进取，并借助新媒体平台实现了更快的发展，与此同时，基于新媒体的广告设计特点也愈加值得研究与探讨。

1. 内容设计更显互动性

在新媒体环境下，广告设计行业表现出较强的互动性特征。毋庸置疑，受新媒体环境影响，广告内容更加丰富、新颖、多元，形式也更加多变，不仅能够满足用户日益增长的文化需求，还能在广告信息传播的过程中实现与用户零距离的交流与互动，形成一种以用户、媒介及广告信息发布者等为主体的网络互动体系，这更能体现出广告在新媒体环境中的互动价值。

2. 创意设计更追求个性化

创意一直是广告设计人员所追寻的共同目标。在新媒体时代，人们对广告的创意有了更高的要求，这就需要广告设计人员在创作实践中不断加入与众不同的个性化元素，开发独树一帜、标新立异的广告设计内容，简单来说就是要追求个性化的广告创意。新媒体时代的广告设计不能仅靠追求所谓的雷同化创意来吸引用户的眼球，而是要根据市场需求，对用户需求进行严格分类，有针对性地进行广告设计。

在这个追求个性化消费的时代，私人定制式的个性化创意设计更能对用户产生较强的吸引力，从而实现广告创意的重要价值。例如，广告设计人员可以在广告设计中融入更多的时代流行元素，让流行元素贯穿整个广告设计过程，这样创作出来的广告不仅能够很好地完成传递广告信息的任务，还能为用户带来酣畅淋漓的个性化视觉体验。

3. 视觉传达更加人性化

视觉传达的人性化是广告设计呈现出的一种新特性。人性化是广告设计当下发展乃至未来发展所应渗透的一种设计理念，这种理念要求设计人员在广告设计中尽可能增加一些人性化的设计元素，这些元素可以是情感、情绪、情调、神态等，也可以是文化、审美、伦理等。

广告设计不仅要在视觉上给用户带来强烈的冲击力，还要使用户的心理或精神上感到愉悦。在新媒体时代，广告类型越来越多，很多用户开始厌恶广告，对广告视而不见，如果广告主仅仅想凭借生硬的文字和图片来引起关注，恐怕会大失所望。只有在广告设计中丰富信息传递形式，由单一的文字、图片传递形式向文字、图片、音频、视频等相结合的多元传递形式过渡，并在设计中融入更多的人性化元素，才能使用户欣然接受广告信息。

4．广告表现更加多元化

在新媒体时代到来之前，纸质媒体广告传播、广播媒体广告传播和电视媒体广告传播是主要的广告传播方式。而新媒体时代到来后，广告表现不再仅限于这些方式，而是发生了翻天覆地的变化。

总体来说，广告表现的多元化主要体现在以下两个方面。

（1）与不同的传播媒体结合，呈现出不同的表现形式。新媒体广告具有灵活性、多变性，所以在不同的传播媒体上会展现出不同的表现形式。

（2）多元文化融合后，使广告植入流行起来，电影植入、电视剧植入和综艺节目植入等现象都很常见。这种形式就是将广告进行融合，并在同一部作品中进行呈现，从而实现良好的广告效果。

1.3.3 新媒体时代广告活动的新思路

广告的灵魂是创意，新媒体广告形式的出现，使广告创意设计更富有挑战性。传播方式上出现的新变化，对广告设计产生了重大影响，由广告引发的情感、心理上的效应，所起到的作用更为明显。在广告快速发展的多元化时代，进行广告创意设计的人员更应该把用户加入广告传播中，让用户亲自体验，同时依托新媒体本身的优势，来提升广告创意的水平。

1．商业动机与美好情愫的融合

现代化生产中往往充斥着大量的同质化产品以及雷同的广告模式，要想赢得用户的注意力，将情感设计融入广告创意中无疑是一个重要的手段。广告的情感化诉求，能够最大限度地将自己与竞争对手进行科学区分，并且难以被模仿。

在新媒体环境下，用户很容易接触到各类广告，假如广告过分关注商业信息，就会让用户反感。在开展新媒体广告设计时，广告设计人员应从把握用户的需求与心理的角度出发开展创意设计，洞悉用户的心理活动，探寻广告设计创意，利用视觉化的设计，融入一定的情感，达到以情动人的效果，将商业动机与美好情愫相融合，从而打造满足用户消费心理的广告创意设计佳作。

这种思路下的广告案例如图1-19所示。

📖 **素养课堂**

商业之道，人情味是关键。生活无法被定义，需要尊重和关爱每一个人对生活的理解。广告设计人员要以用户为中心，懂得用创意广告激发人对美好生活的向往，用优质产品来回馈用户。让人们的生活更加美好，这才是广告营销的真正意义。

图1-19 商业动机与美好情愫融合的广告案例

2. 突出新媒体的交互性

新媒体的特点使广告从原来的单一、跟风、乏味逐渐走上享受、娱乐与体验的新道路，用户与品牌间的互动进一步加强。用户希望在生活中获得快乐，更好地体验生活。因此，广告创意设计要突出新鲜、有趣的互动，激发用户的消费兴趣和消费欲望，使其主动参与其中。在进行互动的过程中，品牌要做好信息传播工作，给用户留下良好的印象，提升广告的传播效益。

新媒体广告能受到用户的关注，原因就在于其互动性能使用户产生较大的乐趣，让用户在交流中获知产品的具体信息。以情景互动式广告为例，有一则关于"节约用纸，保护树木"的互动式广告，通过抽纸的过程，来展示绿色森林的减少过程，从而通过绿色的减少来表达广告主题，这样的广告能与用户产生互动，这一互动是用户亲身参与的，并且能在思想上对用户产生影响，进而给用户留下深刻的记忆，因此只有这样的广告创意才能产生好的效果。

↘ 1.3.4 新媒体广告设计的创意方法

随着新媒体技术的发展，新媒体广告的创意已经突破传统媒体与消费者之间的情景式互动，现在关注的是如何让消费者融入广告本身的情节和环境当中，充分调动视觉、听觉等产生思维和情感上的共鸣，从而达到更好的传播效果。

在新媒体环境下，广告的创意方法主要有以下几种。

1. 以设计目标为中心，进行作品创新

设计人员在进行广告设计之前，首先应做好产品的定位，分析该广告媒体的特性，进而根据这些信息开展新媒体广告的艺术创新设计。同时，在设计时有必要深度剖析产

品的特点，并掌握广告主对于广告投放的需求，从而进行准确的广告设计定位，并据此制定广告的设计目标。因此，设计人员进行新媒体广告设计之前，应以新媒体广告在传播过程中起到促进市场销售的作用为宗旨制定设计目标，并且以此作为设计趋势。

新媒体广告设计要想达到相应的质量要求，设计人员就要根据新媒体广告在营销工作中的视觉宣传标准开展设计，通过色彩的运用、图形图像的变化、设计元素的艺术拼接和组合等创意手段来完成设计工作。

2. 体现商业特点，以产品市场宣传为目标

在市场竞争激烈的形势下，新媒体广告已经成为众多商家争相使用的商业宣传手段之一。新媒体广告设计是商业广告设计的一个重要组成部分，其设计目的是向消费者传达视觉信息、企业的有效商业信息，这就要求新媒体广告设计必须与消费者的审美需求相符，并且能够达到消费者的视觉传达需求标准。

因此，广告设计人员在进行广告设计时，要始终以产品市场宣传作为最终目标，在设计新媒体广告的过程中加入艺术设计元素，充分展现产品外观的线、面、角的特色，使产品信息以图像化的方式呈现给消费者，并通过灵活运用视觉要素来提升消费者的关注度，从而实现宣传产品的目标。

除此之外，广告设计人员必须深层次了解消费者的审美需求、审美习惯，在其设计的新媒体广告中体现出审美特点，让艺术设计元素和消费者的审美需求相符，迎合消费者的艺术需求心理。

3. 合理运用视觉元素，破除固有思维模式

新媒体广告的设计应重视视觉元素的运用，通过灵活变化的视觉元素来吸引消费者的注意。广告设计人员要敏锐地捕捉设计灵感，掌握设计内容所处的时代特点，走在艺术设计潮流的前端，坚持"突破传统，寻求变化"的设计理念，通过各个角度、各个层次合理运用视觉元素，将传统的图形设计以更加出人意料的方式进行展现，破除固有的思维模式，为新媒体广告设计注入活力，使新媒体广告作品具有较强的艺术感染力，同时发挥传播信息的作用，并结合产品特点达到市场宣传的目的。

4. 创新运用色彩，吸引消费者

在新媒体广告设计中，色彩是重要的艺术表达方式之一。色彩的创新运用将直接关系到产品广告的投入费用，以及对产品起到的宣传作用。色彩能够反映出产品的质感、外观、特点、应用领域，还关系到广告内容。广告设计人员要根据广告主的设计需求以及广告版面的要求选择色彩进行装饰，以达到吸引消费者的目的。

5. 按照投放类型确定投放方式，体现出差异性

新媒体的出现从一定程度上为消费者扩大了获取信息的范围，促使新媒体广告的目标群体进一步复杂化、多样化。按照新媒体广告投放的相关要求，广告设计人员在进行广告设计时，必须考虑到广告内容、色彩搭配、图形变化等方面，使广告呈现出创意性的特点。同时，要注重将上述几个方面合理融合，并按照广告投放方式分类，分别确定在抖音、小红书、微信等平台上的广告投放方式，如图1-20所示。

图1-20 抖音、小红书、微信的广告投放

　　针对新媒体广告的主题，广告设计人员要结合广告投放差异性、广告投放环境的特点等达到吸引消费者注意力的目的，以有效提升广告投放效果。

↘ 1.3.5 新媒体广告设计应该遵循的法律规范

　　在新媒体时代，越来越多的企业倾向于使用新媒体广告来提升新产品和品牌的知名度。新媒体广告设计人员常常借助诗歌、散文、小说、戏剧等语言艺术形式，运用现代技术手段创作受众喜闻乐见的作品，实现最佳的社会宣传效应。新媒体广告语言具有形象、新颖、多样、效益高等诸多特点。

　　然而，由于新媒体广告语言并没有像传统媒体那样在用词上反复斟酌，语言的使用比较随意，存在随便引用外语、网络语言、方言，随意创造新词，任意"嫁接"英语，句子成分缺失、冗余或表意不明，违反语法规则和逻辑等失范现象。为进一步规范新媒体广告语言，要准确把握广告内涵，加强广告管理，完善相关法律法规和行业自律体系，新媒体广告设计要遵循以下几点法律规范。

　　（1）新媒体广告在设计过程中不得含有法律禁止的内容。例如，不能使用"最高级""最佳"这些词语，不能损害国家的尊严或利益，不能泄露个人隐私等。

　　（2）新媒体广告的内容应准确、清楚、明白，禁止出现虚假广告。例如，不能使用虚构、伪造或者无法验证的科研成果、统计资料、调查结果、文摘、引用语等信息做证明材料；广告中对产品的性能、功能、产地、用途、质量、成分、价格、生产者、有效期限、允诺等或者对服务的内容、提供者、形式、质量、价格、允诺等有表示的，应当准确、清楚、明白。

　　（3）新媒体广告不得损害未成年人和残疾人的身心健康。例如，在针对未成年人的大众传播媒介上不得发布医疗、药品、保健食品、医疗器械、化妆品、酒类、美容广告，以及不利于未成年人身心健康的网络游戏广告。针对不满14周岁的未成年人的产品或服务的广告不得含有劝诱其要求家长购买产品或者服务的内容和可能引发其模仿不安全行为的内容；禁止基于对残疾的歧视，通过大众传播媒介或者其他方式贬低、损害残疾人人格。

（4）新媒体广告内容应具有可识别性，能够使消费者辨明其为广告。例如，付费搜索广告应当与自然搜索结果进行明显区分，以帮助消费者更好地区分广告信息与非广告信息，避免其产生误解或混淆。

（5）新媒体广告不得贬低其他生产经营者的产品或服务。例如，不能针对竞争对手做一些贬低其产品或服务的广告，不能直接或间接地指出竞争对手的产品或服务的缺点、不足，借以突出自己的产品或服务的优势。

📖 **素养课堂**

　　广告宣传也要讲导向，品牌营销应杜绝虚假宣传，维护良好的广告市场秩序，保障人民群众切身利益，消费者也要坚决抵制虚假违法广告，各方共同努力，共筑清朗的市场环境。

1.4　AI技术在新媒体广告中的应用

随着AI技术的不断发展和完善，其在新媒体广告领域的应用也更加广泛。AI技术在新媒体广告中的应用不仅能有效提升广告的投放效率和针对性，帮助广告主更精准地传达品牌信息，也能提高广告的效果，提升用户体验，吸引潜在受众。

1.4.1　精准制定新媒体广告创意

利用AI技术能够精准制定新媒体广告创意，主要包括自动化生成内容、图像和视频处理、创意优化、风格迁移和艺术生成等方面。

1. 自动化生成内容

AI技术可以利用自然语言处理和机器学习算法，根据新媒体广告人员输入的关键词或描述，自动生成相关的创意和文案，这种自动化生成的内容可以作为新媒体广告创意的起点，为新媒体广告人员提供灵感和支持。

2. 图像和视频处理

AI技术不仅可以通过图像识别和处理技术帮助新媒体广告人员快速筛选、编辑和处理新媒体广告所需的图片和视频素材，还可以提供如颜色匹配、构图建议等方面的辅助，帮助新媒体广告人员优化广告视觉效果和传达效果。

3. 创意优化

AI技术可以通过对大量新媒体广告数据的分析和学习，发现有效的创意元素和组合方式，为新媒体广告人员提供创意优化建议。这种基于数据的创意优化可以帮助新媒体广告人员更加精准地把握受众需求和市场趋势，提高新媒体广告的效果和转化率。

4. 风格迁移和艺术生成

AI技术可以通过风格迁移和艺术生成等技术，帮助新媒体广告人员实现不同风格的广告创意。例如，可以利用生成对抗网络（GAN）等技术，将不同艺术风格和创意元素融合到新媒体广告中，创造出独特新颖的新媒体广告效果。

↘ 1.4.2 制订新媒体广告营销计划

AI技术能够帮助广告主精准地制订新媒体广告营销计划，提高新媒体广告的转化率。下面将从目标市场分析、用户行为预测、新媒体广告精准定位、数据驱动决策以及自动化投放工具等方面，讲解AI技术如何帮助制订新媒体广告营销计划。

1. 目标市场分析

AI技术能够分析市场数据，识别潜在用户群体，并对竞争对手的广告策略进行智能对比。通过对市场数据的挖掘和分析，AI技术可以帮助广告主精准地了解目标市场的特点、需求和趋势，为新媒体广告营销计划提供有力的市场分析依据。

2. 用户行为预测

利用AI技术，广告主可以预测用户的行为模式和购买意图。AI通过收集用户的在线行为数据，如浏览记录、搜索历史和购买行为等，构建用户画像，并预测用户未来的行为趋势。这种预测有助于广告主制订更加精准的新媒体广告营销计划，提高新媒体广告的触达率和转化率。

3. 新媒体广告精准定位

AI技术能够帮助广告主实现新媒体广告定位的精准化。通过对用户数据的分析，AI可以精准地识别目标受众的地理位置、设备类型、浏览习惯等信息，为新媒体广告推荐最合适的展示位置和展示形式。这种精准定位的能力可以大大提高新媒体广告的曝光率和点击率，提升新媒体广告效果。

4. 数据驱动决策

AI技术在新媒体广告营销中的另一个重要作用是数据驱动决策。通过收集和分析大量的用户数据和市场信息，AI可以为企业的新媒体广告决策提供强有力的数据支持。这种基于数据的决策方式不仅提高了新媒体广告营销的科学性和准确性，还为企业节省了时间和成本。

5. 自动化投放工具

AI技术可以为企业提供自动化投放工具，实现新媒体广告的自动化投放和管理。通过自动化投放工具，企业可以自动化地调整新媒体广告策略，优化广告位，管理广告预算等，提高新媒体广告投放的效率和效果，节省企业的时间和人力成本，增强企业的竞争力。

↘ 1.4.3 实时监测新媒体广告效果

AI技术可以实时监测新媒体广告效果，主要通过以下几个步骤来实现。

1. 数据收集

AI技术可以收集与新媒体广告相关的所有数据，包括广告的点击率、曝光量、转化率、用户互动等。这些数据来自各种渠道，如社交媒体、搜索引擎、网站等。

2. 实时分析

AI技术可以对收集到的数据进行实时分析，利用机器学习算法对新媒体广告效果进行预测和评估。例如，可以通过分析用户的点击行为、浏览路径等信息，判断广告是否对用户产生吸引力。

3. 反馈机制

AI技术可以建立一种反馈机制，将实时分析的结果反馈给广告发布者。如果广告效果不佳，AI可以提供调整建议，如更改广告内容、调整投放时间等。

4. 预测优化

基于实时反馈的数据，AI技术可以对未来的新媒体广告效果进行预测，并提前进行优化。例如，如果发现某一类用户群体对新媒体广告的反馈较好，AI会建议增加针对这一群体的新媒体广告投放。

5. 个性化广告推荐

AI可以根据用户的兴趣和行为，实现个性化广告推荐。通过对用户的浏览历史、购买记录等信息进行分析，AI可以为用户推荐更符合其兴趣和需求的广告。

课后实训

以党的二十大报告为指导，构思一款新媒体广告，并总结出具体的设计思路和创意方法，旨在宣传国家的发展成果，弘扬社会主义核心价值观，并引导社会大众积极参与国家建设。结合党的二十大核心思想，以"共建美好未来"为创意核心概念，通过展现国家在经济、文化、科技等方面的显著成就，激发社会大众的爱国热情和国家认同感。

第 **2** 章
新媒体广告文案撰写

【知识目标】

➢ 了解什么是广告文案与新媒体广告文案。
➢ 掌握增强新媒体广告文案吸引力的方法。
➢ 掌握制造广告文案代入感的方法。
➢ 掌握AI编写新媒体广告文案的流程。
➢ 掌握利用AI提炼新媒体广告文案的技术方法。

【能力目标】

➢ 能够根据广告需求创作不同类型的广告文案。
➢ 能够运用AI技术编写新媒体广告文案。

【素养目标】

➢ 在广告宣传中践行社会责任，持续贡献社会价值。
➢ 绿水青山就是金山银山，善用新媒体传达生态价值。

　　在新媒体时代，企业的广告营销逐渐从电视、广播等传统媒体平台转移到新媒体平台，广告文案的地位在企业的新媒体营销中日益突出。文案作为广告的表现形式之一，是新媒体广告的核心，优质的广告文案能够让消费者过目不忘、直达消费者的心扉、引起消费者的共鸣，从而激起消费者的购买欲望。

2.1　广告文案与新媒体广告文案

文案是广告的核心。美国调查机构经过科学测试发现，广告效果的50%～75%来自广告文案，这充分说明了广告文案是影响广告效果最关键的因素。

2.1.1　什么是广告文案

文案的概念来源于广告行业，它是广告文案的简称。广告文案有两层含义：一是为产品写下的能打动用户内心，甚至能让用户打开钱包的文字；二是一种职业，指专门创作广告文案的工作者。

目前，广告文案有广义和狭义之说。广义的广告文案是指广告作品的全部，它不仅包括语言文字，还包括图画等内容；狭义的广告文案仅指广告作品的语言文字部分。

2.1.2　新媒体广告文案传播的特点

新媒体广告文案与传统媒体广告文案有共通性，但由于新媒体广告文案投放渠道的不同、用户阅读习惯的变化，新媒体广告文案传播与传统媒体广告文案传播有所不同，具有以下特点。

1. 发布成本低

传统媒体广告的发布成本动辄上百万元，而随着新媒体的兴起，企业的广告发布成本逐步降低，并且企业不断将品牌推广预算转移到新媒体上。2023年，中国网络广告规模达到7190.6亿元。这一数字不仅体现了互联网广告业务的强大生命力，也反映出广告行业正加速向数字化、网络化方向转型。互联网广告在广告发布业务中的占比从2019年的58.7%上升至2023年的82.4%，成为广告行业的绝对主力。

2. 传播渠道及形式多元化

新媒体广告文案传播渠道包括但不限于微博、支付宝服务窗、微信公众号、QQ空间等，很多企业为了占据多个渠道，会将同一信息根据渠道用户的不同而运用不同的文案进行发布。

传播形式的多元化让广告不仅能以文字的形式发布，还能以图片、视频、游戏等多种形式发布，这让广告的呈现形式实现了多元化。

3. 更强的互动性

相对于传统媒体来说，新媒体广告文案传播不再是单向输出，用户可以借助微信、微博等社交平台直接与企业品牌方沟通、互动。例如，参与游戏互动获赠优惠券、通过新媒体获得更好的售后服务等。

4. 目标人群更精确

各新媒体平台的用户特征明显，比如，职场用户喜欢通过微信公众号和朋友圈获取和传播信息；而"00后"则更倾向于使用QQ空间、抖音、快手等社交应用，常用的视频网站则为哔哩哔哩网站等。

另外，用户在新媒体上的各种行为均会被记录为数据，所以企业可以根据自己的目标用户有选择地进行相关信息的推送及广告投放，例如，针对家庭主妇推送生活用品。

新媒体平台基于自身对数据的算法与处理，能针对不同人群推送不一样的信息。例如，淘宝根据用户的浏览记录、往期购买服装的风格类型、所购买服装的价格区间等推送对应的服装，以便更好地促成交易；今日头条根据用户经常浏览的资讯类型，有选择地推荐对应的内容。企业也可以运用对应新媒体平台的与自身相关的数据对不同的目标用户进行精准营销。

5. 文案易被用户再创作

新媒体广告文案更乐于让每个用户都能进行二次创作，并鼓励用户分享其二次创作的内容。

基于以上特点，新媒体广告对文案的要求相较于传统媒体广告更为大众化，更短、平、快。

> **短**：文案能短则短，这样能够快速吸引用户的注意力，并将最核心的信息表达出来。

> **平**：平实、亲近，新媒体的特性决定了品牌不能再高高在上，而要通过最平实、亲近的语言与目标用户进行有效的沟通。

> **快**：因为传播的快速，新媒体广告文案的创作也要快，要及时跟进网络热点，快速产出优质内容。

例如，美团优选将互联网上很火的一个话题套在"省（省钱，节省）"的主题上，你要写省，就不能只写省，要写"三毛、七折、两块八的小开心"，要写"个头大但仅需0.1元的白菜价"……提笔"省货"，落笔生活。美团优选的广告文案写下了国人踏实质朴、细致入微的生活哲学，为品牌注入了更多的附加值，积淀了更深厚的品牌资产。

↘ 2.1.3 新媒体广告文案常见的类型

新媒体广告文案按文案投放渠道的不同可分为微信公众号软文、朋友圈营销文案、小红书文案等；按表现形式的不同可分为纯文字文案、图文文案、视频文案等；按广告植入方式的不同可分为软广告和硬广告；按文案篇幅的长短可分为长文案和短文案；按企业广告目的的不同可分为销售文案和品牌传播文案。

1. 按渠道及表现形式的不同分类

投放渠道不同，文案的表现形式也不同。例如，微信公众号支持多种表现形式的文案，如纯文字、语音、图片、图文（即图片和文字）、视频等，如图2-1所示；小红书文案也有多种表现形式，可附图或视频，如图2-2所示。

2. 按广告植入方式的不同分类

软广告，即不直接介绍产品、服务，而是通过其他方式植入广告，如在案例分析中植入品牌广告、在故事情节中植入品牌广告。用户不容易直接察觉到软广告的存在，因为其具有隐蔽性。硬广告则相反，它是以直白的内容将广告直接发布在对应的渠道媒体上。

一般来说，企业会根据不同的情况选择是投放软广告还是硬广告。如果企业需要高强度的品牌曝光来直接带动销售，那么企业一般会选择硬广告；企业在仅需要增加品牌曝光的时候一般选择软广告。

图2-1 微信公众号文案示例

图2-2 小红书文案示例

3. 按文案篇幅的长短分类

一般来说，长文案是指1000字以上的文案，短文案则是指少于1000字的文案；长文案需要构建强大的情感场景，而短文案的目的则在于快速触动用户，传递核心信息。

另外，行业属性也会影响文案的运用。在价格较低、用户决策成本也较低的行业（如日用品、食品行业），短文案居多；在价格较高、用户决策成本也较高的行业（如汽车、房地产行业），长文案居多。

> **课堂讨论**
>
> 请同学们在网上搜集长文案与短文案的案例，与同学一起讨论文案类型在行业上的分布，并分析为何会形成这种分布上的特征。

4. 按企业广告目的的不同分类

企业所有的新媒体广告文案都是为销售而服务的，但为了更好地区分文案类型，我们可以根据企业广告的目的将其分为销售文案和品牌传播文案。

➤ **销售文案**：能够立即带来销售额的文案，如产品销售页中介绍产品信息的文案，为了提升销售额而制作的引流广告图等，如图2-3所示。

➤ **品牌传播文案**：以扩大品牌影响力为目的而创作的文案，如企业形象广告、企业节假日情怀营销文案等，如图2-4所示。不同的文案类型有不同的写作方法，如销售文案要能立即打动人，并促使用户行动；品牌传播文案则侧重于能否引起用户的共鸣，以促使用户自发传播。

图2-3　销售文案示例

图2-4　品牌传播文案示例

2.2 增强新媒体广告文案的吸引力

移动互联网已经占用了用户大部分的时间，人们的精力和时间都变得碎片化了。时间的碎片化、注意力的稀缺使传统的广告传播形式变得越来越低效，因为用户再也不愿意被动地接收信息。

因此，新媒体广告文案需要让用户在碎片化的时间中被标题、广告主题快速吸引。这就要求广告文案在内容上要有代入感，能够吸引用户读下去，与此同时，还要有信任感，这样用户才会对产品或服务产生购买意向，并提升对品牌的好感度。

2.2.1 创作与"我"相关的内容

人们总是关注自己想关注的内容，对任何与自己没有直接利益关系的事情往往并不太在乎，所以用户一般只关心产品或服务能够给他们带来什么，或者能够为他们做什么。因此，广告中使用"你"或"您"更容易被用户注意和理解。例如，在说明一台新机器更节省成本的时候，不要说"新机器与当前机器相比将节省30%的成本"，而要说"新机器将为您节省30%的成本。"

微信公众号运营数据发现，与"我"（即用户）相关的理论表现得特别明显：做图文标题时，只要多加一个"你"或"您"字，阅读量会比平时增加5%～10%。

在新媒体广告文案中，与"我"相关的理论可以进一步分解为与"我"的收益相关、与"我"的生活相关。

1. 与"我"的收益相关

与"我"的收益相关，即直接说明产品或服务能够给用户带来的收益、好处或价值。换句话说，用户购买的是产品或服务能够为其带来的好处，而不是产品或服务本身。图2-5所示的vivo手机广告文案就运用了这一理论。

图2-5　vivo手机文案示例

"别问电量能撑多久，就问想看多久""悬停拍悬日，出片毫无悬念"是对vivo手机电池和拍照性能的认可和夸赞。卖点就是长续航和长焦镜头，这就是用户所关注的手机卖点——手机所带来的直接好处。"别问电量能撑多久，就问想看多久"，大部分人就会马上有感觉，这也是因为大脑更倾向于关注具体的信息，所以更容易被人们记住。

文案工作者在写文案时，应该时刻问自己：产品的卖点是什么？能够给用户带来什么好处？然后用目标用户最能理解的语言将其表述出来，这样的文案才更容易引起人们的注意。

2. 与"我"的生活相关

与"我"的生活相关的内容涉及生活的方方面面，如吃、穿、住、行，大到生活的城市、日常的天气，小到刷牙的一个细节或动作，甚至包括与精神生活相关的价值观等。凡是与产品或服务的目标用户的生活相关的都是与"我"的生活相关的理论内容。例如，前端工程师更容易注意到这样的标题："面试了一位拥有4年工作经验的前端工程师，有几句话想要对你说。"淘宝运营则更容易注意到这样的标题："一个人，如何做好淘宝？"

企业在做宣传时，也要考虑到与"我"的生活相关。图2-6所示为岚图汽车的文案，该文案既宣传了企业制造的汽车已实现十万台整车下线，也为品牌增强了辨识度，强化了自身品牌在服务支持领域和制造领域上的优势。

图2-6 岚图汽车文案

↘ 2.2.2 运用对比，制造反差

对比，就是把两种相对应的事物进行对照比较，使形象更鲜明、感受更强烈。对比是文学创作中比较常用的一种表现手法，是指把对立的事物或事物的两个方面放在一起做比较，让读者在比较中分清好坏、辨别是非。

强烈的对比会帮助人们做出决定。在日常的文案工作中，文案工作者可以制造的对比有之前和之后对比及和竞争对手对比等。

1. 之前和之后对比

通过将使用产品之前和之后的状态进行对比，或者将现在和未来进行对比，让用户更清楚文案所展现的产品卖点。一般来说，采用之前和之后对比更有说服力，如使用防晒产品之前和之后，穿衣搭配之前和之后……

标题常见的用法有："49元搞定小个子，1米5也能穿成1米8。"

另外，之前和之后的对比也常运用在新媒体广告设计上，它能够让人更直观地感受到对比。图2-7所示为小红书梨形身材女孩去年和今年的穿衣对比，并据此推荐了更适合的穿衣搭配。

2. 和竞争对手对比

和竞争对手对比主要是通过将自己的产品或服务与竞争对手的产品或服务进行对比来突出自身的优势。这样可以帮助用户在众多产品或服务中进行选择，使用户注意到我们的文案所表现的产品或服务的优势，在做决策时更容易选择我们的产品或服务。

图2-7　穿衣搭配

2.3　制造广告文案的代入感

代入感是指读者、观众或玩家产生了一种自己代替了小说、影视作品或游戏中的人物而进入其中的感觉。在新媒体广告文案中，代入感则意味着通过广告文案让用户身临其境、感同身受。

↘ 2.3.1　选择合适的代入角色

代入的角色大致分为两种：一种是代入品牌，另一种是代入用户。代入不同的角色，故事架构就会不同，要渲染的画面、采用的视角也会不一样。

如果代入的是品牌，通常可以讲创始人或者企业的故事，论及产品，可能还会讲到研发故事；如果代入的是用户，通常传达的就是用户拥有这款产品后的绝佳体验，让用户身临其境地感受这种美好，同时还可以切入不同角度来讲述用户的故事。

例如，蒙牛的文案就从独特的角度描述了母亲与孩子的同频成长，如图2-8所示。没有人生来就是妈妈，从1岁、5岁这种年纪展开叙述，能够向我们展现当女孩成为妈妈时最初的无助，从而让人深深感念母亲一路以来的不易。并且在母亲节这一时间节点播出，很好地突显了对市场和消费者的洞察，用情感链接起众多妈妈和孩子。

总之，在写作之前，要明确代入的角色，并据此来构建故事或画面。

图2-8　蒙牛的文案

↘ 2.3.2　营造调动感官的画面感

在明确代入的角色之后，接下来就是营造画面感了。在营造画面感时，文案工作者要充分调动用户的感官体验，通过视觉、听觉、嗅觉、味觉、触觉等各种感觉来给用户留下深刻的印象。

研究显示，人类五感的深刻程度依次为：视觉（37%）>嗅觉（23%）>听觉（20%）>味觉（15%）>触觉（5%）。在写新媒体广告文案时，我们可以充分运用这个规律，描述用户看到的、闻到的、听到的、尝到的、摸到的，但绝对不能用一些模糊而宽泛的词语，一定要写具体。例如，下面这两个广告文案便体现出了没有画面感与有画面感的巨大差别。

➤ **没有画面感的广告文案：**最好的手机芯片。

➤ **有画面感的广告文案：**"翻越滇南之巅，咬一口野生的春天。"如图2-9所示，这是良品铺子关于野山笋产品的文案。

图2-9　良品铺子野山笋的文案

📖 **素养课堂**

　　我们要牢固树立"绿水青山就是金山银山"的理念，把绿水青山建得更美，把金山银山做得更大，让生态、生产、生活相生共赢，使自然之美、发展之变、民生之实相得益彰。

↘ 2.3.3　用情怀引起用户共鸣

　　用情怀引起用户共鸣，是指激发用户的情感，通过情绪、情感的刺激来达到吸引用户注意、打动人心的目的。情感、情绪更容易直达人们的内心，引发人们强烈的感受。

　　情怀文案是广告文案发展到一定阶段的产物，其以情怀触动用户的内心，进而促使用户购买。可以说情怀文案是企业广告的灵魂，起着揭示用户内心世界的作用。新媒体情怀文案通常能抓住年轻用户的心理，因为情怀文案的创作者和传播者大多数是年轻人，他们比较熟悉年轻用户的内心，所以创作的文案容易引起年轻用户群体的关注和情感共鸣，如图2-10所示。

图2-10　全友家居的文案

　　情怀文案也可以用模仿网络流行语的方式来突显品牌的时尚感和亲切感，抓住时下热点和年轻用户的心理需求来开展品牌宣传和产品推广活动。

↘ 2.3.4　讲故事，创造故事感

　　人们都喜欢听故事，也容易记住故事。故事拥有能够影响人类情感、给人留下深刻印象的力量。正如亚里士多德所说："我们无法通过智力去影响别人，情感却能做到这一点。"如果新媒体广告文案中有故事，那么用户通常会在不知不觉间被文案吸引。讲故事可以快速地让人产生代入感，并且可以融入自己想要表达的诉求。该类文案的示例如图2-11所示。

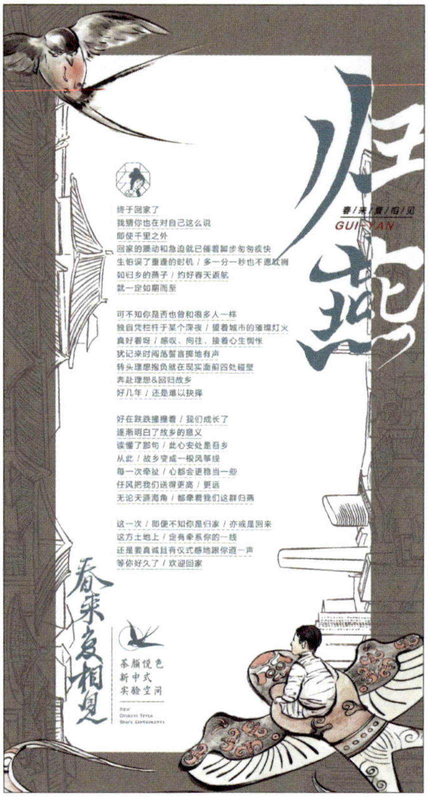

图2-11 茶颜悦色的文案

故事可以让人们的内心产生情感，这份情感会促使人们行动。对于品牌而言，这就会带来高销售量及品牌溢价。

讲故事的方式几乎适用于任何产品，更适用于同质化比较严重的产品。当企业在产品卖点上找不到更大的突破点时，可以用故事来加强与消费者的情感联系。当然，也可以在产品本身就具有特色的基础上，再用故事来强化这种特色。

↘ 2.3.5 设置问题，引发用户思考或回忆

对于问题，大多数人的本能反应就是去理解它、回答它。麦克罗斯基认为，这么做的原因要归结于我们所受的社交训练，当有人问我们问题时，我们必须做出回答，而要给出正确的回答就要求我们必须先理解这个问题。

提问题会使人自然而然地进入预先被设置的思考路径。提问题能够使人思考、引起重视、做出反应，更容易让人有代入感，从而直接进入广告文案要表达的主题中。例如，某时尚博主在其微信公众号上撰写了一篇服饰软文，如图2-12所示，其标题为"开年最火的优雅休闲风，普通人怎么把它穿好看？"

提出的问题可以是选择题、填空题，反问句或陈述句加一个问号也能带来代入感，该方法一般适用于功能性比较强的产品或服务的介绍，通过提问题将目标用户带到需求的困扰点上，然后通过品牌商的产品或服务来解决问题。

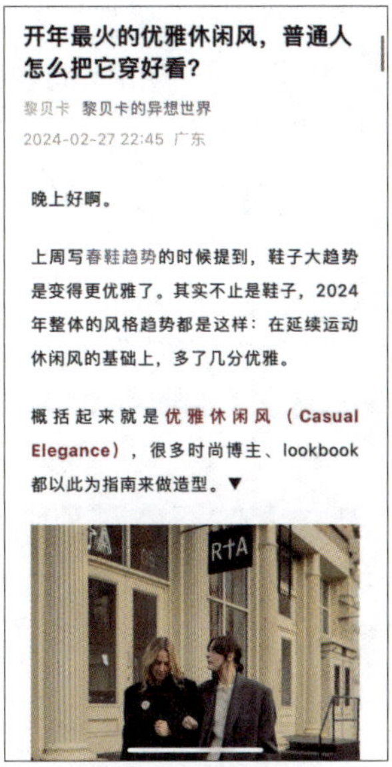
开年最火的优雅休闲风，普通人怎么把它穿好看？

黎贝卡 黎贝卡的异想世界

2024-02-27 22:45 广东

晚上好啊。

上周写春鞋趋势的时候提到，鞋子大趋势是变得更优雅了。其实不止是鞋子，2024年整体的风格趋势都是这样：在延续运动休闲风的基础上，多了几分优雅。

概括起来就是优雅休闲风（Casual Elegance），很多时尚博主、lookbook都以此为指南来做造型。▼

图2-12 设置问题

↘ 2.3.6 制造悬念，激发用户好奇心

制造悬念是指通过设置一个疑问，让人不断地深究下去。这样的方式在新媒体广告文案中常常用在开头，也常穿插在长广告文案中间，目的都是吸引用户继续看下去，例如，如图2-13所示的微信公众号标题“‘裙子+裤子’突然火了！我要不要追？怎么追？”

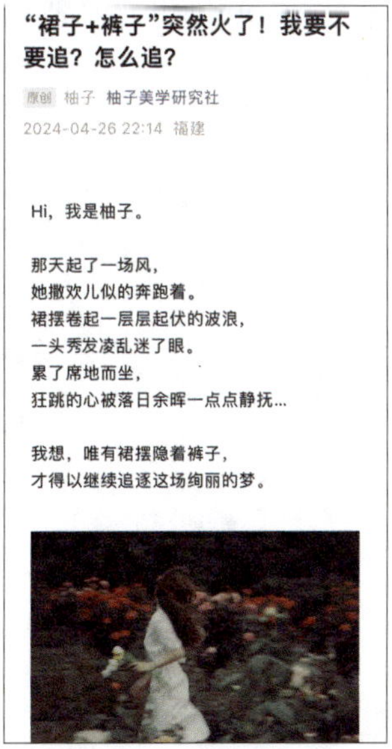
“裙子+裤子”突然火了！我要不要追？怎么追？

原创 柚子 柚子美学研究社

2024-04-26 22:14 福建

Hi，我是柚子。

那天起了一场风，
她撒欢儿似的奔跑着。
裙摆卷起一层层起伏的波浪，
一头秀发凌乱迷了眼。
累了席地而坐，
狂跳的心被落日余晖一点点静抚...

我想，唯有裙摆隐着裤子，
才得以继续追逐这场绚丽的梦。

图2-13 制造悬念示例

在广告文案中制造悬念时，其内容结构通常是前半部分描述一种非常极端的情况，后半部分加上类似"这×种""有×吗"等关键词，这样就能制造出比较强大的悬念。

2.4 提炼一句话广告文案

文案大师菲利普·沃德·博顿说："广告语，又称品牌传播语，就是用一句话来描述产品性能或品牌主张，吸引观众产生兴趣甚至购买，并喜爱上该品牌。"优质的广告语就是品牌的"眼睛"，对于人们理解品牌内涵、建立品牌忠诚度都有着不同寻常的意义。

↘ 2.4.1 提炼一句话广告文案的基本法则

如何使一句话广告文案更好地发挥传播作用？如何使一句话广告文案有效地帮助品牌达到营销目的？下面介绍4种提炼一句话广告文案的基本法则，分别是满足用户利益、满足用户情绪、满足用户归属感及塑造品牌价值。

1. 满足用户利益

这类一句话广告文案主要有两种形式：一种是直接表明功能或利益诉求，告诉用户自己（或产品）是干什么的；另一种是融入品牌名称，让用户一看就知道公司的主营业务是什么，如图2-14所示。

用户从这些一句话广告文案中就能看出该公司（或产品）的品牌，以及可以给自己带来的好处，这样既简单又直接，从而很容易因为这种利益而记住该品牌。这种利益正好是用户的痛点，而这个品牌刚好解决了用户的这个痛点。人们都会关注与自己有关的事情，看到这样的一句话广告文案时，就会想既然这个品牌能够解决自己的问题，那就可以去尝试，所以这种广告文案很容易驱动用户为了满足自己的利益而采取行动。

图2-14 满足用户利益的文案示例

2. 满足用户情绪

不是每一种广告文案的风格都能同时满足所有品牌的定位，因此就有了满足用户情绪的一句话广告文案，这类广告文案主要针对一些需求有品位和档次的用户。这类品牌需要采用满足用户个性化需求的情绪化广告文案，通过审美体验和情感诉求来获得用户的认可。图2-15所示为岚图汽车的宣传文案。

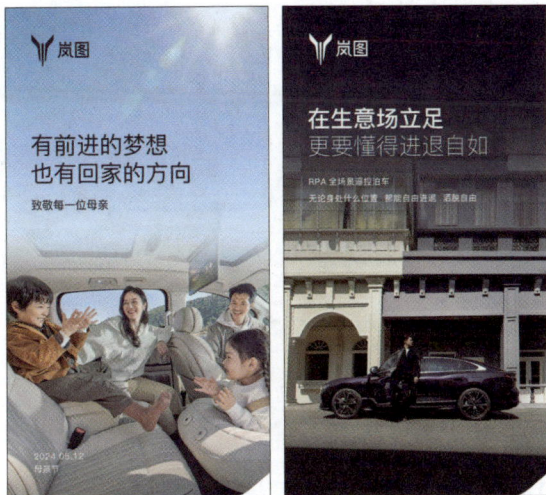

图2-15　岚图汽车的宣传文案

这类一句话广告文案并不直接表达产品的物理特质和功能，但通过情绪化的内容让用户产生情感共鸣，能够对销售起到明显的推动作用。

3. 满足用户归属感

情绪化的广告文案比较适合能够满足用户个性化需求的品牌，而满足用户归属感的一句话广告文案比较适合高端品牌。满足用户归属感的一句话广告文案的实质就是把用户归类，形成圈层消费意识，激发用户的自我定位和社会属性认同。图2-16所示为某汽车品牌的一句话广告文案。

4. 塑造品牌价值

这类一句话广告文案常见于集团化品牌，用于强调品牌的社会责任和历史使命。当企业规模扩大到一定程度时，企业就不能单纯地追求利润，而需要综合考虑企业的社会责任，这不仅是企业形象建设的需要，同时也是企业无法逃避的使命。因此，企业的一句话文案应更强调社会责任和价值，如格力的文案"格力，让世界爱上中国造"，老凤祥的文案"跨越三个世纪的经典"等。

📖 **素养课堂**

在广告宣传中，经济利益与社会责任的平衡是一个重大课题。广告创作者要践行社会责任，持续贡献社会价值，在爱国、创新、诚信、社会责任和国际视野等方面不断提升自己，努力成为新时代构建新发展格局、建设现代化经济体系、推动高质量发展的生力军。

图2-16　某汽车品牌的一句话文案示例

↘ 2.4.2　提炼一句话广告文案的思维方法

当撰写广告文案成为日常工作时，文案工作者就不能只依靠灵感爆发来进行创作，而要凭借一些技术性的手段来帮助自己捕捉灵感。下面介绍4种比较实用的提炼一句话广告文案的思维方法。

1. 思维导图联想法

思维导图的主要作用就是把人们头脑中的杂乱信息按照一定的条理进行可视化的展现。我们可以利用思维导图记录联想的结点，综合分析、判断联想词和产品或服务之间的联系。尤其是在只有简单的信息，而宣传方向、理念都还未确定的阶段，思维导图可以在尽可能大的范围内给我们提示，帮助我们把握与规划思维脉络。

例如，假设某企业的产品为婴幼儿服装，文案工作者希望文案能够体现"精梳棉"这一卖点，其思维导图如图2-17所示。

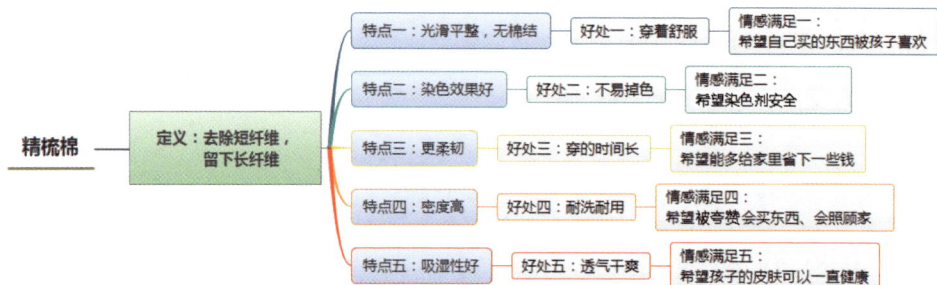

图2-17　思维导图

横向来看，我们可以按照"卖点—定义—分卖点—好处—情感满足"这样的顺序来写；纵向来看，我们可以按照一个卖点对应的不同角度的分卖点、不同角度的好处和不同角度的情感满足的顺序来写。这种思维导图的每一项都能发散出一句话广告文案，从而可以进行筛选，选出最合适的文案。

2．MECE分析法

MECE（Mutually Exclusive Collectively Exhaustive）分析法是麦肯锡的第一个女咨询顾问巴巴拉·明托提出的一个很重要的分析法。MECE分析法的核心是"相互独立，完全穷尽"。"相互独立"意味着问题在同一维度上有明确的区分且不可重叠，而"完全穷尽"则意味着全面、周密。

这种分析方法的重点在于帮助我们找到所有影响预期效益或目标的关键因素，以及所有可能的解决办法。这个方法乍看起来与前面所讲的思维导图想法很像，但实际上两者有着本质的区别。如果说前面我们是用思维导图来寻找精梳棉与其他事物之间的关联，那么MECE分析法就是要拆解精梳棉这个事物本身，尽可能全面地把属于精梳棉的元素分门别类地列举出来。

在使用MECE分析法时，文案工作者可以借助九宫格来列举产品优势，将产品或品牌放在中间，然后在这个词的周围罗列内容。采用这种方法创作一句话广告文案，我们可以比较准确、全面地把握产品的特点，虽然文案内容未必是从九宫格中直接提取的，但在文案创作时不至于写得太空泛，即便文案不能出类拔萃，也至少不会跑偏，并能做到言之有物。

3．FAB法则

FAB法则，F指属性（Feature），A指作用（Advantage），B指益处（Benefit）。FAB法则实际上就是制造产品与用户的关联，或者与用户需求的关联。很多文案单独看很有创意，但一拿到具体场景中往往被人们忽略，有很大一部分原因是用户认为"这关我什么事"。

要想让一句话广告文案迅速俘获用户的心，文案工作者就要时时刻刻研究FAB法则的3个要素。我们可以按照以下思路来运用FAB法则：因为……（属性），所以……（作用），这意味着……（用户得到的益处）。

4．数字与效果的关联

这里所说的数字并非指销售数字，如"每年卖出6亿个，可绕地球10圈"。当然，利用销售数字也是一种有效的方法，只是其传达的内容比较单一，在一定程度上能够表现出产品的受欢迎程度，比较适合用在快消品的文案中。但是，我们要清楚，这些数字与产品本身的特性并没有直接的联系，用户对产品产生兴趣和需求往往是因为产品的特点及其可以产生的效果。

我们可以采用"低门槛数字+解决效果"这一文案框架来撰写一句话广告文案。文案的前半句展现低门槛数字，如"零基础""7天""3招"等，如果数字过大，会让用户觉得这件事做起来非常复杂，很难看到效果，放弃购买的可能性便会增大；后半句则用来展现解决效果，如"快速学会××""脸上的痘痘一扫而光"等。

↘ 2.4.3 利用AI提炼一句话广告文案

AI写作工具极大地提高了编写广告文案的效率，能够帮助创作者提升文案的质量和吸引力。下面以讯飞星火为例，介绍如何使用AI提炼一句话广告文案，具体操作方法如下。

（1）打开讯飞星火页面，在文本框中输入一些具体的需求，如为某汽车品牌撰写一句话广告文案，具体要求包括产品名称、目标用户、风格、类型等，讯飞星火很快就能生成关于汽车品牌的一句话广告文案，如图2-18所示。

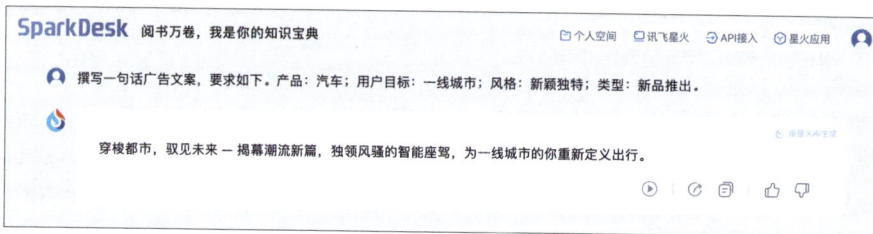

图2-18　生成一句话广告文案

（2）创作者在特定时间内继续进行提问，讯飞星火就会与上文联系，回答与上文有关的问题。在此，可以要求讯飞星火添加安全性能信息重新生成一句话文案，如图2-19所示。

图2-19　添加安全性能信息重新生成文案

（3）如果对讯飞星火生成的一句话广告文案不满意，可以继续与其进行对话，要求生成多条记录，如图2-20所示。

由此可见，AI写作工具极大地提高了一句话广告文案写作的效率，为创作者节省了大量精力和时间成本。创作者要做的是找准市场定位，明确一句话广告文案的各个要素，做好修改与润色，同时更多地在提问内容上进行思考，以创作出别出心裁的广告文案。

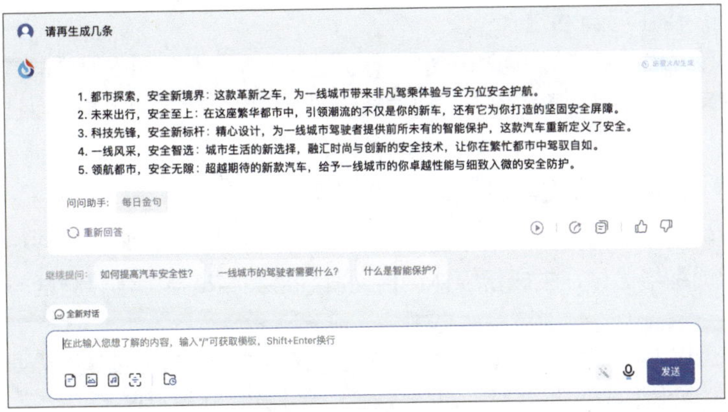

图2-20 生成多条记录

2.5 AI技术在新媒体广告文案中的应用

现代广告行业中应用AI技术已成为一种新趋势，AI能够快速创作高质量的新媒体广告文案，提高新媒体广告的效果和转化率，并帮助企业更精准地把握用户需求，提高广告效果。

2.5.1 AI技术创作新媒体广告文案的优势

AI技术在新媒体广告文案创作中的优势主要体现在能够快速创作、可以实现个性化与定制化创作、支持多种语言、可以自动校对与优化及可扩展性与灵活性等方面。

1. 能够快速创作

利用AI技术可以在极短的时间内快速生成大量广告文案，节省新媒体广告创作的时间。与人工撰写新媒体广告文案相比，AI的创作速度可以成倍提升，这使得新媒体广告发布者能够在更短的时间内完成广告策划和推广的工作。

2. 可以实现个性化与定制化创作

营销人员可以通过AI技术深度挖掘用户数据，识别用户的兴趣和偏好，并根据这些信息创作出符合用户需求的个性化的新媒体广告文案。这不仅能够提高新媒体广告的针对性，还可以提升用户体验，增加用户对新媒体广告的接受度。

3. 支持多种语言

AI技术可以支持多种语言，包括中文、英语、西班牙语、法语等，这使得新媒体广告文案可以覆盖更广泛的受众群体，满足不同国家和地区客户的需求。

4. 可以自动校对与优化

AI技术可以自动校对新媒体广告文案，确保新媒体广告文案的准确性和完整性。同时，AI还可以实时监测新媒体广告效果，根据效果反馈进行自动优化，提高新媒体广告效果。

5. 可扩展性与灵活性

AI技术可以根据客户的需求和需要进行扩展和定制，满足更多客户的需求。无论是新媒体广告文案的风格、内容还是投放策略，AI都可以进行灵活调整，以适应不同的市场需求。

2.5.2 AI编写新媒体广告文案的流程

AI编写新媒体广告文案有一个复杂的流程，需要涉及数据收集和分析、确定目标受众、模型训练与优化、生成新媒体广告文案、文案编辑与优化、测试与发布等多个步骤。

在这个过程中，AI和广告创作者的合作是非常重要的，广告创作者需要为AI提供指导和支持，以确保生成的新媒体广告文案符合广告主的目标和要求。

1. 数据收集和分析

数据收集和分析是利用AI技术编写新媒体广告文案的第一步。编写文案需要收集相关的数据，包括目标受众的信息、市场趋势、竞争对手的文案等。通过对这些数据进行分析，AI可以更好地理解目标受众的需求和喜好，为后续的新媒体文案创作提供基础。

2. 确定目标受众

明确新媒体广告文案的目标受众，了解他们的年龄、性别、职业、兴趣等信息。这些信息将帮助AI生成更符合目标受众需求的文案。

3. 模型训练与优化

基于收集到的数据，AI需要进行模型的训练和优化。这个过程可以通过机器学习和深度学习等技术手段来实现，以提高生成新媒体广告文案的准确性和质量。

4. 生成新媒体广告文案

在模型训练和优化完成后，AI可以根据用户提供的关键词和需求，基于自身的模型和算法生成相应的新媒体广告文案。这个过程中，AI会尝试生成多种可能的文案片段，并将它们拼接起来，形成完整的新媒体广告文案。

5. 文案编辑与优化

生成的新媒体广告文案需要进行编辑和优化，以确保它们符合新媒体广告的目标和要求。这个过程中可能需要人工的介入，对生成的新媒体文案进行调整和润色，以提高它们的吸引力和效果。

6. 测试与发布

最后，广告创作者要对生成的新媒体文案进行测试，以评估它们的效果和受众反应，如果测试结果良好，就可以将文案发布到新媒体平台上，以吸引更多的目标受众。

2.5.3 利用AI提炼新媒体广告文案的技术方法

利用AI提炼新媒体广告文案，首先要选择适合的AI工具，这些工具可能包括广告文案生成器、创意写作助手等。确保所选工具能够满足广告的需求，并具备足够的灵活性和可扩展性。然后，通过正确输

利用AI提炼新媒体广告文案的技术方法

入信息、生成与筛选内容、语言风格调整、内容优化提炼出合适的新媒体广告文案。

下面以百度的文心一言为例，介绍如何使用AI提炼新媒体广告文案，具体操作步骤如下。

1. 正确输入信息

登录文心一言账号，在提问框输入新媒体广告文案的简要信息和需求。这可能包括产品描述、目标受众、广告目的、品牌调性等，如"创作几句新媒体广告文案，以推广一款名为'智慧学习伴侣'的教育类App。目标受众：8~12岁的学生"，如图2-21所示，这些信息将帮助文心一言更好地理解广告需求。

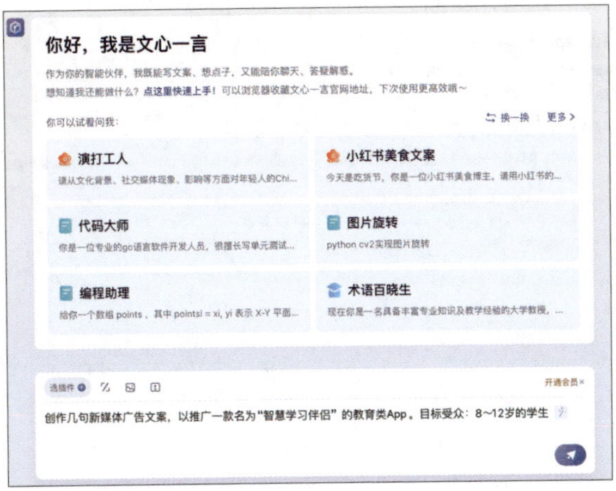

图2-21 在文心一言中输入具体的要求

2. 生成与筛选内容

在正确输入信息后，文心一言会快速生成新媒体广告文案，如图2-22所示。在这个过程中，广告创作者可以与AI工具互动，不断优化生成的文案。

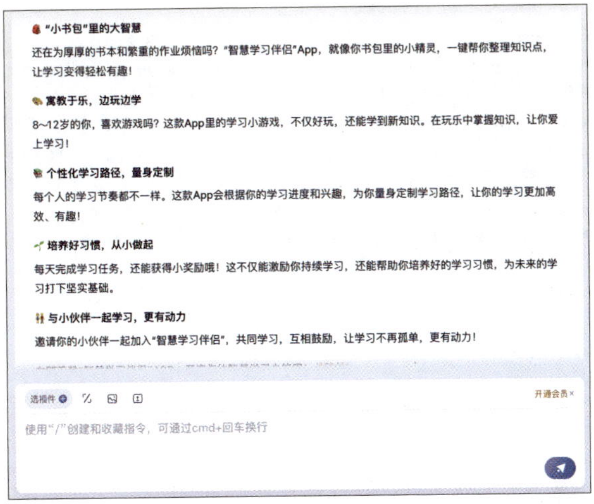

图2-22 文心一言提供的答案

3. 语言风格调整

根据需要对答案进行调整，包括调整语言风格、控制文案长度、选择特定的关键词等。这些设置将影响生成的新媒体广告文案的质量和风格，图2-23所示为文心一言给出的适合儿童浏览的语言风格的答案。

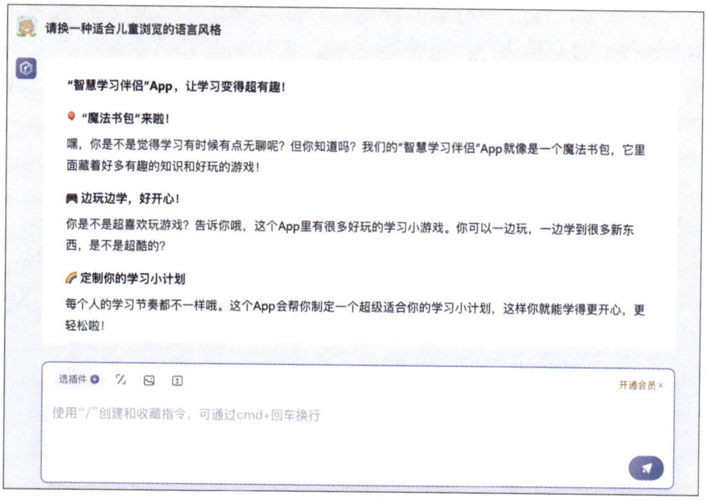

图2-23 调整语言风格

4. 内容优化

随着市场环境和目标受众的变化，广告创作者要不断地更新和优化新媒体广告文案，因此必须定期回顾和更新AI生成的新媒体广告文案，以确保其符合品牌形象和市场需求，如图2-24所示。

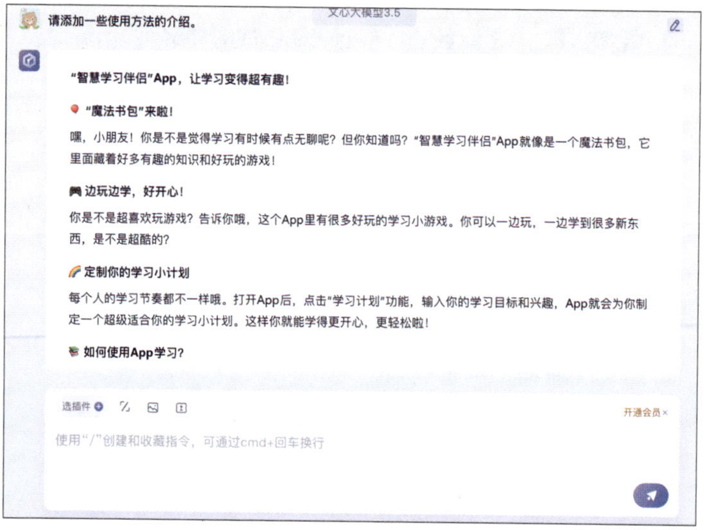

图2-24 对内容进行优化

课后实训

假设你是一家新兴运动饮料品牌的市场营销经理，品牌名称为"活力源泉"。该品牌的主要目标受众是18～35岁的年轻人，他们积极参与各类体育运动和健身活动，追求健康的生活方式。为了在市场上树立品牌形象，并吸引目标受众，你决定撰写一则广告文案。

请基于以下信息，撰写一则新媒体广告文案。

1. "活力源泉"是一款运动饮料，旨在快速提供能量补充和恢复身体水分，帮助运动员在运动中保持最佳状态。

2. 该品牌注重健康，不含任何人工添加剂和防腐剂，采用天然成分制成。

3. "活力源泉"的口感清爽，有多种口味可供选择，适合不同口味的年轻消费者。

4. 考虑到目标受众比较活跃的生活方式，新媒体广告文案要强调产品的便携性和易于饮用的特点。

在撰写新媒体广告文案时，需要突出"活力源泉"的品牌特点、产品优势和目标受众的需求，同时要具有吸引力和感染力。

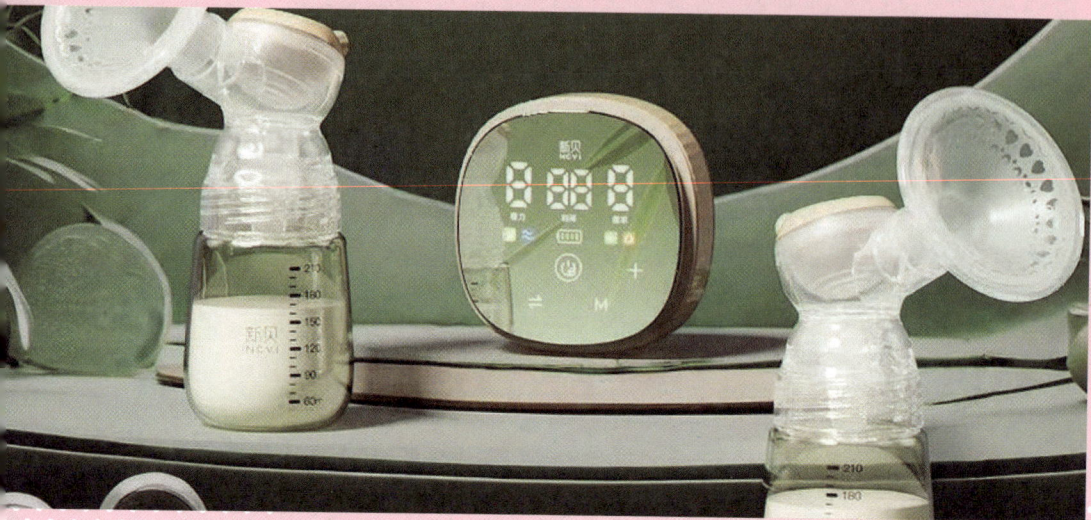

第 **3** 章
新媒体广告色彩设计

【知识目标】

➢ 了解什么是色彩三要素。
➢ 掌握色相环上的色彩关系。
➢ 了解色彩在广告视觉传达中的作用。
➢ 掌握色彩搭配的基本原则。
➢ 掌握广告设计中的配色规律。
➢ 掌握如何利用AI技术生成配色方案。

【能力目标】

➢ 能够根据产品特征搭配合适的色彩。
➢ 能够使用AI工具进行广告配色。

【素养目标】

➢ 树立健康的审美观念，用色彩展现个人审美素养。
➢ 提升审美力，促成文化、商业和审美的交流融合。

　　色彩是广告设计活动中的重要设计元素，也是不可或缺的信息交流方式之一。色彩可以表达情绪、传递能量，新媒体广告设计的色彩只要有创意，具备很强的吸引力，就可以提升广告画面的视觉张力，引起受众的注意，让受众理解并接受广告信息，进而影响其思想观念和行为，甚至还会形成再传播，从而达到广告宣传的目的。本章将介绍如何通过色彩设计提升新媒体广告画面的视觉张力。

3.1　色彩基础知识

在新媒体环境下，色彩设计成为新媒体广告表现的重要手段，色彩在新媒体广告设计中的运用极大地影响着新媒体广告的宣传效果。

↘ 3.1.1　色彩三要素

色彩具有3个基本要素，即明度、色相和纯度。这3个要素是评价色彩的主要依据，设计人员在进行色彩搭配时，可以参照这3个基本要素的具体取值来对色彩的属性进行调整，这是一种稳妥且准确的方式。

1.　明度

明度是指色彩的明暗程度，即色彩的亮度、深浅程度。谈到明度，宜从无彩色入手，因为无彩色只有一维，容易辨别。最亮是白，最暗是黑，以及黑白之间不同程度的灰，都具有不同的明暗强度。若按一定的间隔划分，就构成了明暗尺度。

有彩色既靠自身所具有的明度值，也靠加减黑、白调来调节明暗强度。例如，白色颜料反射率相当高，在其他颜料中混入白色，可以提高混合色的反射率，也就是提高了混合色的明度。混入的白色颜料越多，明度提高得越多；相反，黑色颜料反射率极低，在其他颜料中混入的黑色颜料越多，明度也就越低。色彩的明度变化如图3-1所示。

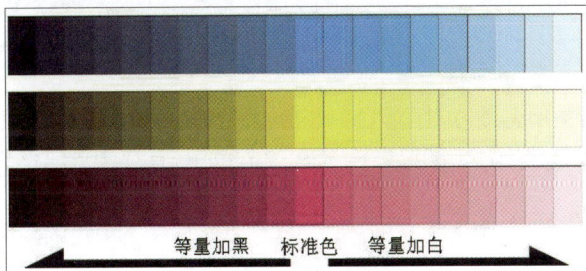

图3-1　色彩的明度变化

明度在色彩三要素中具有较强的独立性，它可以不带任何色相的特征而通过黑白灰的关系单独呈现出来。色相与纯度则必须依赖一定的明暗关系才能显现，色彩一旦产生，明暗关系就会同时出现。在设计新媒体广告的过程中，需要把对象的色彩关系抽象为明暗关系，这就需要我们对色彩的明暗程度有着敏锐的判断力。

2.　色相

色相是指色彩的"相貌"，即人们通常所说的各种颜色，如红、绿、黄、蓝等，这是色彩的首要特征。色相是区别不同色彩的标准，其与色彩的强弱和明暗没有关系，只是纯粹表示色彩相貌的差异。

色彩像音乐一样，是一种感觉。音乐需要依赖音阶来保持秩序，从而形成一个体系。同样，色彩的3种属性就如同音乐中的音阶一般，它们可以用来维持繁多色彩之间的秩序，从而形成一个容易理解又方便使用的色彩体系。所有的色彩可以排成一个环形，组成圆形的色相光谱称作"色相环"，如图3-2所示，色相环有助于设计者在进行配色时非常方便地了解两种色彩之间间隔了多少种色彩。

3. 纯度

色彩的纯度是指色彩的鲜艳程度，又称饱和度，即色彩中所含彩色成分和消色成分的比例，这个比例决定了色彩的鲜艳程度。

通过以下4种方法可以降低色彩的纯度。

> **加白**：纯色混合白色，可以降低纯度、提高明度，同时许多色彩混合白色以后都会产生色相偏差。

> **加黑**：纯色混合黑色，既降低了纯度，又降低了明度，各种色彩加黑后会失去原有的光亮感，而变得幽暗。

图3-2 色相环

> **加灰**：纯色混合灰色，会使颜色变得浑厚、含蓄；相同明度的灰色与不同纯度的纯色混合，可以得到相同明度、不同纯度的含灰色，其具有柔和、细腻的特点。

> **加互补色**：纯色可以用相应的互补色淡化；纯色混合互补色，相当于混合无色系的灰色；混合一定比例的互补色可以产生灰色，如黄色加紫色根据比例的不同可以得到不同纯度的灰黄色；如果与互补色相混合，再用白色淡化，也可以得到各种微妙的灰色。

↘ 3.1.2 色相环上的色彩关系

色相环是怎样形成的呢？以12色相环为例，色相环由12种基本的颜色组成，首先包含的是色彩三原色，即红、黄、蓝。不同原色相混合产生二次色，再用二次色混合原色，产生三次色。

原色是色相环中所有颜色的基本色。在色相环中，只有这3种颜色不是由其他颜色混合而成的。三原色在色相环中的位置是等距离分布的，在环中形成一个等边三角形，如图3-3所示。

二次色位于两种三原色中间，每一种二次色都是由离它最近的两种原色等量混合而成的颜色，如图3-4所示。

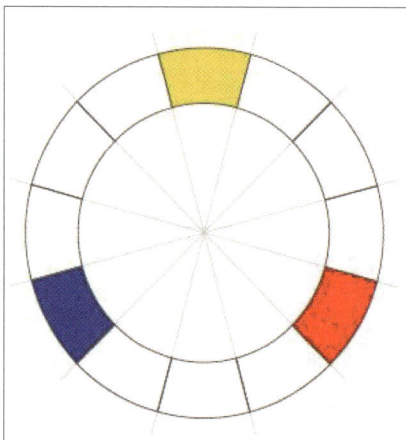

图3-3 三原色

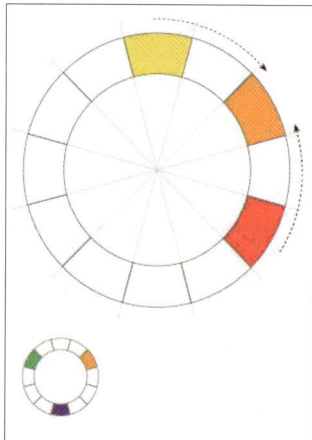

图3-4 二次色的形成

三次色是由相邻的原色和二次色混合而成的，如图3-5所示。

在色相环中的每一种颜色都拥有部分相近的颜色，如此便组成一个色环。共同的颜色是颜色关系的基本要点，图3-6所示的7种颜色都共同拥有黄色，离黄色越远的颜色，拥有的黄色越少。绿色及橙色这两种二次色都含有黄色。

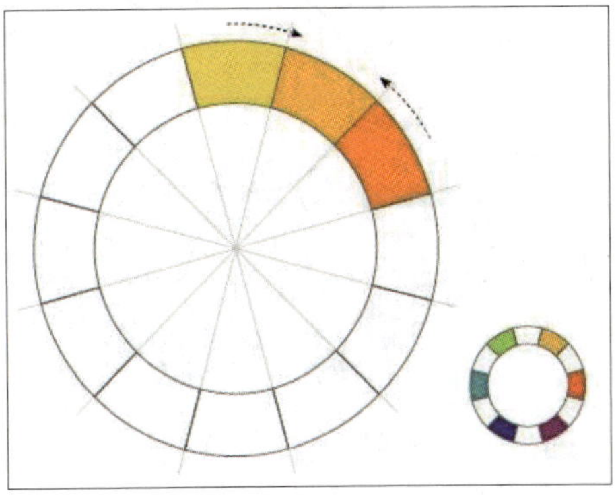

图3-5　三次色的形成

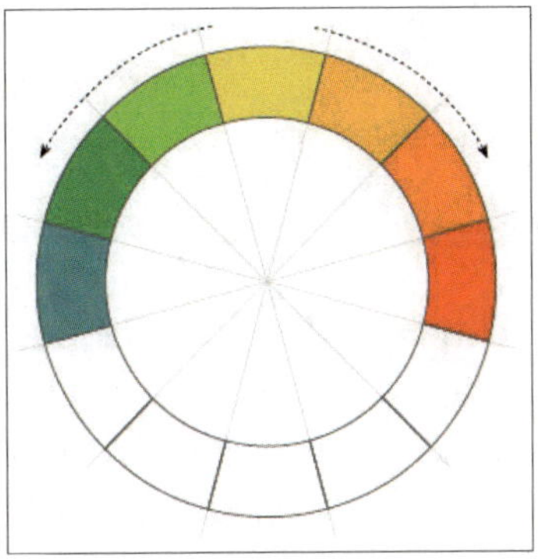

图3-6　包含黄色的色彩

图3-7所示的7种颜色都拥有红色，越向两边散开的颜色，拥有的红色就越少。橙色及紫色这两种二次色都含有红色。

红、橙、黄、绿、蓝、紫为基本色相。在各基本色相之间插入一种中间色，色相按光谱顺序依次为红、红橙、橙、黄橙、黄、黄绿、绿、蓝绿、蓝、蓝紫、紫、红紫。这12个色相的彩调变化，在光谱色感上是均匀的。如果再进一步找出其中间色，便可以得到24个色相。在色相环的圆圈里，各色相按不同角度排列，则12色相环中每一色相的间距为30°，24色相环中每一色相的间距为15°，如图3-8所示。

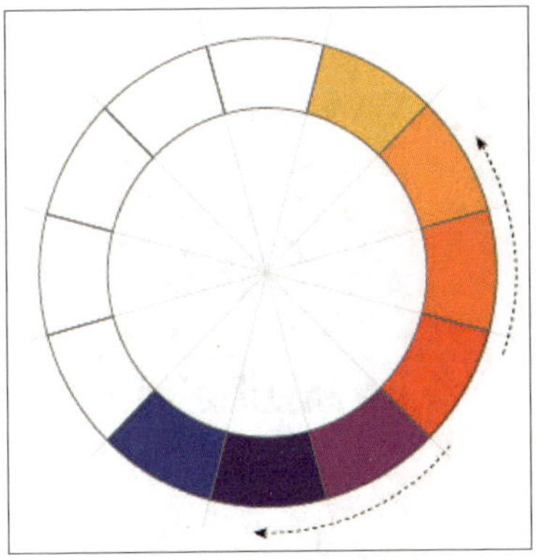

图3-7　包含红色的色彩

图3-8　色相环

日本色研配色体系PCCS给色相确定了较规则的统一名称和符号，如图3-9所示。构成人类色觉基础的主要色相有红、黄、绿、蓝4个，这4个色相又称心理四原色，它们是色彩领域的中心。根据这4个色相的相对方向确立了4个心理补色色相。在上述8个色相中，等距离地插入4个色相，形成12个色相，再将这12个色相进一步分割，形成24个色相。这24个色相中包含了色光三原色和颜料三原色等。

色相采用1~24的色相符号加上色相名称来表示，正色的色相名称用英文单词首字母的大写形式来表示，带修饰语的色相名称用英文单词首字母的小写形式来表示，如1:pR、2:R、3:yR。

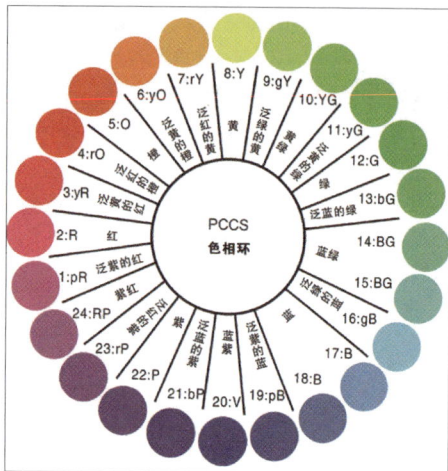

图3-9　PCCS色相环

↘ 3.1.3　色彩的性格和象征意义

情绪有喜怒哀乐，味道有酸甜苦辣，而色彩也会使人产生诸如此类的感觉。每个人因为经历的不同而产生了不同的色彩感应，所以人们对色彩产生的感觉也不可一概而论。

色彩对人们心理的影响大致分为两种：一种是情绪上的，如喜悦、悲伤或压抑，这类色彩有时被运用在玩具广告中，通过明朗、活泼的色彩营造出欢乐的气氛；另一种是机能上的，如冷暖、硬柔或酸甜苦辣，这类色彩被广泛运用于食品广告中，意在通过色彩的感染力使受众产生味觉上的联想，从而达到宣传产品的目的。

1. 红色

红色鲜艳而热情，在人们的观念中，红色代表了喜庆、好运，常常出现在节日、典礼及促销活动中，如图3-10所示。

2. 橙色

橙色活泼而充满朝气，既有黄色的明朗，又兼顾了红色的热情。橙色是很多果实成熟时的颜色，象征着庄稼的丰收，并且带着阳光般的温情，让人感到安心、亲切。运用橙色的广告案例如图3-11所示。

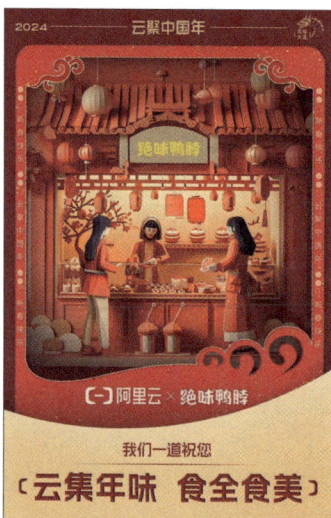

图3-10　红色

图3-11　橙色

3. 黄色

黄色明亮而纯洁，使人联想到阳光与沙滩，代表着欢乐与活力，同时又象征着浪漫与天真。黄色具有较高的辨识度，能够快速地引起他人的注意，如图3-12所示。

图3-12　黄色

4. 绿色

绿色承接了黄色的爽朗与蓝色的冷静，象征着和平、新鲜与生命，常常给人带来安全感。同时，绿色是植物的颜色，它能缓和人躁动的心绪，易于被人接受，如图3-13所示。

图3-13　绿色

5. 蓝色

蓝色象征着纯净与理智，它与鲜艳的红色恰好相反。深蓝色代表忧郁的心情，浅蓝色则代表干净而纯粹。蓝色是天空、大海的颜色，代表着辽阔而宁静，容易让人心情平静，产生远离世俗的感觉。运用蓝色的广告案例如图3-14所示。

图3-14　蓝色

6. 紫色

紫色浪漫而神秘，优雅中带着几分骄傲，从前西方许多贵族的服饰都以紫色为主。浅紫色显得名贵而高不可攀，深紫色则有种深邃的浪漫，神秘而有魅力。运用紫色的广告案例如图3-15所示。

图3-15　紫色

由于性格类型的不同，人们对色彩的喜好和心理感受是不相同的。性格外向、活泼的人一般喜欢明亮的、高纯度的、对比强烈的色调；性格内向、沉稳的人一般喜欢纯度低的、温和的色调。

📕 **素养课堂**

　　审美统一是市场力量推动的结果，但可能导致审美疲劳和多样性丧失，限制个性和创造力的发挥，还可能加剧文化同质化。因此，我们在追求美丽的同时，要保持对多元文化的尊重和欣赏，注重文化多样性和个性发展。

📖 **课堂讨论**

　　你觉得自己的性格是怎样的？你喜欢的颜色有哪些？你觉得喜欢的颜色与性格之间的关联度如何？请和同学们相互探讨这些问题。

3.2　色彩在新媒体广告设计中的运用

　　一个新媒体广告作品包含色彩、文字和图形等多种元素，其中色彩能将新媒体广告的形象立体化，突显新媒体广告的质感，并将画面的主体情感表达出来，而且绚丽多彩的画面能够通过刺激受众的视觉神经来产生积极的宣传效果。

↘ 3.2.1　色彩在新媒体广告视觉传达中的作用

　　色彩在广告视觉传达中的作用是指色彩的功能及其对视觉与心理产生的作用，包括它们在明度、色相、纯度、对比度方面给受众留下的印象及其象征意义与感情特征。色彩在新媒体广告视觉传达中的作用体现在以下几个方面。

1.　色彩引起受众对广告的注意、记忆、识别

　　在广告信息超载的现代社会，广告视觉传达最基本的要求就是引起受众的注意，拓宽广告受众的视觉阈限。因此，广告设计往往采用色彩对比的手段，通过鲜明的配色效果给予受众充足的视觉冲击。

　　户外广告经常运用鲜艳的色调来突出广告效果。同时，色彩在广告中的应用也有助于受众的记忆。受众在百色杂陈的广告中注意到某则广告后，最先记住的往往是广告的色彩。在新媒体广告设计中，富有个性的色彩搭配容易引起受众的注意，使受众在色彩方面对品牌和产品产生深刻的印象，以此区别于同类产品或企业。全友家居和水星家纺广告如图3-16所示。

2.　色彩引起受众的情感反应

　　色彩具有情绪性和独特的艺术感染力。新媒体广告通过利用受众的心理状态，配以相应的色彩表现，营造某种特定的氛围，能够使受众受到某种特定情绪的感染，领悟到广告所要传达的主题和内容。

　　鲜艳的色彩（如红色、橙色）容易让人激动、兴奋；厚重的色彩（如黑色）常常让人感觉压抑；蓝色给人以辽阔、深远、宁静的感觉，其中深蓝色又代表着忧郁、悲伤，天蓝色能够让人心情平静，浅蓝色给人以清冷的感觉等。因此，使色彩作用于受众的心智、情感，使其产生预期的反应，是新媒体广告设计中的关键点之一。

图3-16　全友家居和水星家纺广告

3. 色彩具有造虚功能

相对于信息的真实传达，色彩是一种具有联想力的符号。色彩的联想力可以使人对于色彩所表现的事物的观感变得抽象。色彩具有造虚功能，这是指在广告设计过程中，通过不同的色彩表现，可以在受众心目中塑造出广告产品的抽象质量。这种抽象质量是指受众并没有直接接触到广告产品，却形成了对其质量的看法。

广告中色相、纯度的不同配合可以使人产生冷暖联想、轻重联想、强弱联想、华丽与朴素联想、愉快与忧郁联想等。这些联想作用于受众的大脑，就会使受众形成关于广告产品的综合印象。

例如，香奈儿、LV等奢侈品牌的广告很少运用高饱和度的鲜亮颜色，而是选取饱和度较低的颜色，给人以厚重感和内涵感。这些品牌的广告设计人员经常利用金、银等金属色来营造一种奢侈的氛围，如图3-17所示。通过这样的色彩搭配，这些品牌便在受众的心目中塑造了高贵华丽的产品的抽象质量。

图3-17　香奈儿产品广告

↘ 3.2.2　新媒体广告设计中色彩运用的基本法则

色彩美感是以色彩关系为基础而表现出的一种总体感觉，一定的运用法则是产生色彩美感的前提。色彩及其面积大小的配置是决定配色效果的重要因素，在新媒体广告设计过程中，只有注重以下几点才能优化视觉效果，更好地表达广告设计主题。

1. 主调

主调是指画面的整体色调，它是色彩关系的基调。主调是一种总的色彩倾向，好似乐曲中的主旋律，是影响受众感受的重要因素，在营造特定气氛与意境时能够发挥主导作用，同时在形成广告设计作品的风格与特征上也起着重要的作用。设计人员要将不同的色彩统一于一个有秩序的主调中，使受众感受到一种和谐的美。

2. 平衡

配色上的平衡是指两种以上的色彩放在一起时，在视觉上给人平稳、安定的感觉。

一般来说，色彩的明暗轻重和面积大小是影响配色平衡的基本要素，其原则是：纯色和暖色的面积应比灰色和冷色的面积小一些，这样容易达到平衡；当明度接近时，纯度高的色彩比灰色的面积小易于获得平衡；明度高的色彩在上、明度低的色彩在下易于保持平衡。

为了形成一种新奇的视觉特征，设计人员也可以制造反平衡色彩效果，从而让受众获得一种特殊的心理上的平衡。

3. 节奏

在色彩组合中，节奏表现为色彩的重复、交替和渐变形成的空间性律动。这是一种运动感，如疏密、大小、强弱等形式的巧妙配合，能够使广告画面产生多种多样的韵律感，在视觉上形成一种有生气、有活力的色彩效果，减少受众的视觉疲劳，使其在心理上产生愉悦的感觉。

从视觉心理上来讲，人们喜欢有变化、有规律的运动节奏，厌恶单调、杂乱的运动节奏。不同的节奏形式会使人产生不同的心理感受，从而激发出不同的情感与共鸣。

4. 强调

强调在广告设计中有着很高的表现价值，运用这种方法能够破除整体色调的单调及平庸感，有助于突出广告画面的视觉中心，增强主题的表现力。

使用强烈、醒目的色彩，在很小的面积上就可以形成广告画面的视觉中心，产生生动、突出的色彩效果，从而刺激受众的视觉，引起他们的兴趣。图3-18所示的良品铺子零食广告就运用了强调的方法。

5. 分割

为了避免两种色彩因色相、明度、纯度相似而显得对比微弱或对比过于强烈，在色彩之间可以利用另一种色彩进行分隔，这种方法称为分割。分割可以增强对比过弱的色彩效果，使其变得清晰、醒目；或者削弱对比过强的色彩效果，使其变得和谐、统一。

分割所用的色彩以无彩色的黑色、白色、灰色为宜，这样更容易获得鲜明而和谐的色彩效果；金色、银色也具有良好的分割效果，如果运用得当，能够获得华丽、明快的色彩效果。

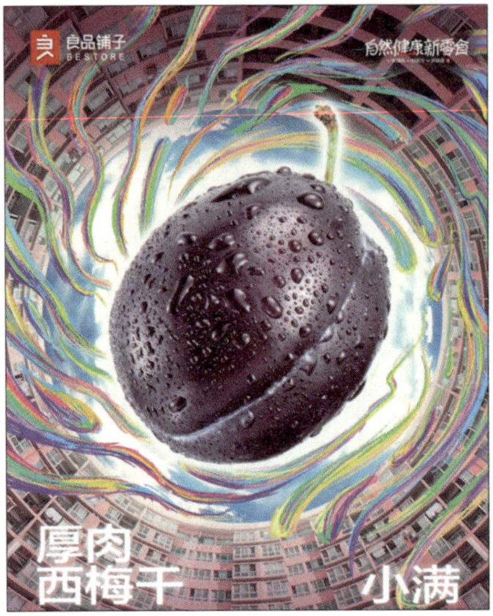

图3-18　良品铺子零食广告

3.2.3　新媒体广告设计中色彩搭配的基本原则和配色规律

色彩是一种语言，能够向人们传递信息，唤起人们的情感。不同的色彩能够带给人们不同的视觉效果。一个完整的新媒体广告作品主要包含色彩、图像和文字3个要素，其中色彩排在首位，因为人们对色彩的感受是十分灵敏的。在新媒体广告作品中，最先抓住人们注意力的也是色彩，所以设计人员必须懂得色彩搭配，这样才能合理地设计广告作品，充分运用色彩的魅力来突显广告产品的特色。

在新媒体广告设计中，设计人员只有遵循色彩搭配的基本原则，才能使广告达到良好的设计效果。色彩搭配的基本原则如下。

1. 对比原则

一般来说，色彩可以在明度、色相、纯度上形成对比，其中有明暗对比、冷暖对比、深浅对比等。色彩上的对比能够起到衬托的作用，可以产生强烈的视觉冲击。

2. 以色相环为基础的原则

在进行新媒体广告设计时，设计人员要先确定设计思路、明确主题，确定主色或重点色是冷色还是暖色、是艳色还是淡色等。

一个新媒体广告作品最好不要使用超过3种色彩，如果色彩不够用，就用同类色或黑白灰来补充，可用深浅不同的同类色来体现层次感。确定好主色或重点色后再选择配色，根据色相环来判断主色所对应的同一色相、类似色相、对比色相、互补色相和多色相。

3. 以明度为依据的原则

每一个色相都有明暗之分，利用色彩高低不同的明暗程度可以使受众产生不同的心理感受。高明度色彩给人华丽、积极、活泼的感觉，低明度色彩给人谨慎、稳定、神秘的感觉，中明度色彩则给人甜蜜、端庄、高雅的感觉。色彩是有重量的，明度较高的色

58

彩比明度较低的色彩感觉要轻，色彩的明度越低给人的感觉越沉重。运用高明度色彩与低明度色彩的广告案例如图3-19所示。

图3-19　运用高明度色彩与低明度色彩的广告案例

4. 以纯度为依据的原则

纯度越高，色彩就越鲜艳、活泼，相对来说视觉冲击力就越强；纯度越低，色彩就越典雅，相对来说视觉冲击力就越弱。通常情况下，新媒体广告作品多采用纯度较高的色彩来表现主题，采用纯度较低的色彩来表现次要部分。为了突出新媒体广告作品的主题，设计人员应该遵循以纯度为依据的色彩搭配原则。

不同的配色会给受众留下不同的印象，新媒体广告中的色彩搭配应当考虑两个方面：一是广告主题的需要，二是受众对色彩的心理反应。

在新媒体广告中，色彩能够起到引导受众情感的主要作用。由于广告主题的不同，色彩营造的情感氛围自然就会有差异。因此，新媒体广告的配色首先要符合其主题，即考虑画面色彩对受众的心理影响；其次，从审美上看，广告画面要有明确的色彩主调，色彩的搭配要自然、协调，使广告达到比较理想的宣传效果。

1. 把握色彩基调

所谓色彩基调，就是广告画面中呈现的整体色彩倾向。简单来说，将不同的色彩通过适当的搭配形成统一、协调的有机整体后，其中起主导作用的色彩就是这个画面的色彩基调。在新媒体广告中，色彩基调就是整个画面的"表情"，它会给受众留下广告作品整体的色彩印象。

例如，图3-20所示为瑞幸咖啡的微信公众号广告，整体色调为红色，带有龙年生肖图案，非常符合节日氛围，给人一种热情和温情感，容易激起受众的内心情感，刺激其购买欲望。

图3-20 瑞幸咖啡微信公众号广告

2. 均衡与对比

色彩的均衡是指画面中的色彩在明度、纯度、色相上呈现出一种稳定感，而色彩的对比是指利用色彩相互之间的差异性来刺激人的视觉。有的设计人员为了追求画面的平衡感会使用大量的均衡色，这时自然就需要一点对比色来突出广告的亮点，使画面色彩维持在一个和谐的状态。

例如，图3-21所示的苏泊尔的新媒体广告相当引人注目，广告版面以绿色草地作为背景，并将产品突出展示，具有很强的视觉冲击力，而"住进绿色生活里"的文案给人一种安全、安心的感觉。白色、黑色与绿色在版面上达到了均衡，使整体画面呈现出平衡感，从而使广告效果令人印象深刻。

图3-21 苏泊尔广告

　　在许多新媒体广告中，视觉主体的色彩在色相、纯度、明度等方面有着明显的视觉差异感，通过这种色彩对比能够营造别具一格的画面效果。但是，过于强烈的画面容易使受众产生视觉疲劳，这时设计人员可以运用一些艺术手法来减缓色彩的冲击力，使画面变得相对和谐、平衡。

课堂讨论

　　你在平时浏览新媒体广告时见过哪些色彩过于强烈的画面？在你看来，运用什么方法可以减缓画面色彩的冲击力？

3. 掌握节奏

　　在新媒体广告中，画面中形状的大小比例、起伏变化，以及色彩的冷暖、明暗、浓淡、强弱等都能构成不同的节奏。节奏是建立在重复基础上空间中连续的分段运动形式，并由此表现出形与色的组织规律性。节奏是构成美的基本元素之一，其中色彩的节奏形式有重复性节奏、渐变性节奏和多元性节奏。

　　重复性节奏是指通过色彩的点、线、面等单位形态的重复出现，体现秩序性美感；渐变性节奏是指将色彩按某种定向规律做循序推移的变动，其相对淡化了节拍意识，有较长时间的周期特征，能形成反差明显、静中见动、高潮迭起的闪色效应；多元性节奏由多种简单重复性节奏组成，其色彩运动感很强，有着丰富的层次和形式，但如果处理不当，很容易出现杂乱无章的噪色，效果会变得很差。

　　图3-22所示为某款饮品的新媒体广告，第一幅广告画面整体色调柔和、唯美，产品的色彩层次清晰、对比鲜明，使画面的整体色调呈现出节奏感；第二幅广告画面中由上至下依次出现了蓝色、白色、绿色、棕色，色彩层次清晰，且广告以白色、蓝色为背景色，与产品色彩的对比十分鲜明。

图3-22　某饮品广告

4. 突出强调

一般情况下，每个广告都有其深刻的象征意义，而色彩就是传递这种意义的媒介。设计人员可以通过对某种色调的大量使用来营造广告主题的氛围，从而达到强调画面意境的效果，使广告内容深入人心。图3-23所示的广告便体现了这种规律。

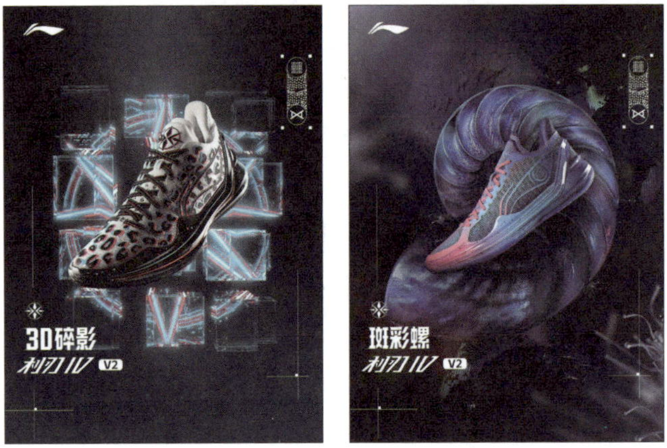

图3-23　运用突出强调原则的广告示例

强调画面的色彩除了能够营造某种特定的氛围外，还能突出产品的某种性能。简单地说，设计人员可以通过强调画面中的某种色彩，使其与产品的某项性能相呼应，在刺激受众视觉的同时，与其相对应的产品信息也能更为直接地传达给受众。

5. 色彩渐层

色彩渐层是指色相或明度之间的过渡性改变，是一种有规律的变化。某种色彩的渐层阶梯能够增强该色彩的表现力，从而使画面的视觉元素充满律动之美。渐层色是柔和晕染开的色彩——从明亮到灰暗或者由深及浅，设计人员可以通过灵活运用渐层色来很好地突显广告的主题。色彩渐层的应用如图3-24所示。

图3-24　运用色彩渐层原则的广告示例

↘ 3.2.4　色彩在新媒体广告中的综合运用

在新媒体广告设计中，色彩元素所占的比重不容忽视。那么，如何巧妙地运用色彩元素来达到信息传递的目的呢？一方面，我们要了解色彩的表现功能在人们心理上引发了哪些情感和联想；另一方面，我们要了解视觉的刺激和反应情形，然后配合信息传递的目的来进行构图和布色。

1. 色彩和形状

形状是色彩存在的形象要素之一，一个颜色的出现总是伴随着一定的形状，它们同时被人们所感受，而色彩给人的感觉也会因为形状的变化而受到影响。形状会使色彩产生强弱对比，形状越完整和单一，外轮廓越简单，色彩冲击效果就越强；形状越分散，外轮廓越复杂，色彩冲击效果就越弱。如果外形简单，可以适当运用复杂的色彩增强对比度，使画面变得更丰富；如果外形复杂，最好不要运用复杂的色彩，不然会显得杂乱无章，以致丧失对比效果。图3-25所示为色彩和形状组合广告示例。

图3-25　色彩和形状组合广告示例

2. 色彩和构图

在设计新媒体广告之前，设计人员首先要明确新媒体广告的主题和目标受众，这将有助于确定广告适合的色彩和构图风格。

例如，新媒体广告推广的是年轻、时尚的产品，那么可以选择鲜艳、大胆的色彩和动感的构图来吸引年轻受众的注意。

其次，构图决定了新媒体广告的结构和布局。设计人员需要运用对比、重复、对齐等构图原则，以平衡新媒体广告的各个元素，并突出重要的信息。精心设计构图，可以引导受众的视线，确保他们首先看到广告中最重要的元素。

此外，设计人员还可以利用不同的构图方式来创造独特的视觉效果，使新媒体广告更具吸引力和辨识度。

最后，色彩与构图需要相互融合，以创造出和谐的视觉效果。设计人员需要确保所选色彩与构图风格相协调，并在设计中保持一致性。巧妙地融合色彩与构图可以营造出符合广告主题的视觉效果，提升新媒体广告的吸引力和传达效果。

3. 色彩的特性与搭配

每种色彩都有自己的特性、优点与缺点，所以在色彩搭配上，要结合产品特点来选择与之对应的颜色。

➤ 红色

特性：热情、积极、突出。

优点：热情洋溢、积极向上、活泼好动。

缺点：主观性强、不安定。

搭配色：粉红色、橙色、金色、紫色。

➤ 黄色

特性：扩张、愉快、明亮、温暖。

优点：扩大视觉空间，温暖、愉快而活泼。

缺点：不稳重、对比性强。

搭配色：绿色、蓝色、橙色、紫色。

➤ 蓝色

特性：寒性重、广阔、冷艳、沉静、深沉。

优点：平静安详、晶莹透彻、高雅脱俗。

缺点：过冷、压迫感强、忧郁。

搭配色：米黄色、紫色。

➤ 橙色

特性：活泼、明亮、积极、热忱。

优点：鲜明、突出、温暖、活动性强。

缺点：波动、轻浮、不安定。

搭配色：黄色、草绿色。

➤ 绿色

特性：清新、凉爽、平静、生机。

优点：清新雅致、平静安详、凉爽清新。

缺点：冲力不足、略具寒性。

搭配色：黄色、蓝色、橙色、棕色。

➤ 紫色

特性：艳丽、突出、神秘。

　　优点：突出、感情丰富、温暖，浪漫，具有神秘感。

　　缺点：过分艳丽、不易配色、气氛浓、不便设计安排。

　　搭配色：米黄色、黄色、金色、银色、红色。

➤ **白色**

　　特性：明快、简洁、纯净、清爽、开放。

　　优点：以白色为单一色可使视觉空间变大，简单清爽，容易配色。

　　缺点：过分使用白色会产生单调感。

　　搭配色：所有色。

➤ **黑色**

　　特性：庄重、寂静。

　　优点：稳重、厚实、对比性强。

　　缺点：过分使用黑色会产生沉闷感。

　　搭配色：所有色。

3.3　AI技术在新媒体广告色彩搭配中的应用

AI技术可以帮助广告主提高新媒体广告制作的效率和质量，实现个性化的色彩推荐，提高新媒体广告的吸引力和用户参与度。随着AI技术的不断发展和完善，其在新媒体广告色彩搭配中的应用也将更加广泛和深入。

3.3.1　AI技术调色的优势

AI技术调色具有高效快速、高准确性、智能化推荐和可预测性等优势，可以大大提高调色的效率和质量，帮助用户发现新的创意和灵感。

1. 高效快速

AI调色技术通过机器学习算法对图像进行自动修改，可以在短时间内处理大量的图像数据，大大提高调色的效率，满足用户对快速响应的需求。

2. 高准确性

AI调色技术能够准确识别图像中的颜色、光线和阴影等元素，并根据预设的规则或算法进行自动调整，使得调色结果更加准确和精细。

3. 智能化推荐

AI调色技术可以根据用户的喜好和行为习惯，为用户推荐适合的调色方案。

4. 可预测性

AI调色技术可以通过分析大量的图像数据，预测未来可能的颜色趋势和流行色，为设计人员和摄影师等提供有价值的参考。

3.3.2　利用AI技术生成配色方案

在新媒体广告设计中，色彩的选择和运用至关重要。合适的配色方案不仅能够提升设计的整体美感，还能传达出特定的情感和氛围。随着AI技术的不断发展，现在有许多AI工具能够帮助设计人员快速生成配色方案，极大地提高了设计效率。

下面以ColorDrop为例，介绍如何使用AI生成配色方案，具体操作方法如下。

（1）打开ColorDrop网站首页，在右上角可以看到ColorDrop提供了多种色彩调色板，包括平面色彩、渐变色彩，也可直接扫描图像生成调色板，如图3-26所示。

图3-26　扫描图像生成调色板

（2）在首页文本框中直接输入主色调，在此输入红色，然后点击"I'm Feeling Lucky"按钮进入搜索结果页面，生成多种配色方案。这些方案的生成可能基于色彩理论、流行趋势、用户喜好等多种因素，设计人员可以从中选择自己喜欢的配色，如图3-27所示。

图3-27　生成的多种配色方案

（3）如果设计人员对生成的配色方案不满意，可以回到首页重新搜索其他配色方案，以满足更具体的设计要求，如图3-28所示。

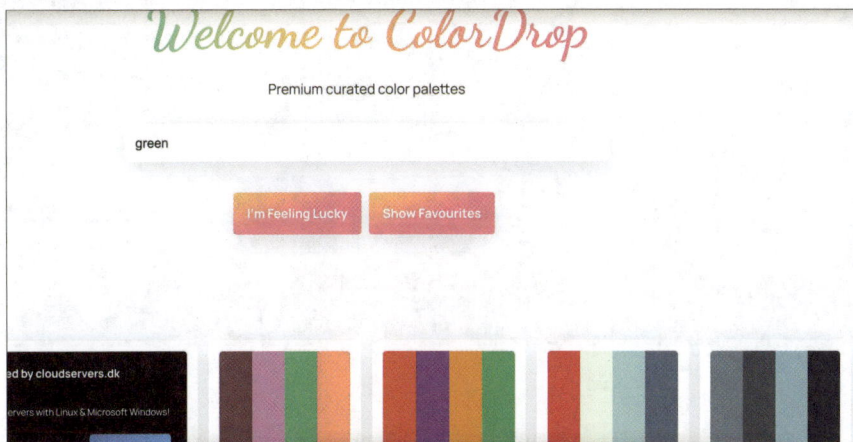

图3-28　重新搜索配色方案

一旦得到满意的配色方案，设计人员即可将其应用到实际的设计作品中，包括但不限于平面设计、网页设计、产品设计等领域。需要注意的是，设计人员要确保配色方案在不同媒介和场景下都能保持良好的视觉效果。

课后实训

请设计一则以"巧克力"或"冰淇淋"等食品为主题的新媒体广告色彩方案。你需要思考以下几个问题。

1. 食品广告中常用的色彩有哪些？它们如何影响消费者的购买决策？
2. 如何通过色彩传达食品的口感、风味和营养价值？
3. 考虑目标受众的喜好，选择适合的色彩搭配。

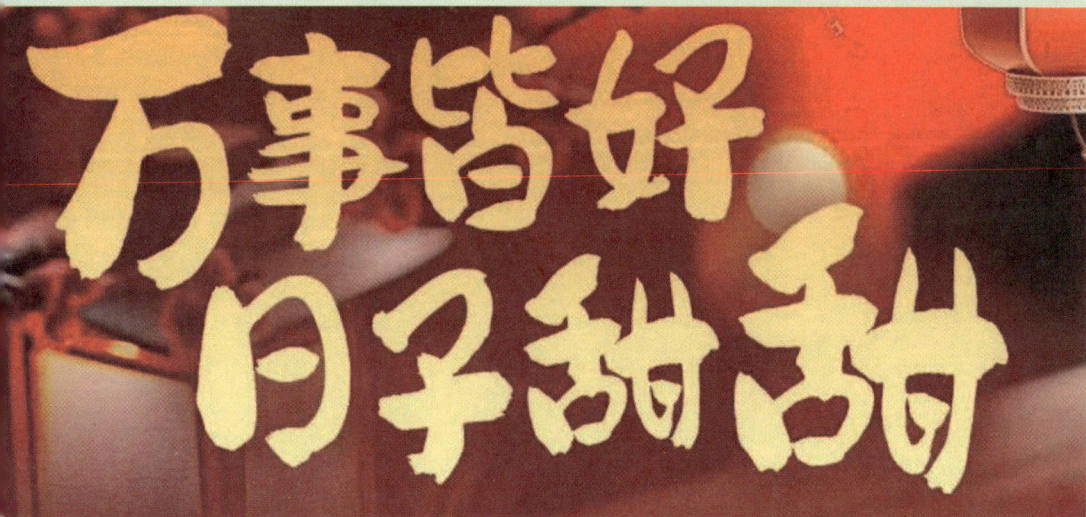

第 4 章
新媒体广告字体设计

【知识目标】

- ➤ 了解文字在新媒体环境下运用的特点。
- ➤ 了解新媒体环境下文字设计的特点。
- ➤ 掌握新媒体广告中字体风格的类型。
- ➤ 掌握字体创意设计的方法。
- ➤ 掌握提高创意字体的设计感的方法。
- ➤ 掌握AI技术在字体创意设计中的应用方法。

【能力目标】

- ➤ 能够根据需要设计不同风格的字体。
- ➤ 能够灵活运用字体创意设计的方法设计广告文字。

【素养目标】

- ➤ 弘扬优秀传统文化之美，传承中华文化精神。
- ➤ 用字体展现汉字审美价值，追求商业性与艺术性的统一。

　　文字是新媒体广告设计中传递信息的重要元素，新媒体广告设计的实际操作离不开文字，文字使广告设计在视觉上更加直观和实用，并且能够发挥理想化的情感传递、视觉审美等作用。字体设计作为重要的平面视觉语言，在呈现视觉美感方面发挥着重要的作用，它是对文字进行美化的重要过程，从文字的外形特征出发，对文字进行视觉上的创新和组织，在给受众带来鲜明的视觉冲击力的同时，准确无误地传达文字所承载的信息，从而达到广告传播的目的。

4.1　新媒体环境下的文字设计

随着新媒体技术的蓬勃发展，文字设计在视觉传达中起到的作用越来越大。设计人员不仅要掌握平面媒体文字设计的基本技巧，还要具备在新媒体环境下合理、有效利用文字的能力。文字设计的理念应与时俱进，根据时代环境进行适时调整，新媒体文字设计的思维是不同于传统媒体文字设计的，因此思维上的创新要适应新媒体这一大环境。

4.1.1　新媒体环境下文字运用的特点

人们主要通过视觉获取信息，文字是视觉信息中非常重要的一部分。新媒体环境下文字运用的特点如下。

1. 不受印刷因素的限制，创作更自由

数字技术的发展逐步成熟，文字和媒体之间的关系已经发生变化。在过去，书籍、报刊、海报等传统平面媒体是受众接收信息的主要途径，而现在，手机、计算机、网络电视能将信息通过终端屏幕显示出来。设计人员必须根据不同媒体的差异性进行文字设计。

平面和屏幕是两种截然不同的媒体，文字的表现形式看似相同，实则差异很大，通过屏幕显示出来的文字不再受到印刷因素的限制，设计人员可以更加自由地创作。但是，设计人员也要考虑字体、字号、色彩模式、文字识别率、可读性等基本要素。同时，屏幕的显示、文字的运动、特效的应用和时间节点等动态因素也是设计人员必须着重分析考虑的。

2. 可设计多维动态文字

文字在书籍、报纸、杂志等传统平面媒体中是静态的书面文字，而在新媒体中它成为可以动态显示的、"活"的文字。新媒体中的文字信息更加容易被人们接受，且更具感染力。静态文字注重文字设计的创意和变形美感，动态文字则更注重运动元素和时间维度，可见文字设计在新媒体时代已经发展得更多维。

当然，动态文字的运动表现方式并不是在屏幕上进行简单的位置变化，而是单个文字在结构上的动态设计，如笔画分解、偏旁部首的聚散等。

3. 文字信息的双向传播

在传统平面媒体中，受众接收信息的方式是单向的，单一地通过印刷画面、文字编排被动地接收信息。现在受众可以享受到新媒体技术发展带来的福利，参与文字信息的加工处理和发布过程，并在这一过程中发挥着越来越重要的作用。人与人之间的信息交互操作变得更加高效、快捷，在这个过程中，传播者会成为受众，受众也会成为传播者。

4. 文字阅读方式由线性向非线性转化

由于印刷画面限制等因素，传统平面媒体发展得较为缓慢，文字阅读主要采用线性文本方式。而在新媒体中，文字阅读的方式转化为在数字媒体上采用的非线性文本方式，一条链接中包含多条交叉链接，在阅读过程中我们可以对已有的问题进行详细查询，以拓宽自己的知识面。

↘ 4.1.2 新媒体环境下文字设计的特点

新媒体环境下文字的设计应当精简，符合宣传效果、广告创意的需要，在具备基本信息传达功能的同时，符合广告的宣传特点。

1. 展现文字的客观性

文字本身的客观性是相对于人们进行广告文字欣赏的主观性而言的，文字本体意义上的客观性主要是指其不依赖于人的意识而独立存在。在新媒体环境下，文字设计应充分展现其形式美的特点，增强视觉传达效果，提高广告作品的表现力，通过合理的文字设计与应用，使广告作品更富有艺术感染力。

文字的功能性十分强大，它能够以客观的方式将广告内容呈现给受众。设计人员要注重文字表达的客观性，根据广告宣传的具体内容和形式选择合适的字体、字号、颜色、排布等，使广告的文字风格与整体设计风格和谐统一，从而使广告整体宣传效果更好。

2. 发挥文字鲜明的个性

新媒体广告中文字个性的良好展现与宣传主题、表现样式以及色彩运用有着极其密切的关系。广告宣传主题确定了文字的整体风格，其中文字字体样式的选择在画面表现上起着至关重要的作用。除字体外，文字自身形态的变化、文字色彩与背景色的搭配，以及文字与图形、图像的关系都是文字个性表现所要考虑的重点。

当广告文字以某种方式出现在受众眼前时，受众会习惯性地在色彩的影响下，结合整体设计风格，借助文字与画面视觉效果的融合，感受到广告文字的美。文字的艺术性与功能性完美结合，更能突显其鲜明的个性特征，从而达到良好的宣传效果。

4.2 新媒体广告中字体的选择

新媒体广告中的文字不仅能作为信息传播的载体，还能成为广告画面中的主体图形元素。通过这个主体元素，广告作品不但可以向受众展示产品的自身特色，而且可以体现出自身的文化内涵。在新媒体广告中，字体的选择要准确，否则会使画面不协调，从而影响整个广告作品的效果。

↘ 4.2.1 新媒体广告中字体风格的类型

字体风格是指字体设计所表现出来的综合特点。每一种字体风格都能使人产生不同的视觉倾向，这种倾向又能进一步带来相应的心理感受，从而使人通过字体感受到不一样的情绪。

在新媒体广告中，主要有以下几种常见的字体风格。

1. 端庄典雅风格

这类风格往往给人一种浪漫、优雅的视觉印象，能够展现出广告画面的独特魅力。这类风格的字体能够比较完美地诠释设计对象的实体形象，一方面能够使受众赏心悦目，另一方面则通过细腻的笔画彰显设计对象的卓越质感。广告示例如图4-1所示。

图4-1 端庄典雅风格广告示例

2. 欢乐幽默风格

在这个信息繁杂的时代，欢乐幽默的字体风格好比炎热夏天里的一缕清风，总能使人感受到清新的乐趣。这类字体往往被运用在宣传海报的字体设计中，通过欢乐的视觉效果舒展受众的神经，如此一来就会大大提高信息传递的效率。广告示例如图4-2所示。

图4-2 欢乐幽默风格广告示例

3. 怀旧复古风格

很多人都喜欢怀旧，经常怀念过去的人、事或者时代。在新媒体广告设计中，设计人员可以巧妙地利用人们的怀旧心理，通过字体的渲染，为一些广告画面营造出怀旧复古的韵味。

当受众注意到画面的怀旧气息时，他们的视线就会被牢牢地吸引，并对设计对象产生好感，从而留下深刻的印象。设计人员可以结合现代与复古两种元素来进行字体的塑造，以此来迎合受众的怀旧情怀。广告示例如图4-3所示。

图4-3　怀旧复古风格广告示例

4. 坚固挺拔风格

现在社会焦虑的人群都在努力寻觅一份安全感，寻找一种无形的精神寄托。在字体设计中，一些字体风格刚好可以借助这种安全感来帮助设计对象树立牢靠的形象，以博得受众的信赖，这就是能够给人坚固挺拔感的字体风格。这种字体风格的设计思想在于把字体设计得像大树、高山一样高大，让人在看到使用了这类字体的广告时，就能深深地感受到设计对象扎实的根基，从而使人觉得其非常可靠。

这类字体风格由于能准确地体现出设计对象牢固的形象，所以经常被运用到房地产广告的字体设计中。广告示例如图4-4所示。

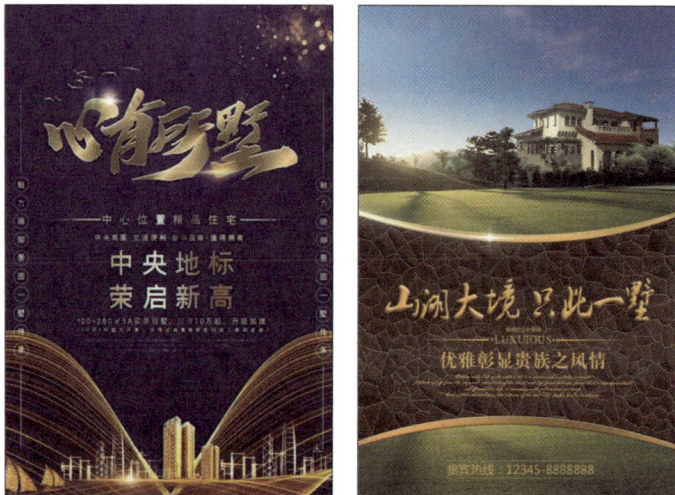

图4-4　坚固挺拔风格广告示例

5．苍劲古朴风格

在中国的国画与书法艺术中，我们可以感受到硬朗、深沉的中国式传统韵味。如今，许多设计人员将这种韵味与字体设计结合在一起，从而使设计出来的字体看上去苍劲有力。这类具有民族文化特色的字体风格，能够震撼受众的心灵并使其产生强烈的情感共鸣。广告示例如图4-5所示。

> 📗 **素养课堂**
>
> 字体、书法中蕴含着丰富的中华传统文化，学生要深入学习各种字体，感受中华优秀传统文化之美，在广告设计中以文载道、以文传声、以文化人，把中华优秀传统文化传承下去。

图4-5 苍劲古朴风格广告示例

6．新颖奇特风格

在字体设计中，许多优秀的广告作品出奇制胜，以新颖的题材与奇特的视觉效果获得了受众的青睐。好奇心是人的本性，当设计人员准确地把握了这种复杂的心理活动时，其广告作品在很大程度上就已经成功了。这类字体风格经常被运用在新媒体广告宣传页中，通过利用受众的猎奇心理，来引起受众对广告信息的兴趣。广告示例如图4-6所示。

7．活泼俏皮风格

活泼俏皮风格的字体没有固定的形式，在创作时讲究的是随性而发。例如，设计人员可以通过弯曲每个字的最后一笔来表现随性的活泼感，使人感到轻松与愉悦。广告示例如图4-7所示。

图4-6　新颖奇特风格广告示例

图4-7　活泼俏皮风格广告示例

8. 可爱卡通风格

卡通是将一些生活中常见的元素经过设计人员的归纳、夸张、变形等手法加工以后呈现出来的形象，它是一种以简驭繁的艺术表现手法。新媒体广告中的字体设计也可以融入卡通风格，这种字体风格在视觉上往往能够给人可爱、逗趣的感觉。广告示例如图4-8所示。由于可爱卡通风格秉承的是自由开放的艺术理念，所以这种字体风格不仅会受到少年、儿童的欢迎，还会受到成年人的青睐。

图4-8　可爱卡通风格广告示例

4.2.2　根据广告主题选择字体类型

不同的字体可以表现不同的广告主题，所以设计人员要根据广告主题来选择合适的字体类型，以表现高级感和信赖感、亲近感和柔和感、未来感和科技感等。

1. 表现高级感和信赖感

当需要表现广告的高级感和信赖感时，建议使用西文衬线体和中文宋体，这样会给人一种传统、经典、高级的感觉，字体的优美曲线能够营造出华丽的美感。同时，文字间要有合适的留白、字号不宜过大、尽量选择无彩色，以此来表现高级感和信赖感。广告示例如图4-9所示。

图4-9　表现高级感和信赖感的广告示例

2. 表现亲近感和柔和感

在现实生活中，尖锐的物品（如刀、针、锥子等）普遍会让人感到紧张，为了自身安全，我们或多或少会有意地避开它们。在字体搭配中，纤细、尖锐的字体会给人难以靠近的感觉，而使用粗大、前端圆润的字体能够给人亲近感和柔和感，广告示例如图4-10所示。

图4-10　表现亲近感和柔和感的广告示例

3. 表现未来感和科技感

相对于西文衬线体和中文宋体来说，非衬线体和黑体的使用更适合体现未来感和科技感的主题，广告示例如图4-11所示。设计人员要尽可能地对字体进行简化处理，提升字体的抽象感。如果想进一步表现科技感，可以尝试对字体进行图形化处理，直线和图形的合理组合，搭配无彩色可以满足体现未来感和科技感的设计需求。

图4-11　表现未来感和科技感的广告示例

4. 表现传统文化气质

关于传统文化气质的表现，除了运用西文衬线体和中文宋体以外，最合适的字体就是书法字体。书法字体包括篆书、隶书、行书、楷书和草书等，通过使用这些书法字体来表现传统主题，同时采用竖排方式搭配古朴的色彩，可以提升画面整体的传统文化气质。广告示例如图4-12所示。

图4-12　表现传统文化气质的广告示例

5. 表现自然感和手工感

要想通过文字表现广告主题的自然感和手工感，设计人员可以挑选一些圆润的字体或者英文手写体，并调整每个文字的大小和角度，提升文字的质感，从而使文字更加贴近自然感和手工感的主题。需要注意的是，设计人员应避免为文字选用过于鲜明的色彩，所选取的色彩要自然一点。广告示例如图4-13所示。

图4-13　表现自然感和手工感的广告示例

6. 表现精致感和现代感

如果想通过画面来表现产品的精致感和现代感，设计人员可以使用黑体和非衬线体，同时细体字能够更好地表达主题。但是，光有纤细的字体还不足以让画面变得精致，设计人员还可以大胆地给文字周围留白、减小字号、减少画面中的色彩等。广告示例如图4-14所示。

图4-14　表现精致感和现代感的广告示例

7. 表现稳定感和力量感

在新媒体广告中，当要表现稳定感和力量感时，粗体字往往能够给我们带来惊喜。黑色的文字搭配明亮的背景色，能够使广告画面突显强劲的感觉，同时缩小字间距也是体现力量感的一种方式。广告示例如图4-15所示。

图4-15　表现稳定感和力量感的广告示例

8. 表现优雅感和柔美感

如果是针对女性进行新媒体广告设计，或者广告画面的主题偏向女性，想要给受众留下优雅、柔美的印象，设计人员就要选择线条纤细、柔美的字体或手写体，同时搭配宋体或者西文衬线体来表现广告主题。广告示例如图4-16所示。

图4-16 表现优雅感和柔美感的广告示例

9. 表现装饰感和设计感

新媒体广告画面中的文字分为阅读性文字和装饰性文字，使用装饰性文字的主要目的是吸引受众的目光，所以这类文字的设计感应更强，广告示例如图4-17所示。设计人员要对装饰性文字进行图形化设计，其装饰性越强，可阅读性就会越差，所以也要明确添加文字的主要目的。

图4-17 表现装饰感和设计感的广告示例

4.3 新媒体广告中字体的创意设计

由于文字本身在结构和变化上具有独特的形式感，所以在新媒体广告设计中采用纯文字的画面形式来进行创作也是一种不错的选择，采用这种创作方式同样可以达到独特的视觉传达效果。设计人员可以对字体进行创意设计，创造出"有魔力"的字体，吸引受众的注意，牢牢抓住他们的心。

↘ 4.3.1 字体创意设计的基本原则

无论在何种视觉媒体中，文字和图片都是两大构成要素。文字字体形式、排列方式等直接影响着画面的视觉传达效果，因此新媒体广告中的字体设计必须要做好。下面将介绍字体创意设计的基本原则。

1. 视觉传达要准确

文字的主要功能是通过视觉向受众传达设计人员的意图和广告信息，因此设计人员必须要考虑文字的整体效果，使其给人清晰的视觉印象，准确地传达字义和词义。

文字设计应当避免繁杂、零乱，要使人易认、易懂，不能为了设计而设计。尤其在产品广告的文字设计中，更要注意保证任何一个标题、一个符号、一个产品品牌都有其自身的内涵，并将它们正确无误地传达给受众，这正是字体设计的目的。抽象的笔画通过设计所形成的文字形式往往具有明确的倾向，这种文字形式要与传达的内容保持一致。

2. 风格上要具有个性

设计人员应根据广告主题极力突出文字设计的个性色彩，创造出独具特色的字体形式，给人以独特的视觉感受，这样有利于为企业和产品建立良好的形象。在进行字体创意设计时，设计人员要避免与一些已有的广告作品的字体相同或相似，更不能刻意模仿甚至抄袭。

在设计特定的字体时，设计人员一定要对字的形态特征与组合编排进行探索，不断修改、反复琢磨，这样才能创造出富有个性的字体形式，使其外部形态和设计格调都能给人以愉悦的审美感受。

3. 视觉上要给人以美感

在视觉传达的过程中，文字作为新媒体广告画面的要素之一，必须具有视觉上的美感，能够给人以美的感受。字体设计良好且组合巧妙的文字能够使人感到愉快，给人留下美好的印象，从而产生良好的心理反应；反之，则在视觉上难以产生美感，使人看后感到不愉快，甚至会让受众拒而不看，这样势必难以达到设计人员想要表达的意图和构想的目的。

在文字设计中，美不仅体现在局部，还体现在对笔形、结构以及字体设计的整体把握上。文字是由横、竖、点等笔画组合而成的形态，如何协调笔画与笔画、字与字之间的关系，强调节奏与韵律，创造出富有表现力和感染力的设计效果，把主题内容准确、鲜明地传达给受众，是字体设计的重要课题。

4. 表现上要具有装饰性

创意字体区别于其他字体最明显的特征就是具有装饰性。一般来说，字体设计要在内容传达上具有准确性和易识性，并在此基础上进一步展开想象进行艺术创作。同时，要选择适宜的表现形式进行装饰和艺术加工，使字体具有装饰性的特征，从而使文字有新的生命力。此外，设计人员还要遵循艺术美的原则，对字体的结构、笔画形式和整体视觉效果进行准确的把握。

5. 风格与广告的整体风格要一致

每个广告作品都有独特的整体风格，在这个前提下，一个作品中各种不同字体的组合，一定要符合整个作品的风格倾向，不能各种字体自成一种风格，这样就会使作品显得杂乱无章。因此，在正确选择字体的基础上，有时也需要设计人员对主要文字进行图形化处理，即对文字的笔画进行合理的变形搭配，使之符合广告的整体风格。

6. 位置要符合整体设计要求

在新媒体广告设计中，文字在视觉上有大小、轻重、强弱之分，它们在画面中的位置安排会直接影响整体效果。设计人员要处理好文字与文字之间的位置关系，以及文字与图形之间的位置关系。如果是以图形为主的广告，文字应当相对集中、紧凑地排列在适当的位置，不可过分变化分散，以免因为主题不明而造成视觉上的混乱。

在新媒体广告设计中，字体设计可以增强视觉传达效果，提高广告作品的影响力，赋予画面审美价值。在设计过程中，设计人员不仅要协调好文字的字体、大小、位置、间距等，还要处理好文字的图形风格、视觉流程，以及在画面中的各种层次关系等。

4.3.2 字体创意设计的方法

在新媒体广告设计中，文字的创意表现可以是从抽象到具象的变化，也可以是从具象到抽象的变化。设计人员应充分发挥想象力，运用变形、添加、装饰、寓意等表现手法对文字进行造型。因此，文字在广告中的运用不再只是字形进行笔画上的简单变形与装饰，而是运用创新的思维和方法，以及视觉要素的设计法则，用现代设计理念来探索文字的个体或组合形态。

1. 文字的变形

由于每一种字体都具有不同的个性特征，有的字体浑厚坚实，有的字体娟秀雅致，有的字体天真烂漫，所以在对文字进行变形时，要以文字的个性特征为依据，使文字的变形富有特色。这种根据文字的特征进行变形后的文字叫作字形图形，尽管字形图形有着千变万化的视觉效果，但其创意方法是有据可循的。

例如，设计人员将某些文字的部分结构进行扩大或紧缩、删减，使其更具形式感，同时保持文字的辨识度，使文字在视觉上能够给人带来新颖、刺激的感官享受。设计人员还可以对字体结构进行几何化处理，几何化的字形图形造型干净，颇具现代主义的简约时尚风格，很适合科技类或时尚类的设计主题。运用点、线等抽象元素来构成文字、表达内涵，在此基础上还可以借助平面视幻图形，使人们产生新的视觉感受。广告示例如图4-18所示。

图4-18　文字变形的广告示例

2. 笔画的连用与共用

这种创意方法讲究笔画与笔画之间的有机连接。设计人员可以根据文字笔画的位置、形态、走向等特点，打破原有的文字结构，选择比较容易连接的部位或者可以共用的笔画，将其巧妙地连接在一起，广告示例如图4-19所示。同时，辅以局部笔画的夸张，可使画面产生均衡、统一、充满韵律的美感。

图4-19　文字笔画连用的广告示例

3. 文字图形化

在进行文字设计时，设计人员也可以把文字归纳成抽象符号的有机组合，这种形式是将文字本身的造型作为吸引受众注意力的手段，加强文字视觉传达效果，使文字图形化，广告示例如图4-20所示。还可以对笔画与部首偏旁的数量、字体的空间结构进行灵活变化，通过这些直观的手法来挖掘文字的深刻含义。

图4-20　文字图形化的广告示例

在文字图形化的过程中，设计人员要对文字的含义有深刻的理解，使变形的文字与其含义有机结合，产生更具有新意的创意文字。这种创意文字是在理解字意的基础上浓缩后的形式，设计时在保持文字一定的识别性的前提下，要仔细品味与挖掘属于每个字潜在的视觉张力。

4. 文字的联想美化

为了塑造单字或组字的整体视觉氛围，设计人员可以根据字体的外形结构特征加入装饰性图形，对文字进行装饰美化；也可以根据文字所表达的意境，对整个文字或者某一笔画进行表象上的装饰美化；还可以通过联想把图形嫁接于广告文字之上，使文字形象化，或者给文字整体或局部加上装饰性图形。

在字体以外的背景部分添加线条、色块、肌理等，可以衬托出字形或笔画的特征，以形成一种符合视觉审美习惯的画面。设计人员可以在保持文字笔画、基本结构的前提下，在文字上或笔画内外增添各种简单的图形作为装饰。这种装饰能够给人以活泼、有趣的感觉，但又使人感觉陌生、奇特，所以能够吸引更多的受众，使广告效应最大化。

但需要注意的是，文字元素的装饰效果不能过度，否则会分散受众的注意力，甚至会影响文字的识别性，导致广告作品主题不突出，反而失去了广告设计的整体感染力。

5. 文字图意化

文字图意化是指以简洁的创作方法对文字的意义加以突出，从而使视觉传播的寓意进一步深化，它也是将文字的抽象性转化为具象性的有效手段。文字图意化后的文字简称字意图形，在字意图形中，文字笔画的空间结构要做到巧妙视觉展现，从而达到视觉传播的目的。

字意图形渗透了现代的设计思想，它既可以通过"形似"来传达文字的语意，又可以将具体的"形"提炼成抽象的"意"，从而进行传神的表达，赋予视觉表现以某种心理意义。设计人员在创作时，要充分发挥自己的想象力，运用各种平面构成的表现手法，充分挖掘字体造型外在与内在的表现力，使文字突破原有的限制，尽情展现图形与文字相互渗透的视觉魅力。

例如，设计人员可以对字体做拟人化处理，创造出更加生动、亲切、鲜活的字体形象；也可以将字体或笔画堆叠在一起，对重叠的局部做反白或相异处理，再加以色彩对比的运用；在组字过程中要打破习惯的思维模式，加强图底构成的巧妙性和趣味性；还可以在文字中让局部具象的图形与笔画穿插配合，或者通过用字体构成物体的方式来传达文字的意义。广告示例如图4-21所示。

图4-21 文字图意化的广告示例

文字在新媒体广告设计中具有传播信息、加深受众记忆等作用，文字所拥有的形式美感和表现力使其具有不同的形象、情感、气势、意境和艺术魅力，所以通过恰当的字体设计可以增强新媒体广告的整体视觉效果。

4.3.3 提高创意字体的设计感

在设计新媒体广告时，要想提高创意字体的设计感，设计人员可以采用以下8种方法。

1. 立体空间

设计人员可以通过创造立体空间进行文字设计，并通过颜色差异、明暗对比、线面结合等方式形成空间感和立体感，这样设计出的文字与一般的文字相比更具有空间感和层次感，从而能提升整体广告画面的设计感。广告示例如图4-22所示。

图4-22 立体空间设计的广告示例

2. 色彩叠加

设计人员可以通过文字错位、色彩叠加、色彩变化、透明度变化、切割等方式，使广告带来的视觉感受变得更加丰富。其中，色彩的选择极为重要，各种色彩之间可以为过渡色或者互补色。广告示例如图4-23所示。

图4-23 色彩叠加设计的广告示例

85

3. 扭动变形

扭动变形设计可以让文字具有动态感，提升文字的装饰性，赋予文字律动感。但需要注意的是，文字变形不能影响文字的识别性和阅读性。广告示例如图4-24所示。

图4-24　扭动变形设计的广告示例

4. 蒙版叠加

设计人员可以通过蒙版叠加的方式，让简单的文字和背景融合在一起，这样既提升了背景的层次感，又让文字变得具有设计感，广告示例如图4-25所示。

图4-25　蒙版叠加设计的广告示例

5. 重复排列

设计人员通过对文字进行重复排列，在使文字具有张力的同时，还具有一定的速度感和发射性，就像向四周展开的波纹效果，具有延续性。广告示例如图4-26所示。

图4-26 重复排列设计的广告示例

6. 虚实结合

设计人员通过对文字和图像进行虚实处理，可以让广告画面多一些透气感和空间感，从而使画面的设计感更强，如图4-27所示。

图4-27 虚实结合设计的广告示例

7. 拉伸变形

拉伸变形的处理手法可以让文字更加具有张力，使广告画面整体更加图形化，既能满足阅读的需要，同时也非常具有设计感。广告示例如图4-28所示。

图4-28　拉伸变形设计的广告示例

8. 底纹肌理

文字作为底纹肌理出现在画面中，区别于图形化的纹理，既有设计感，同时又可以辅助传达一定的文案信息。广告示例如图4-29所示。

图4-29　底纹肌理设计的广告示例

📗 **素养课堂**

　　汉字的各种字体充分体现了汉字多姿多彩的装饰作用，彰显着中华民族独特的审美情趣。汉字装饰的传统源远流长、内涵丰富、技法多样，为现代艺术实践提供了取之不尽的灵感和素材。设计师在广告设计过程中要做好艺术性与商业性上的平衡与统一，尤其要展现汉字的独特审美价值。

📖 **课堂讨论**

　　请在网络上浏览新媒体广告图片，与同学一起探讨其中涉及的字体风格类型、字体创意设计方法。

4.4　AI技术在字体创意设计中的应用

　　AI技术在字体创意设计中的应用已经从初步探索进入到深入应用阶段，不断推动着字体设计的创新和发展。随着技术的不断进步和应用领域的拓展，AI将在字体设计中发挥更加重要的作用，为我们带来更多的惊喜和创意。

↘ 4.4.1　提高字体设计的效率

　　AI技术可以通过自动化优化设计、批量生成、智能推荐和辅助、预测和纠正错误、用户反馈和自适应学习、利用大数据和机器学习等方式，显著提高字体设计的效率。

1.　自动化优化设计

　　AI可以自动化优化字体设计，通过算法迭代寻找最佳的字体参数和布局，大大减少了手动调整的时间，并提高了设计效率。

2.　批量生成

　　AI工具可以快速生成多套字体设计方案，以供设计师从中挑选最佳方案。这种批量生成的能力可以显著提高设计效率，特别是在处理多语言字体设计时。

3.　智能推荐和辅助

　　AI可以根据设计师的偏好和过往设计行为，智能推荐合适的字体样式、配色和排版方案，可以极大地减少设计师寻找灵感和素材的时间。

4.　预测和纠正错误

　　AI工具可以预测字体设计中可能出现的错误和问题，并在设计过程中及时提醒设计师纠正。这有助于减少设计中的错误，提高设计效率和质量。

5.　用户反馈和自适应学习

　　AI工具可以收集用户反馈，并根据反馈进行自适应学习，调整字体设计。这种自适应学习的能力使设计更加符合用户需求，减少了设计迭代的次数和时间。

6. 利用大数据和机器学习

通过分析大量字体设计数据和用户偏好，AI可以学习到字体设计的最佳实践和趋势。这些知识可以被用来建立自动化设计流程，提高设计效率。

↘ 4.4.2 生成创意性字体设计

生成创意性字体设计

利用AI技术生成创意性字体设计，可以发挥巨大的创作潜力。下面以字体家AI神笔这一AI工具为例，介绍如何使用字体家AI神笔生成创意性字体，具体操作方法如下。

（1）打开字体家AI神笔的在线造字页面，单击"屏幕设计"选项卡，在左侧书写文字，如图4-30所示，完成后单击"下一张"按钮。书写8个字即可，选中"已阅读并同意《用户协议及隐私政策》"复选框，然后单击"开始生成模型"按钮，如图4-31所示。

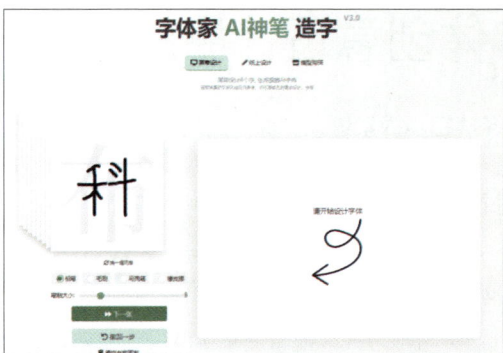

图4-30　单击"屏幕设计"并书写文字

图4-31　单击"开始生成模型"按钮

（2）在打开的页面中输入要生成的文字，选择模型版本，如图4-32所示，然后单击"生成预览"按钮。此时，即可查看生成的不同模型版本的文字结果，如图4-33所示。单击"下载结果"按钮，可以下载生成的文字图片。

图4-32　输入文字并选择模型版本

图4-33　生成文字结果

（3）在在线造字页面中单击"模型购买"选项卡，用户可以根据需要挑选自己喜欢的字体模型，如"浪花AI行书"，如图4-34所示。在打开的页面中输入要生成的文字，然后单击"生成预览"按钮，即可预览生成的文字结果，如图4-35所示。

　　AI工具可以提供设计师所需的数据、分析和灵感，帮助他们拓展思维、激发创意。设计师可以借助AI工具探索新的设计方向，并从中汲取灵感，实现更高效的创意设计。

图4-34　选择字体模型

图4-35　预览生成的文字效果

课后实训

　　为某款科技产品，如"超薄笔记本电脑"或"高性能智能手机"，设计一款能够强调其产品特性的广告字体。在设计过程中，需要着重考虑以下几个问题。

　　1. 产品的主要特性和卖点是什么？如何通过字体设计来突出这些特点？

　　2. 你打算使用什么样的字体风格来传达产品的现代感、科技感或高端感？

　　3. 如何确保字体在广告中的可读性和吸引力？

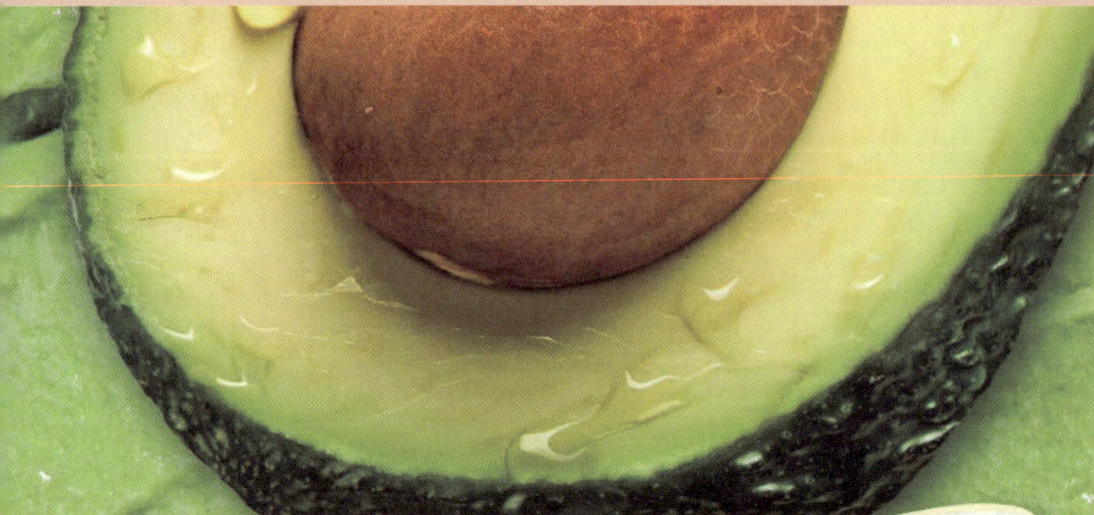

第 5 章
新媒体广告图像设计

【知识目标】

➤ 了解新媒体广告中图像的作用与类型。
➤ 了解新媒体广告中图像设计的基本原则。
➤ 掌握创意图像设计的原则与方法。
➤ 掌握创意图像运用的基本原则。
➤ 掌握AI技术在新媒体广告创意图像中的应用。

【能力目标】

➤ 能够制作广告创意图像。
➤ 能够利用AI制作广告创意图像。

【素养目标】

➤ 拓宽思路，培养自己的创造力和创意思维。
➤ 坚定历史自信和文化自信，坚持古为今用、推陈出新。

　　在新媒体时代，广告图像设计是最大化呈现广告效果、提高品牌收益的重要方式之一。新媒体广告设计中的图像设计一定要极具个性化、富有创意，只有这样才能吸引受众的注意，进而提升企业、品牌和产品知名度。

5.1 新媒体广告图像设计概述

在信息传播的过程中，图像与文字一样，也是设计人员的语言，它比文字的传播速度更快，包含的信息更全面。设计人员可以通过各种图像来达到快速的传播效果，同时给受众带来强烈的视觉印象。

↘ 5.1.1 新媒体广告图像设计的作用

在新媒体广告设计中，图像指的是以图解、图示为代表的一种说明性的视觉符号，图像的创意性是新媒体广告设计的必然要求。设计人员通过打破传统设计艺术中已经存在的形象设计、标识设计，利用创意思维对设计对象进行改变，从而形成别具特色的图像元素，在完成信息承载的前提下，更有效地吸引受众的注意力。在新媒体广告中，图像设计主要有以下作用。

1. 准确表达广告主题

图像首先要能准确地表达广告的主题，使受众易于理解和接受。图5-1所示为某饮品品牌推出的新媒体广告宣传海报，该品牌将产品或产品原料放在海报的中心位置，生动地传达了新品上市的信息，突出了广告主题。

图5-1 准确表达广告主题的广告示例

2. 强化视觉效果，吸引受众的注意力

图像的核心作用就是利用新颖、奇特的视觉效果来激发受众的好奇心，瞬间抓住受众的眼球，并使其产生探究广告创意理念及企业品牌理念的主观意愿。广告示例如图5-2所示。

图5-2　强化视觉效果的广告示例

3. 激发受众的心理变化

在读图时代，受众对于图像信息的获取意愿更加强烈，单纯的文字、色彩很难调动受众阅读文字的兴趣。因此，设计人员可以将文字融合在图像之中，激发受众的心理变化，让受众潜移默化地接受文字信息，从而达到广而告之的效果。广告示例如图5-3所示。

图5-3　激发受众的心理变化的广告示例

↘ 5.1.2　新媒体广告图像的类型

在新媒体广告设计中，图像的类型多种多样，不同的图像类型有着不同的表现效果。为了使受众能够准确、迅速地了解广告的信息与内容，设计人员可以借助不同的图像来增强新媒体广告的表现力。新媒体广告中的图像类型大致分为装饰型、插画型、摄影型和综合型四大类。

1. 装饰型

装饰型图像要符合样式美的原则和装饰艺术的要求，并与画面整体风格协调统一，以达到比较理想的美化效果。在新媒体广告设计中，设计人员可以运用丰富的想象力和独特的创意，采用多种艺术形式与表现手法，将现实或超现实的意境和气氛表现出来，给受众带来一种强烈的情绪感受。广告示例如图5-4所示。

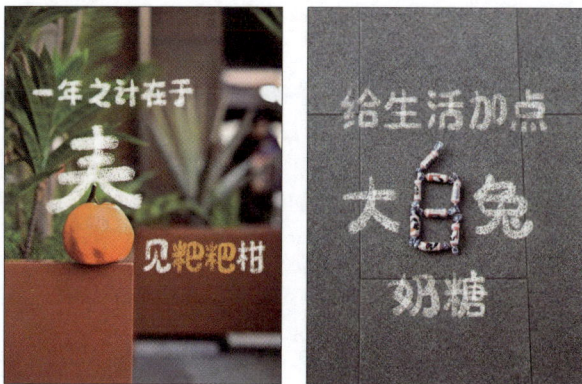

图5-4　装饰型广告示例

2. 插画型

插画又称插图，常见的插画有卡通插画、游戏插画、文学作品插画、美术作品插画、影视作品插画等。插画是对人们熟悉的故事或作品的展现，这类故事或作品在人们心中已经形成了一定的认可度，当人们看到这些插画时，对广告主题的理解也就容易了很多。广告示例如图5-5所示。

图5-5　插画型广告示例

在新媒体广告设计中，插画图像分为传统的二维插画和三维插画。二维插画是以平面视角为依据进行创作的，而三维插画则有更深度的展现，画面中的任何一个点都可以用立体化的形式进行表达，而且随着人们欣赏水平的提高，三维插画在新媒体广告中也得到了广泛的应用。

3. 摄影型

随着数码产品在艺术设计中的广泛应用，摄影图像成为当下新媒体广告设计中很常见且非常重要的一种表现形式。摄影图像的效果更真实，能将广告产品直观地呈现出来，可信度高、视觉冲击力强，说服力也很强。广告示例如图5-6所示。

图5-6　摄影型广告示例

4. 综合型

一个新媒体广告作品中的图像可以采用一种统一的风格来呈现，也可以多种风格并存。综合型图像就是不同类别的图像的混合体。

在新媒体广告设计中，设计人员可以将不同类别的广告图像有机地结合起来，使广告画面看起来层次丰富、亦真亦幻，给受众带来一种别样的视觉冲击，这样就可以更有效地吸引他们的目光，传达新媒体广告所要传达的信息。广告示例如图5-7所示。

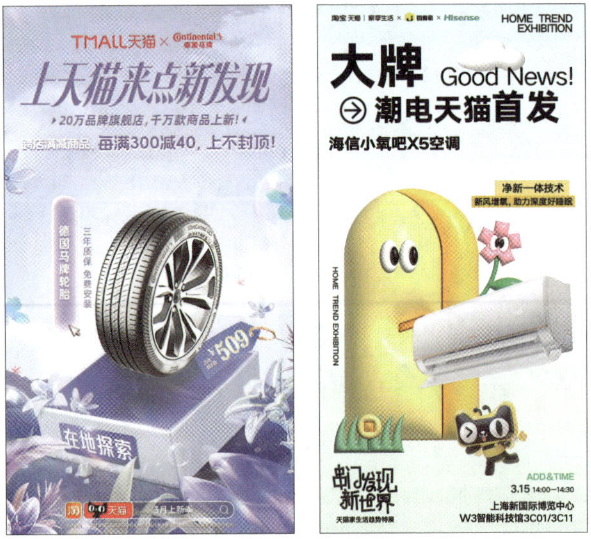

图5-7　综合型广告示例

📖 **课堂讨论**

请同学们在各大新媒体平台浏览广告图片，说一说哪些新媒体广告图像类型出现的次数较多？这些广告图像类型与品牌所属领域有无关联？

5.2　新媒体广告创意图像的设计

新媒体为广告图像设计提供了更大的创意空间和多样化的传播载体，同时，受众对广告创意图像的视觉审美有了更深一步的了解，进而提出了更高的要求。因此，设计人员在设计广告创意图像的过程中，要创造出既能传递广告信息，又能给人思想启迪，并带来视觉审美享受的优质图像，这是当前新媒体广告图像设计所追求的审美境界。

↘ 5.2.1　新媒体广告图像设计的基本原则

设计人员在进行新媒体广告设计时，要捕捉事物最本质的东西，设计出单纯、清晰、明确的图像；同时，要有的放矢，抓住广告的诉求点，通过富有创意的独特形式使人们的视觉产生强烈的刺激，吸引人们去注意广告、理解广告。

新媒体广告图像设计要遵循以下3个基本原则。

1. 图像宜少而精

在新媒体广告设计中，运用的图像数会影响其传播效果。一个质量高的图像，形象鲜明，能够一针见血地突出广告的主题，可以一当十，如图5-8所示。而如果一个广告中有多个图像，产生的视觉冲击力就会相对减弱，画面也会显得平淡。因此，新媒体广告中的图像要简洁、清晰、色彩醒目、创意巧妙，能够准确地传达广告所要表达的内容信息。

图5-8　图像少而精的广告示例

2. 适宜的图像面积

在新媒体广告设计中，设计人员要根据不同的设计需求来选择适宜的图像面积。大面积的图像往往用来渲染气氛，可以产生较强的视觉冲击，如图5-9所示。在开展大型的广告宣传活动时，就更需要大面积的生动形象的图像来吸引受众的视线，以达到瞬间传达信息的目的，而小面积的图像则适用于进一步加深受众的印象。

图5-9　大面积图像的广告示例

3. 图像比例变化要符合广告场景

在新媒体广告设计过程中，设计人员可以改变原有物体的比例，使受众产生丰富的联想和视觉上的新奇感。例如，将正常情况下的小物体夸张放大，或者将正常情况下的大物体夸张缩小，运用形象化的处理方式来刺激受众的视觉感受，传达新的信息内涵。广告示例如图5-10所示。

图5-10　图像比例变化的广告示例

↘ 5.2.2　创意图像的设计原则

创意图像具有生动、有趣、形象、简洁等特点，已经成为新媒体广告设计中常见的表现要素。在信息化社会中，创意图像在新媒体广告中的应用极为广泛。因此，设计人员要深入研究创意图像的规律，设计出高水平的创意图像。下面介绍新媒体广告创意图像的设计原则。

1. 紧紧锁定产品诉求

精彩的创意会让人眼前一亮、印象深刻，但精准的产品诉求才会改变受众的态度、影响受众的行为。提出单一诉求，即只能有一个卖点，但这个卖点必须具备独特性且有强大的市场竞争力。在新媒体广告设计中，好的创意要能不露痕迹地将产品、诉求和图像三者结合起来。

2. 简单扼要

将一件事变得复杂很容易，但要将一件事变得简单就不容易了。设计人员在构思创意图像的过程中，要能抓住重点，要知道只有简单扼要才会有效。许多品牌的广告之所以能给受众留下深刻的印象，就是因为其简单扼要。广告示例如图5-11所示。

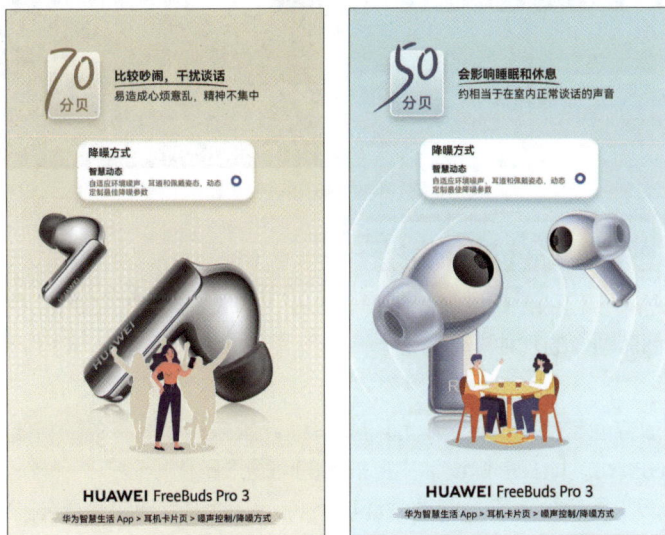

图5-11　简单扼要的广告示例

3. 延展性

新媒体广告设计中好的创意图像一定要具有延展性。如果延展一下使用环境，创意图像就不再协调，那么这样的创意势必不能成为一个好创意。

4. 文字化和视觉化

将广告主题同时文字化和视觉化更有助于受众理解广告所要传达的信息。设计人员要训练自己不能仅依赖文字语言进行思考，还要从图像角度进行思考，通过文字化和视觉化两种思考方式的融合运用，让抽象的概念变成具象的符号或图像。

5. 传递快乐

使产品娱乐化是新媒体广告设计人员的必备技能，其目的是让受众对广告产生赏心悦目的感受，达到传递快乐的宣传效果。娱乐效果并不影响广告在传播上的严肃性，设计人员要做的是博得受众的好感，从而使所宣传的产品在受众心中留下更深刻的印象。广告示例如图5-12所示。

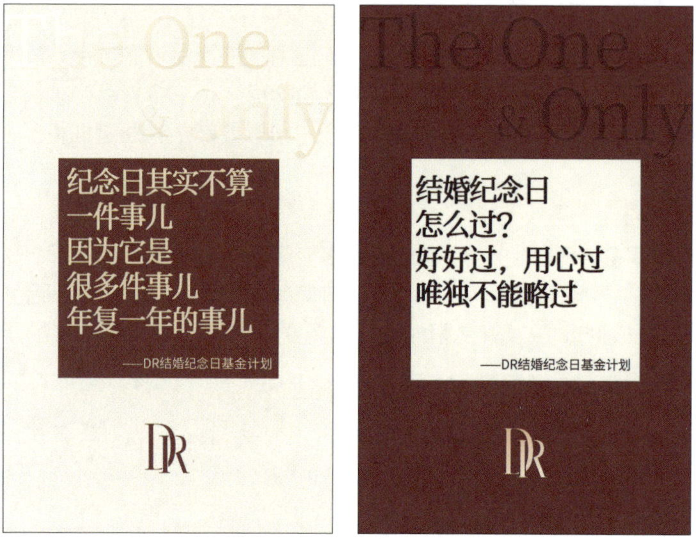

图5-12　传递快乐的广告示例

5.2.3　创意图像的设计方法

创意图像的设计目的是塑造新颖的视觉形象，给人们带来全新的视觉震撼和视觉享受。下面介绍创意图像的几种设计方法。

1. 借代

借代是指放弃通常使用的元素，而寻找其他元素来代替，并借助特定的形象或符号来实现情感上的类比，即在图像设计中把抽象的问题形象化。

在快节奏的生活与纷繁复杂的社会环境下，人们越来越注重审美体验，新媒体广告作品只有具备独特的表现形式、新奇的创意，才会得到受众的关注。巧妙地运用借代手法能使广告画面给受众带来新颖的视觉感受，让受众在获得视觉享受的同时，深刻地理解广告作品所要传达的信息。广告示例如图5-13所示。

2. 同构

同构是指在同一个广告画面中，把两个或两个以上的带有独立意义的图像按照一定的规律进行组合、融合和排列，以形成新的图像。这种经过异质同构设计出来的组合图像，既可以很好地表现广告的主题，又可以拓展受众的想象空间，使广告的情感诉求得到更好的传达。广告示例如图5-14所示。

同构手法要求设计人员必须大胆创造、发挥想象力，不能只顾着追求现实中的真实，更要注重视觉表现上的艺术性。

3. 共用

共用是指两种或两种以上的图像完全共用、相互依存，或共享同一空间或共用同一边缘，从而构成缺一不可的统一整体，如图5-15所示。在设计行业，共用手法已经被广泛地使用，设计人员利用这种图像可以让受众感受到共享空间的存在及其美妙之处。

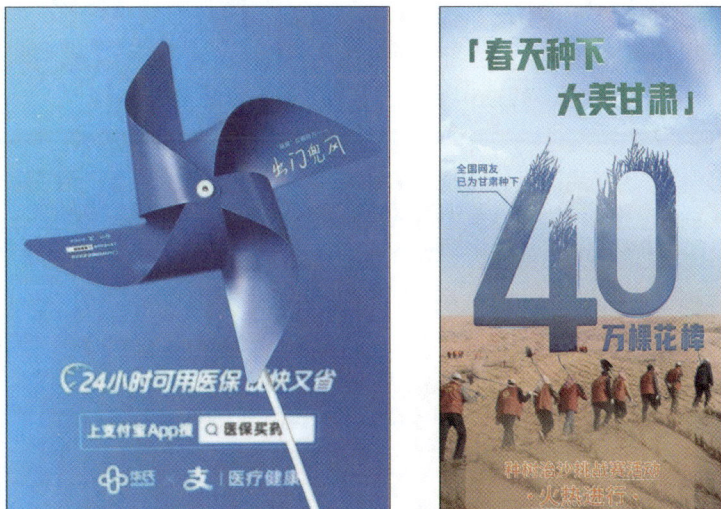

图5-13　借代的广告示例

图5-14　同构的广告示例

图5-15　共用的广告示例

📖 **课堂讨论**

在网上浏览新媒体广告，与同学一起讨论其中图像设计的创意点和创意设计方法，并发散思维，探讨更多的创意图像设计方法。

101

↘ 5.2.4 创意图像运用的基本原则

基于创意图像的变化特征，以及新媒体广告信息传播的需求，创意图像的运用要遵循关联、独创、沟通、形象追求、形式追求等基本原则。

1. 关联

创意图像并非凭空想象，而是结合实际生活环境、情景、经历和文化等所衍生出来的创意表达，即创意图像与广告主题、现实生活要有所关联。设计人员将创意图像应用于新媒体广告中时，要让受众看到广告之后就能了解广告的主题。

2. 独创

一个新媒体广告作品的诞生意味着某种产品或服务的推出，而产品或服务只有在与同类型产品或服务相比更具有竞争力时才能获得市场优势。因此，创意图像在新媒体广告应用中必须保证内容的独创性，让受众看到广告之后不会联想到其他品牌的产品或服务，并对广告中的产品或服务产生深刻的印象。广告示例如图5-16所示。

图5-16 独创的广告示例

3. 沟通

新媒体广告可以视为一种信息的载体，广告的内容要表达一定的情感，具有良好的信息传递功能，这样受众才能从中获取信息，并对信息产生兴趣。针对广告设计的这种要求，设计人员在为广告作品融入创意时要以情动人，借助幽默、拟人、暗示等方法，创造出独特的广告内容。广告示例如图5-17所示。

4. 形象追求

很多时候创意并非一味地追求新元素，而是将旧元素重新组合，创造新的可能。因此，设计人员在追求创意形象时，要做好对形象元素的组合、置换和增减。这就要求设计人员了解形象元素之间的关系，在确定某个元素的含义之前，先选择另外的元素建立起联想和逻辑的关系。

如果元素重组得当，广告的内容将焕然一新。在形象元素的置换方面，在为平淡无奇的广告形象调整元素组合方式之后，将会表现出新的广告意境；在形象元素的增减方面，设计的手法主要是同构、嫁接、拟人等，形成新奇和巧妙的图像，为受众提供更为广阔的视觉空间和想象空间。

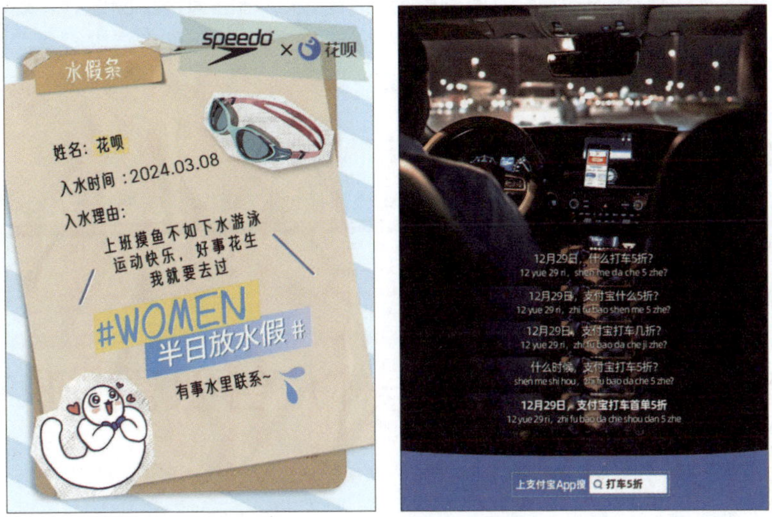

图5-17　沟通的广告示例

5. 形式追求

创意图像仅为广告设计中的一个元素，而形式的艺术表达需要综合文字、色彩等其他元素，以追求形式层面的趣味感和秩序感。

（1）点、线、面

任何广告设计都要在形式追求的基础上，糅合所有点、线、面的元素，以搭建出广告的形式框架。

点本身就具备集中的功能，要突出视线的吸引能力和广告的视觉焦点，同时也要填补广告的空白、点缀广告的内容。

线有延伸的动势功能，可将不同的元素串联起来，使视觉流程更为顺畅，同时还可以用于分隔元素，表现广告画面的动静状态。

面分为实面和虚面两种，用其设计广告是为了强化人们的视觉感知。

在进行新媒体广告设计时，设计人员要合理协调点、线、面三者之间的相互关系。例如，利用中轴线形成强烈的虚实空间对比。

（2）视觉元素分布规律

应用创意图像表达广告内容时，设计人员要掌握视觉元素的分布规律，需要考虑人们的视觉习惯。每个人的视觉都会有一定的界定区域，界定区域之外的视觉注意力是不集中的。通常来说，上部的视觉注意力比下部集中，左侧的视觉注意力比右侧集中；上部的视觉元素以轻巧、缥渺、积极为主，下部的视觉元素以沉稳、消极、压抑为主；左侧的视觉元素以舒畅、广阔、自由为主，右侧的视觉元素以紧凑、凝重、局限为主。

如果设计人员按照这种视觉元素分布规律进行不同主题的广告图像的布置，就可以最大限度地集中受众的注意力。

（3）层次与空间构成

创意图像设计要注意表现主次关系，主要通过层次与空间构成来表现，如黑色图像和白色图像、大图像与小图像、疏散图像与密集图像、虚图像与实图像等，通过色相、明度、纯度等方面的对比就可以将层次与空间结构拉开，从而使广告内容有清晰的主题形象，并产生动与静、轻松与紧张等艺术魅力。

> 📕 **素养课堂**
>
> 创新和创意是现代社会追求发展的重要动力，通过大胆思考、头脑风暴、反向思考、类比思维、逆向思维以及多样化的经验积累等方法，我们可以培养自己的创造力，不断挑战传统，创造出独特的广告设计方案。

5.3 AI技术在新媒体广告创意图像中的应用

在AI技术助力下的广告创意图像设计，不仅可以提升新媒体广告的美感和艺术性，还可以丰富新媒体广告的表现形式。通过AI技术，新媒体广告创意图像可以实现个性化与智能化，针对不同用户群体呈现不同的新媒体广告内容，以满足用户多样化的需求。

↘ 5.3.1 使用AI图像生成器设计新媒体广告图像

使用AI图像生成器设计新媒体广告图像，需要选择一款合适的工具，确保该工具能够满足设计需求。例如，生成特定行业的新媒体广告图像，或者提供足够的自定义选项。

下面以稿定AI为例，介绍如何使用稿定AI设计广告图像，具体操作方法如下。

（1）打开稿定AI页面，在左侧单击"设计"按钮，然后选择"小红书"类别中的"小红书插画封面"设计场景，如图5-18所示。

使用AI图像生成器设计新媒体广告图像

图5-18 选择设计场景

（2）在文本框中分别输入主标题和副标题，根据需要进行小标题的添加与删除，然后单击"开始生成"按钮，如图5-19所示。在页面右侧查看生成的结果，单击底部的"换一批结果"按钮，可以查看更多同批次的设计结果，如图5-20所示。选择要使用的图片，单击"编辑"按钮，即可进入稿定设计图片编辑器进行微调和下载。

图5-19　设置标题

图5-20　查看结果

（3）在左侧单击"绘图"按钮，进入"灵感绘图"界面，可以通过文字描述或参考图创作图像。在文本框中输入创意描述或选择"咒语书"中的创意描述提示词，如图5-21所示。

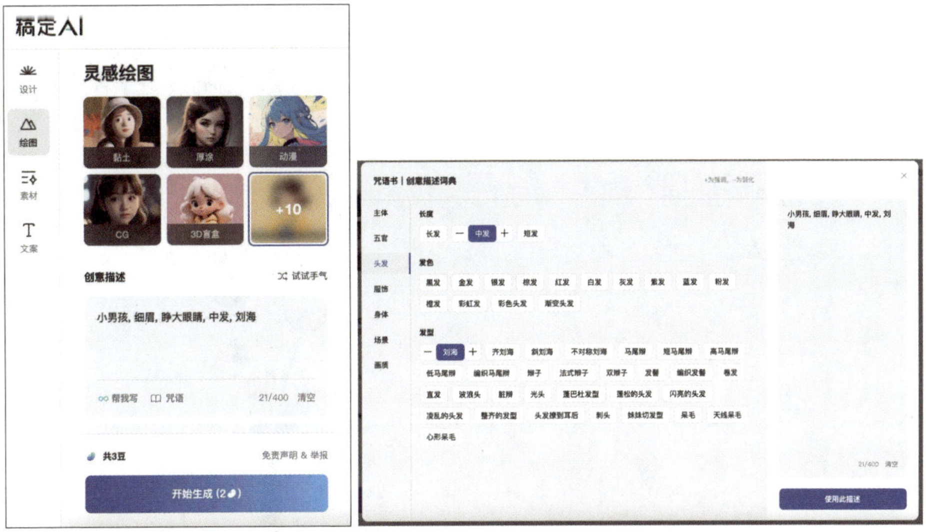

图5-21　选择"咒语书"中的创意描述词

（4）单击"开始生成"按钮，即可根据创意描述生成图片，效果如图5-22所示。

图5-22　AI生成的图片效果

（5）在左侧单击"素材"按钮，通过输入词组、短句对想要生成的图片画面进行简单描述，如图5-23所示。

（6）也可单击"高级创作"按钮，设置图片比例为1：1，图片画质为"标准"，图片数量为1，如图5-24所示。

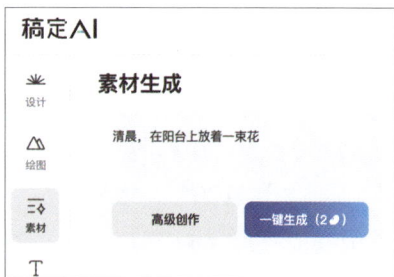

图5-23　输入图片描述

图5-24　高级创作

（7）单击"开始生成"按钮，即可生成一张素材图片，效果如图5-25所示。

图5-25　生成素材图片

5.3.2　利用AI技术执行图像编辑和优化

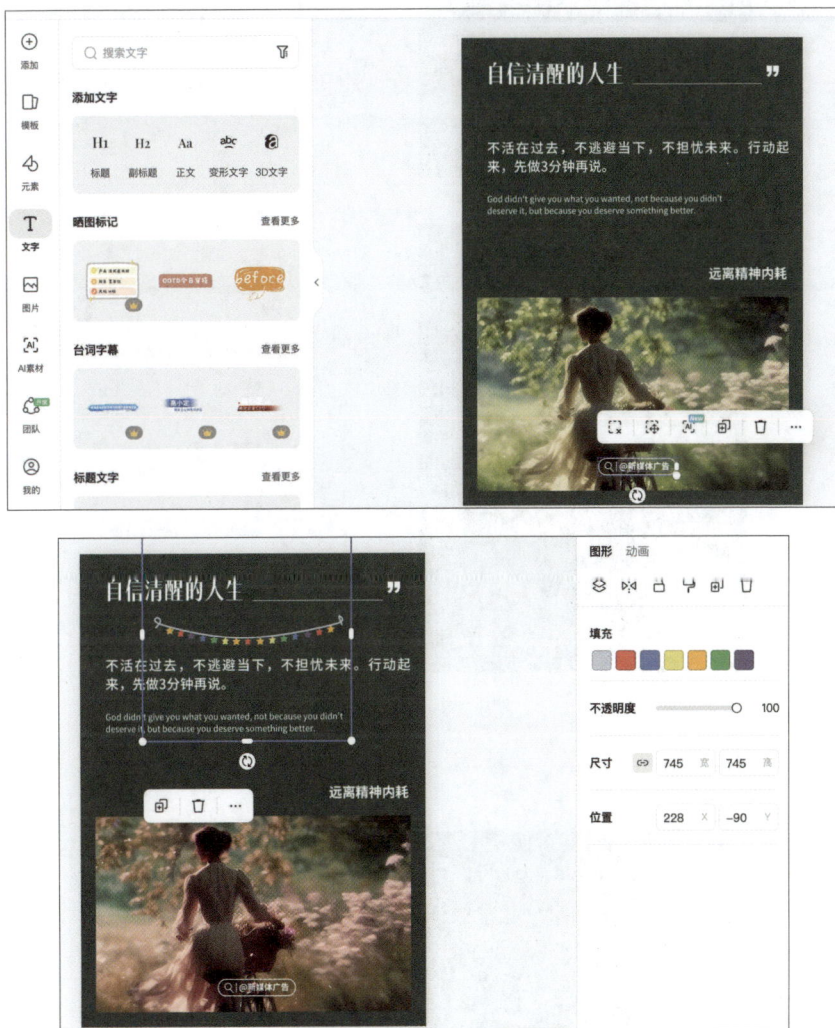

利用AI技术执行图像编辑和优化，可以极大地提升效率和广告图像的创作质量。下面以稿定AI为例，介绍如何利用AI技术执行图像编辑和优化，具体操作方法如下。

利用AI技术执行
图像编辑和优化

（1）在稿定AI"设计"页面中利用"小红书书摘语录"场景生成设计图片，并进入图片编辑器页面，在左侧单击"元素"和"文字"，可以在图像上新增元素及文字，如图5-26所示。

图5-26　图像编辑

（2）在页面右侧选择合适的图像优化选项，包括调色、裁剪、滤镜、抠图等，如图5-27所示。

（3）设置完成后，即可对图片进行导出，如图5-28所示。

图5-27 图像优化

图5-28 导出图片

课后实训

选择一个与日常生活、社会现象或未来趋势相关的主题，如"环保与可持续发展""数字时代的沟通方式""未来城市的愿景"等，并思考如何通过图像设计来表达这一主题。

基于选定的主题，设计一个具有创意和视觉冲击力的图像。考虑图像的形状、线条、结构等元素，以及它们如何共同构成一个有意义的整体。同时，要确保图像简洁易懂，能够在短时间内传达出自己想要表达的核心信息。

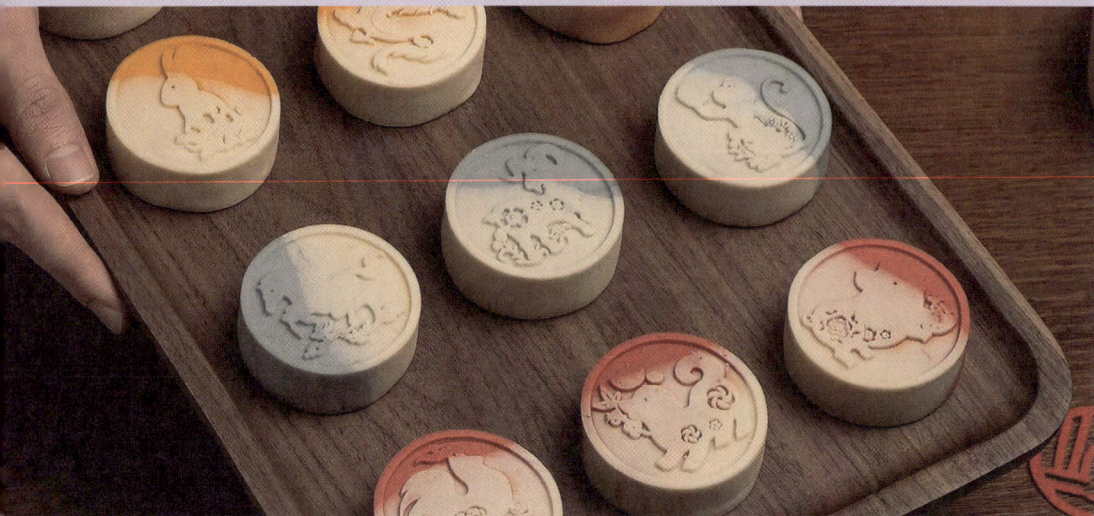

第 **6** 章
新媒体广告版面编排

【学习目标】

➢ 了解视觉流程的构成要素。
➢ 熟悉视觉流程设计的基本原则和常见类型。
➢ 掌握广告版面中图形元素与文字元素的编排方法。
➢ 掌握广告版面编排的类型、基本原则和形式美法则。
➢ 掌握常见的广告版面编排方法。
➢ 掌握如何使用AI技术实现新媒体广告快速排版和版面设计。

【能力目标】

➢ 能够制作不同类型的新媒体广告版面。
➢ 能够利用AI制作新媒体广告版面。

【素养目标】

➢ 体会中华民族传统文化的魅力，领略传统文化之美。
➢ 利用AI赋能审美创作，将前沿技术与中国审美相结合。

　　新媒体广告版面编排是新媒体广告设计的组成部分，也是视觉传达设计的主要环节。版面编排是根据广告主题的要求对广告内容的各种构成要素进行必要的关系设计和视觉上的关联与配置，使其和谐地出现在同一个版面中，最大限度地发挥广告的诉求作用。在进行广告版面编排时，设计人员要注重版式上的新颖创意和个性化表现，同时强化形式和内容的互动关系，从而给受众带来全新的视觉体验。

6.1　新媒体广告版面的视觉流程设计

视觉流程是视觉空间的运动路线，它是由人的视觉特性所决定的。应用在新媒体广告设计中，视觉流程就是视线在一定的版面空间中运动的过程，它是各构成要素组合后对总体印象的反映。在新媒体广告设计中，科学地运用视觉流程，能够正确引导受众的注意力，达到有效的视觉传达效果，这是广告作品成功与否的关键。

↘ 6.1.1　视觉流程的构成要素

点、线、面是构成视觉流程的基本要素，也是版面构成上的主要语言。归根结底，版面就是在经营点、线、面三者之间的关系，协调出均衡、统一、有节奏、富于变化的形式美感。我们可以把版面中的任何元素归纳为点、线、面，如我们可以把一个文字、一个图形或一个按钮看作一个点，把一行文字、一条线、一行小图形看作线，把一段文字、一个图形或无数个图形的堆砌看作面。

1. 点

点是所有空间形态中最简洁的元素，也是最活跃的元素。视觉流程设计中的点占有一定位置，在空间中放置一点，会让人集中注意力。点的位置不同，给人的感觉也不同。当点位于空间的正中心时，整个画面便保持着平静的安定感；当点位于中心偏上的位置时，重心就会上移，整个画面会在不稳定中产生动感；当点位于空间上方的角落时，整个画面就会产生一种强烈的不安定感。

点的形式主要分为以下三种。

➢ **文字点**：通常是字间距较大，在版面中面积较小，会形成视觉上的点。
➢ **图形点**：通常包括有机图形、规则图形、自然图形等，常见的图形点有圆形、方形、五角星、墨点等。
➢ **图文结合点**：文字与图形结合形成，通常以图形为底图，如图6-1所示。

图6-1　广告中的图文结合点

2. 线

线是点的移动轨迹，线在视觉流程设计中起强调、分割、引导视线的作用。当版面中的内容较多时，设计人员需要用线对版面进行分割。

（1）线的形式

➤ **文字线：**包括单排文字或行距较大的段落文字，容易让人形成视觉上的线。文字线主要有直线文字、曲线文字等形式。

➤ **图形线：**采用绘图手法绘制的线。图形线主要有直线、曲线、实线、虚线等形式。

（2）线的情感因素

线的不同特征赋予了线在视觉上的多样性。因此，设计人员在视觉流程设计之前，应对线的运用有一定的了解，搞清楚线的类型、形式比较适合的版面，只有这样才能精准地表达广告主题。例如，直线能给人单纯、明确、庄严的感觉，如图6-2所示。

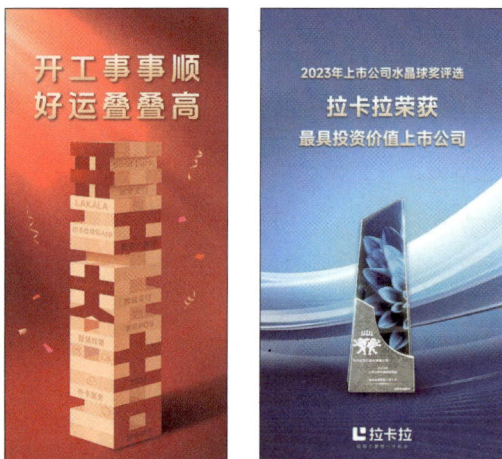

图6-2　广告中的直线

水平方向的线能够让人产生开阔、平静、安定、永无止境的感觉，如图6-3所示。曲线能给人丰富、柔软、流畅的感觉，如图6-4所示。

图6-3　广告中的水平方向的线

图6-4　广告中的曲线

垂直方向的线能够让人产生积极向上的情绪，如图6-5所示。斜线具有方向性，可以给人带来动荡和不安的感觉，能够赋予广告现代意识和速度感，如图6-6所示。

图6-5 广告中的垂直方向的线

图6-6 广告中的斜线

自由曲线最能体现出洒脱的情感，如图6-7所示。上半圆具有稳定感，下半圆则具有不安定感，如图6-8所示。

图6-7 广告中的自由曲线

图6-8 广告中的上半圆

📖 **素养课堂**

文化是一个国家、一个民族的灵魂和精神基因，是一个国家和民族区别于其他国家和民族的独特标识。认知传统、尊重传统、继承传统、弘扬传统，坚定文化自信，深刻体会中华民族传统文化的魅力，领略传统文化之美，可以更好地绘就文明发展的幸福底色，创造传承经典、开创未来的新格局。

（3）线的空间构成

线不但具有情感因素，而且具有方向性、流动性、延续性及远近感，它所产生的空间深度和广度为视觉流程设计带来了广阔的思考空间。

线的空间构成分为3种：线的粗细空间构成、线的虚实空间构成和线的放射空间构成。

➤ **线的粗细空间构成**：两条线长度相同，粗线给人以距离近的感觉，细线给人以距离远的感觉；即使是同一条线，从一端到另一端的粗细变化也能产生远近感。

➤ **线的虚实空间构成**：线与色块反衬，可以产生节奏和韵律；线的粗细结合、虚实相间可以产生强大的吸引力。

➤ **线的放射空间构成**：运用同心放射，线一层层地围绕中心，整个广告画面会产生强大的凝聚力和向心力；如果是由不同方向向同一中心聚集，则可以突出广告主题；离心式的放射是由中心向四周放射，可以起到扩充广告版面的作用。

（4）线的自由分割性

线的自由分割性使线在视觉流程设计中具有独特的造型功能，它可以完全凭借个人感觉来分割，不受固定的条条框框所制约，灵活性强。例如，一条线就可以把广告版面分成两半，从而产生形的感觉；等分不等量的分割，能够获得秩序美的版面；即使单纯使用水平线和垂直线分割，也可以形成无穷尽的变化形式；斜线分割，可以让版面呈现出热情向上、向四周延伸的速度感。

3. 面

面在设计中是点的扩大、线的重复。面的形态除了规则的几何形态外，更多的是不规则的形态，其表现形式多样、空间层次丰富，给人以整体的美感，如图6-9所示。

图6-9　广告中的面

点的密集或线的重复都可以转换为面，线的分割产生各种比例的空间，同时也形成各种比例关系的面。

↘ 6.1.2　视觉流程设计的基本原则

成功的视觉流程设计要能引导受众的视线，要按照设计人员的既定意图，以合理的顺序、快捷而有效的感知方式让受众获得最好的印象。一般来说，视觉流程设计要遵循以下3个基本原则。

1. 视觉元素的可视性

当某一视觉元素具有较大的刺激强度时，就容易为视觉所感知，人们的视线就会移动到这里，并有意注意。这是视觉流程设计的第一阶段。

人们的视线总是最先对准刺激强度最大的地方，然后按照视觉对象各构成要素的刺激强度由大到小地移动，形成一定的顺序，如图6-10所示。

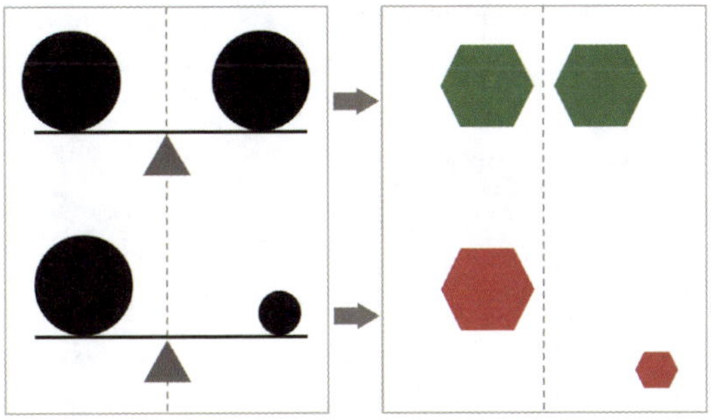

图6-10 视觉元素的可视性

为了保证视觉运动的流畅性，视觉对象必须具有一定强度的诉求力，视觉语言应当易于理解，并具备相应的视觉环境。在视觉流程设计中，相邻视觉元素的间距会极大地影响视线移动的速度。如果间距小则会形成紧张感，视线移动速度会很快，但间距过小会影响可视性；如果间距大则会较为舒缓，视线移动速度会比较缓慢，但间距过大会产生松弛感、没有连贯性。

2. 视觉流程设计的逻辑性

视线移动的顺序会受到人的生理因素和心理因素的影响。人的眼睛在观看事物时是随意的，但又是积极、主动的，是按照兴趣来观看的。

从生理角度上讲，由于人的眼睛是水平椭圆的，水平方向的阅读比垂直方向的阅读更方便、快捷，所以人们在观察物体时，容易先注意水平方向上的物体，然后才会注意垂直方向上的物体。人的眼睛对于左上方物体的观察力优于右上方，对于右下方物体的观察力又优于左下方，如图6-11所示。因此，在广告设计中一般把重要的构成要素安排在左上方和右下方。

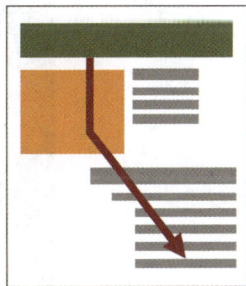

图6-11 视觉流程设计的逻辑性

3. 视觉流程的诱导性

当人们注意到视觉信息时，视觉要素和画面构图如果具有强烈的视觉冲击力，能够与周围环境形成差异，就能进一步引起人们的视觉兴趣，促使其视线有序移动并接收信息。

在广告画面中，组合在一起、具有相似性（如形状的相似、大小的相似、色彩的相似、位置的相似等）的因素具有诱导视线的作用。设计人员在进行视觉流程设计时，应引导受众按照设计的意图移动视线，以合理的顺序、有效的感知方式发挥广告设计的信息传达作用。视觉流程的诱导性示意图如图6-12所示。

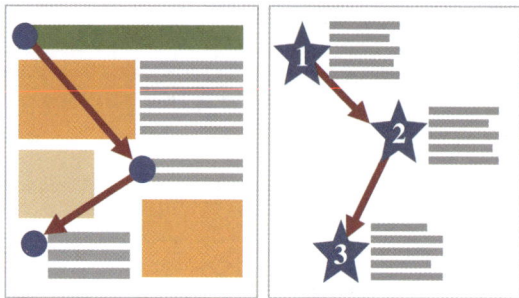

图6-12 视觉流程的诱导性

↘ 6.1.3 视觉流程设计的常见类型

视觉流程设计包括单向视觉流程、重心视觉流程、反复视觉流程、特异视觉流程、导向视觉流程和散点视觉流程等类型。

1. 单向视觉流程

单向视觉流程，又称线型视觉流程，其可以细分为直线视觉流程和曲线视觉流程两类。

（1）直线视觉流程

直线视觉流程可以使版面的移动线更为简明，可直接突出主题内容，具有简洁而强烈的视觉效果。

直线视觉流程主要分为3种形式。

➤ **竖向视觉流程**：给人坚定、直观的视觉感受，如图6-13所示。

图6-13 广告中的竖向视觉流程

➤ **横向视觉流程**：给人稳重、可信赖的视觉感受，如图6-14所示。
➤ **斜向视觉流程**：以不稳定的动态引起注意，不但能够有效地突出主题诉求，而且视觉流向独特，往往更能吸引人们的视线，如图6-15所示。

图6-14 广告中的横向视觉流程

图6-15 广告中的斜向视觉流程

（2）曲线视觉流程

曲线视觉流程是由视觉要素随弧线或回旋线运动而形成的，它不如直线视觉流程直接、简明，但更具流畅的美感，如图6-16所示。曲线视觉流程的形式微妙而复杂，可以概括为两种形式。

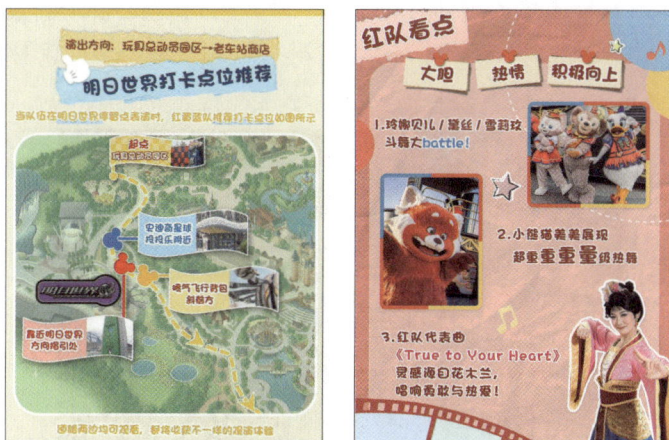

图6-16 广告中的曲线视觉流程

> ➤ **弧线形（C形）视觉流程**：依弧形迂回于画面中，可以长久地吸引受众的注意，具有扩张感和方向感。
> ➤ **回旋形（S形）视觉流程**：可以将相反的条件相对统一起来，两条相反的弧线可产生矛盾回旋，从而在平面中增加深度和动感。

2. 重心视觉流程

重心视觉流程，又称焦点视觉流程。重心是指视觉心理的重心，重心视觉流程是指以强烈的形象或文字独居版面中的某个位置或者完全占据整个版面（见图6-17），从而使主题更加鲜明、突出，其重心位置由具体画面而定。在视觉流程上，人们的视线首先集中于版面重心，然后沿着形象的方向与力度的倾向来移动视线。

图6-17　广告中的重心视觉流程

3. 反复视觉流程

反复视觉流程是指在广告版面设计中，将相同或相似的视觉元素按照一定的规律有机地组合在一起，使视线有序地按照规律沿着一定的方向移动，引导受众的视线反复浏览广告版面，以此来强调广告的主题，同时给人以安定感、整齐感、秩序感和统一感，如图6-18所示。

图6-18　广告中的反复视觉流程

4．特异视觉流程

特异视觉流程是指构成要素在有秩序的关系中有意地违反秩序，使少数、个别的要素显得突出，以打破规律性。这种局部、少量的变化由于突破了常规的单调性与雷同性，所以将成为广告版面的趣味中心，能够给人带来醒目、生动的视觉体验，具有强烈的韵律感和秩序美，如图6-19所示。

图6-19　广告中的特异视觉流程

5．导向视觉流程

导向视觉流程是指通过诱导性视觉元素主动引导受众的视线朝一定方向移动，按照由主及次的顺序，把版面中的各构成要素依次串联起来，形成一个有机的整体，如图6-20所示。在新媒体广告设计中，导向视觉流程的应用也很广泛，它可以使广告画面重点突出、条理清晰，充分发挥信息传达的作用。

图6-20　广告中的导向视觉流程

导向视觉流程中的导向有虚有实，表现形式也多种多样，包括文字导向、手势导向、形象导向和视线导向等类型。

- ➤ **文字导向**：通过语义的表达产生理念上的导向作用，也可以对文字进行诗意化处理，让受众自觉地产生视觉导向。

- ➤ **手势导向**：通过指示性的箭头、手指或具体的线条来引导受众的视线，比文字导向更有亲和力，也更容易理解。

- ➤ **形象导向和视线导向**：往往利用图片中人或物的朝向来引导受众的视线，如人物目光的方向、线条的朝向等。

6. 散点视觉流程

散点视觉流程是指分散处理视觉元素的编排方式，强调情感性、自由性、随机性和耦合性，加强了对空间和动感的重视，如图6-21所示。

散点视觉流程为视线随各视觉元素做上或下、或左或右的自由移动。这种视觉流程不如其他视觉流程严谨、快捷、明朗，但生动有趣，能够给人一种轻松、随意、活跃、跳动的视觉感受，可以更生动地体现新媒体广告的个性与独特性。

图6-21 广告中的散点视觉流程

📖 **课堂讨论**

请在网上浏览各种新媒体广告版面，与同学一起讨论，分析其视觉流程设计的类型，并分享对这些类型的视觉流程设计的看法。

6.2 新媒体广告版面中元素的编排

对新媒体广告中的元素进行编排，其实是一个版面分配的问题。设计人员要合理地划分版面空间，使各元素之间既有内在的联系，又各自拥有支配版面空间的条件。想要保证版面在视觉上具有良好的秩序感，就要求划分的版面空间之间有相应的主次关系、呼应关系和形式关系。

⬂ 6.2.1　新媒体广告版面中图片元素的编排

图片是广告版面中最容易识别和记忆的信息载体，实践证明，在一个广告作品中，广告图形承载了80%左右的广告信息。

对新媒体广告版面进行编排设计时，首先要确定广告图片的功能与形式，然后根据创意要求安排图片在版面空间中的位置、大小、方向，及其与其他元素之间的关系。

1. 图片的位置

图片放置的位置直接关系到版面的构图布局。版面中的上下左右及对角线的四角都可以是视线的焦点，在这些焦点上恰到好处地安排图片，版面的视觉冲击会十分强烈，如图6-22所示。在广告版面的编排过程中，有效地控制这些焦点，可以使版面变得更加清晰、简洁且富有条理性。

2. 图片的面积

图片面积的大小直接关系到版面的视觉传达效果。一般情况下，设计人员会把一些重要的、容易吸引受众注意的图片放大，将处于从属地位的图片缩小，从而形成主次分明的格局，如图6-23所示，这也是版面设计的基本原则。小面积的图片给人精致的感觉，能够使人的视线集中，而大面积的图片容易表现感性诉求。图片面积大小的对比可以表现出主与辅、重要与一般、远与近的关系。

图6-22　广告中图片放置的位置

图6-23　图片主次分明的广告示例

3. 图片的数量

在新媒体广告版面设计中，图片数量少会显得沉稳，图片数量多会显得活泼。当版面中只采用一个图片时，那么图片的质量就决定着人们对广告的印象；只要增加一个图片，版面就会变得较为活跃，同时出现对比格局；当图片增加到3个以上时，版面中就会呈现出很热闹的氛围，如图6-24所示。

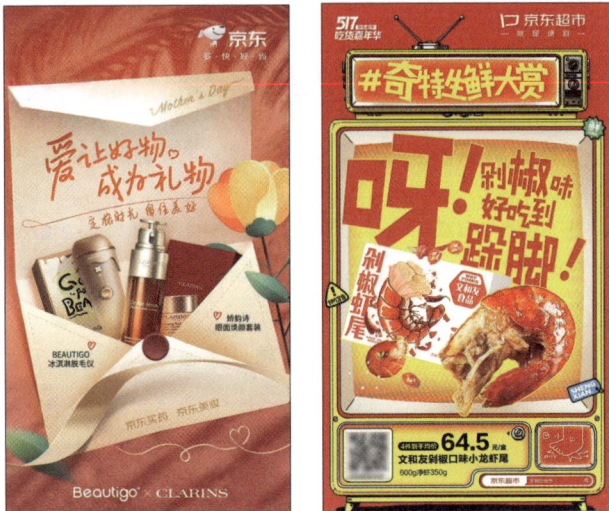

图6-24　广告中的图片数量对比

4. 图片的排版形式

在新媒体广告版面设计中，图片的排版形式主要有以下3种。

（1）方形图式

在版面中画一个四边形，把图片放入其中，这种图片的形式称为方形图式，如图6-25所示。

（2）出血图式

图片充满整个版面而不露出边框，这样的形式称为出血图式。出血的图片由于超出了画面，因而有向外舒展、扩大之感，如图6-26所示。

图6-25　方形图式广告示例

图6-26　出血图式广告示例

（3）退底图式

退底图式是设计人员根据版面内容的需要，将图片中的精选部分沿边缘裁剪下来，如图6-27所示。

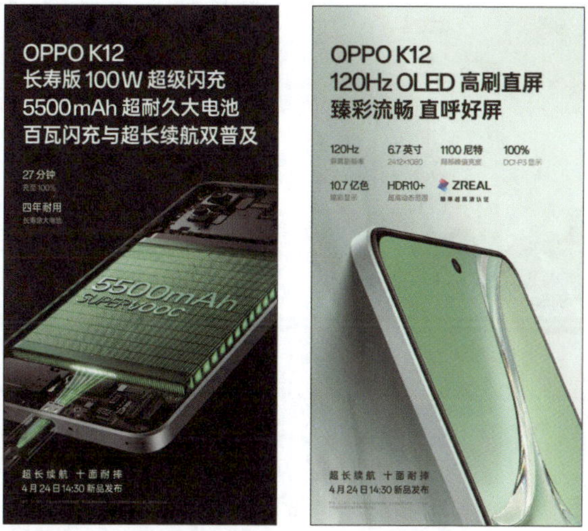

图6-27 退底图式广告示例

5. 图片的组合

图片的组合，就是把数个图片安排到同一版面中。图片的组合包括块状组合与散点组合两种。

> **块状组合**：强调图片与图片之间的直线，具有鲜明的理性风格，如图6-28所示。
> **散点组合**：将各个图片分散编排，可给受众带来自由、轻快的视觉感受，如图6-29所示。

图6-28 广告中图片的块状组合

图6-29 广告中图片的散点组合

6. 图片的方向性

图片的方向性可以形成版面的视觉动势，方向性强则动势强，产生的视觉感应就强，反之则会平淡无奇。图片的方向性可以通过人物的姿势、视线和产品安置的方向等方面的变化来获得，也可以借助近景、中景和远景来实现，如图6-30所示。

图6-30　广告中图片的方向

6.2.2　新媒体广告版面中文字元素的编排

文字是人们记录语言信息、表达思想感情的视觉符号，因此文字具有象征性和符号功能。在新媒体广告版面中，文字是与图片同样重要的视觉元素。新媒体广告版面中文字元素的编排是根据广告信息的排列要求对版面内的文字进行排列布局的过程。

文字元素的编排要充分考虑字体、字号、色彩、位置、密度等，还要考虑文字与图片、色彩之间的协调关系。文字可以以线的形式来编排，或者以面的形式来编排，还可以沿着图片编排，如图6-31所示。

图6-31　广告中文字元素的编排

广告中文字元素的编排涉及版面中的大标题、副标题、小标题、图片说明文字、正文等元素。在编排过程中，设计人员可以根据不同类型的文案在阅读中所起的不同作用而做出合理的字体搭配与编排。

文字的搭配一般不宜过多，以免影响文字的整体感。在一个广告版面中，字体一般控制在3种以内，字型变化则控制在6种大小不同的变化以内。

设计人员在进行字体搭配时，要充分考虑字体形态特征和广告信息特征的一致性。例如，以理服人的广告文字宜采用边角方正的黑体，以感性为诉求的广告宜配以华丽、精致的倩体、圆体等。

6.3　新媒体广告版面的编排

在新媒体广告设计中，版面编排使各种构成要素和谐地出现在同一个版面中，互相衬托和呼应，把广告内容强有力地传达给受众，引起受众的注意和兴趣，达到销售产品或提高品牌知名度的目的。

6.3.1　新媒体广告版面编排的主要类型

构图是一切设计作品的首要问题，所以广告版面编排首先要考虑的就是采取哪种构图类型。构图类型决定了广告版面的结构形态，构图类型不同，版面效果也会不同。下面介绍一些常见的新媒体广告版面编排类型。

1. 标准型

标准型是最常见的广告版面编排类型，样式简单而有规律，一般从上到下的排列顺序为图片、标题、说明文字、标志图形。它首先利用图片和标题吸引受众的注意，然后引导受众阅读说明文字和标志图形。自上而下的阅读顺序符合人们认识事物的心理顺序和思维活动的逻辑顺序，能够产生良好的阅读效果，如图6-32所示。

2. 图片左置型

这也是一种常见的广告版面编排类型，它往往将纵长型图片放在版面的左侧，使其与横向排列的广告文字形成鲜明的对比。

这种广告版面编排类型十分符合人们的视线移动顺序：左（图片）—右上（标题）—右中（说明文字）—右下（标志图形），如图6-33所示。

图6-32　标准型广告版面

图6-33　图片左置型广告版面

3．斜置型

在编排版面时，设计人员可以将全部构成要素向右侧或左侧适当倾斜，让受众的视线上下移动，使画面产生动感，如图6-34所示。

4．圆图型

在编排版面时，以正圆或半圆构成版面的中心会在视觉上非常引人注目。设计人员在编排版面时，要恰到好处地处理图片与其他构成要素之间的关系，在大多数情况下图片并不会完全显示，总有一部分被遮盖，如图6-35所示。

图6-34　斜置型广告版面

图6-35　圆图型广告版面

5．中轴型

在编排版面时，设计人员可以将图形沿中轴线做水平或垂直方向的排列，而标题、说明文字以上下或左右配置。水平排列的版面能够给人以稳定、安静、和平与含蓄之感；垂直排列的版面能够给人以强烈的动感，如图6-36所示。

图6-36　中轴型广告版面

6. 散点型

散点型就是将构成要素在版面中进行不规则的摆放，形成随意、轻松的视觉效果。采用这种编排类型时，要注意统一风格，进行色彩或图形的相似处理，以免画面杂乱无章，同时又要突出主题，符合视觉流程规律，只有这样才能达到最佳诉求效果，如图6-37所示。

7. 水平型

水平型是一种安静而稳定的编排类型。同样的杯子，竖放与横放会产生不同的视觉效果，如图6-38所示。

图6-37　散点型广告版面

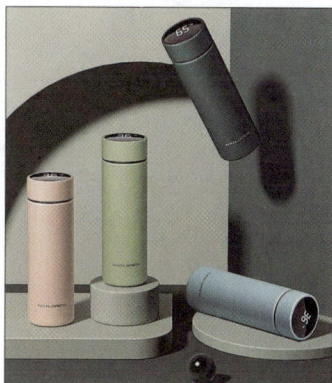

图6-38　水平型广告版面

8. 交叉型

交叉型就是版面中的各个构成要素相互穿插，形成一种不遵循逻辑规律的平衡。不仅可以有版面构成要素的交叉，还可以有色彩的相互交叉，通过交叉的编排方式来突出主题，从而给受众留下深刻的印象，如图6-39所示。

9. 背景型

背景型是指在编排版面时首先把实物（原料）的纹理或某种肌理效果作为版面的背景，再将标题、说明文字等构成要素置于其上，如图6-40所示。

图6-39　交叉型广告版面

图6-40　背景型广告版面

10. 指示型

指示型在结构形态上有明显的指向性，这种指向性构成要素既可以是箭头，也可以是广告对象的动势指向，如图6-41所示。

图6-41　指示型广告版面

> 📖 **课堂讨论**
>
> 请你根据自己浏览新媒体广告的经验，谈一谈你见过的新媒体广告版面编排类型，哪些类型出现的次数较多，与产品、品牌所属行业有无关联性。

↘ 6.3.2　新媒体广告版面编排的基本原则

设计人员在进行新媒体广告版面编排时，需要遵循以下基本原则。

1. 广告版面要有秩序的美感

秩序是美的主要形式之一。形式美应当以秩序为前提，否则会因为广告内容置于无秩序状态而遭到破坏。因此，广告版面编排要有秩序的美感，使各种构成元素（包括色彩或构图等）都处于一种有条理、有规则、有某些共性可循的状态中，以表现出版面设计的恒定性和一致性，从而给受众带来一种舒适的视觉享受。

2. 强化广告版面的整体布局

强化广告版面的整体布局，就是对版面中的各种要素在编排结构及色彩上做整体设计。要想获得版面的整体性，就要加强整体结构组织和方向上的视觉秩序，加强文案的集合性。

3. 寻求广告版面的对称与均衡

广告版面的对称与均衡是一对统一体，经常表现为既对称又均衡。寻求广告版面的对称与均衡实质上就是寻求视觉心理上的静止和稳定感。

4. 广告版面要对比鲜明

对比的目的是吸引受众的视线，引起受众的注意。对比分为主次对比、大小对比、疏密对比等。在编排广告版面时，对比一定要鲜明，这样才能强化广告的宣传效果。

6.3.3 新媒体广告版面编排的形式美构成法则

在新媒体广告版面编排过程中，设计人员可以按照节奏与韵律、对比与调和、比例与适度、虚实与留白、力场与动势、对称与均衡、变化与统一等形式美构成法则来规划版面，把抽象美的观点及内涵传达给受众，使其从中获得美的感受。

1. 节奏与韵律

在新媒体广告版面编排中，节奏就是均匀的重复。韵律是比节奏要求更高的律动，无论是图形、文字，还是色彩等视觉要素，在组织上合乎某种规律时所给予视觉心理上的节奏感即韵律。静态版面的韵律感主要建立在以比例、轻重、缓急或反复、渐层为基础的规律形式上。

节奏是按照一定的条理、秩序，重复、连续地排列某种元素，形成的一种律动形式。它有等距离的连续排列形式，也有渐变、大小、长短、明暗、形状、高低等排列形式。韵律通过节奏的变化而产生，如果变化太多，失去秩序，也就破坏了韵律的美。节奏与韵律常用于表现轻松、优雅的主题。广告示例如图6-42所示。

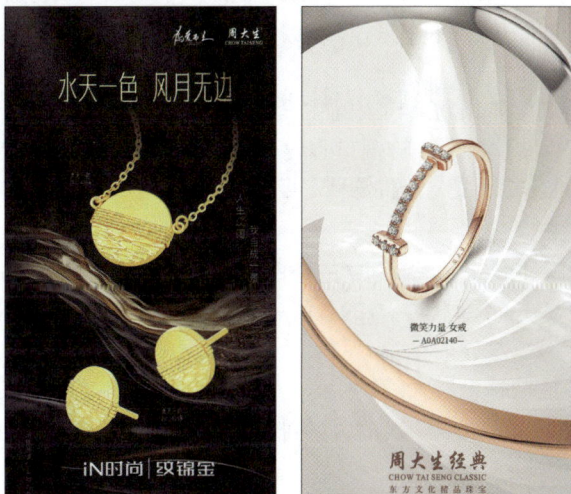

图6-42 富有节奏与韵律的广告版面

2. 对比与调和

对比是将相同或相异的视觉元素进行强弱对照的编排形式，也是广告版面编排中让受众感觉到强烈视觉效果的重要手法。对比是把相对的两个要素进行比较，产生大小、明暗、黑白、强弱、粗细、疏密、高低、远近、软硬、曲直、浓淡、动静、锐钝、轻重的对比效果。在对比关系中，对比越强烈，所获得的视觉效果就越突出。

调和是指在类似或不同类的视觉元素之间寻找相互协调的因素，强调近似性和共性，以达到合适、舒适、安定、统一的艺术效果。

对比与调和相辅相成，对比为强化差异、产生冲突，调和为寻求共同点、缓和矛盾。两者互为因果，共同营造广告版面的美感。在新媒体广告版面设计中，一般局部版面布局宜采用对比的形式，整体版面布局宜采用调和的形式，如图6-43所示。

图6-43　对比与调和的广告版面

3. 比例与适度

在比例关系规定的空间内把文字、图形巧妙地结合起来，是体现形式美的基础。和谐的版面构成首先取决于良好的比例，黄金比例能够形成最大限度的和谐，使版面被分割的不同部分产生联系。

适度是指版面的整体和局部与人的生理或心理的某些特定标准之间的大小关系合适，也就是版面编排要适合受众的视觉心理，如图6-44所示。比例与适度通常具有秩序、明朗的特性，能够给予受众一种清新、自然的感觉。

4. 虚实与留白

在新媒体广告版面设计中，版面中的空白与建筑中的虚空间相似，实形、虚形是一个事物的两个方面，它们是同等重要的。留白是指版面中未放置任何图文的空间，它是"虚"的特殊表现手法，其形式、大小、比例决定版面的质量。

留白给人一种轻松感，最大的作用是引人注意，更好地衬托主题，集中受众的视线，使版面具有空间层次感，效果如图6-45所示。

图6-44　适度的广告版面

图6-45　留白的广告版面

　　新媒体广告版面编排中的"虚"可以是空白，也可以是细小的文字、图形或色彩明度较低的图形。为了强调主体，设计人员可以有意识地将其他部分处理为"虚"，甚至以留白来衬托主体的"实"，所以留白是版面"虚"处理中的一种特殊手法。

　　从美学意义上讲，留白与文字、图片具有同等重要的意义。没有空白，就难以很好地表现文字和图片。广告版面中空白的多少，要根据广告所要表现的具体内容和空间环境来定。

5．力场与动势

　　力场是一种在人们心理感应下形成的虚拟空间。在广告版面的范围内，点状、线状和块面的分割和限定使版面充满空灵感、流动感，并形成一个具有生命力的"场"。

　　动势是广告画面中的形体及其走向。肌理的密和疏，色彩的色相、明度、纯度等视觉要素都可以吸引人的视线从一个点转向另一个点，从而形成动势。它是引导视觉流程，形成节奏感、形式感的重要因素。

　　动势分为3种，即流动力、张力和重力。

　　流动力是指广告画面自身朝一定方向伸展流动所产生的视觉力量；张力是形体在一定的空间中由于自身的造型向四周发射扩散所产生的视觉力量；重力是指画面中的形体由于其色彩肌理的不同产生的或重或轻、或前伸或后缩的视觉力量。此外，视觉流程的运动、文字排列方向、图像内在动势、色彩分割方向等都能引起不同的心理感受。动势的效果如图6-46所示。

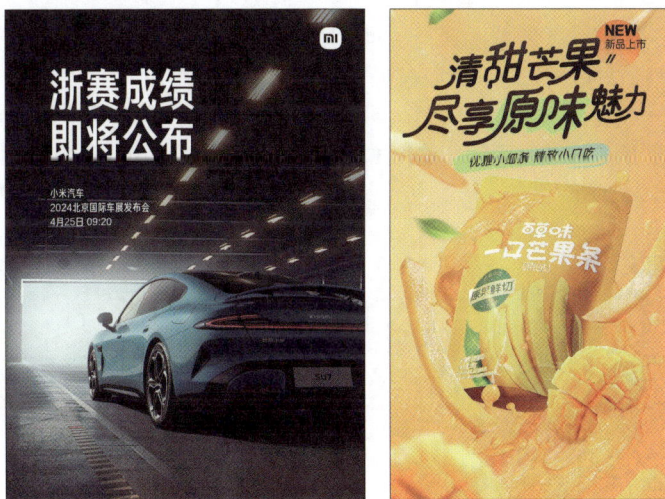

图6-46　动势的广告版面

6．对称与均衡

　　对称均衡是指广告版面中心两边或四周的形态由于具有相同的公约量而形成的静止状态，也称为绝对对称均衡，而上下或左右的距离基本相等或略有变化的状态称为相对对称均衡。绝对对称均衡能够给人庄重、严肃之感，是高格调的表现，也是古典主义编排风格的表现，但如果处理不好容易显得单调、呆板。

非对称均衡是指广告版面中等量不等形，而求取心理上"量"的均衡状态。非对称均衡比绝对对称均衡更加灵活、生动，富于变化，是版面编排中较为流行的均衡手段，具有现代感，效果如图6-47所示。

图6-47　非对称均衡的广告版面

7. 变化与统一

变化与统一是形式美的总法则，是对立统一规律在版面编排中的应用。变化强调各种因素的差异性，形成视觉上的跳跃感，主要借助对比来实现，如图6-48所示。统一强调各种因素的一致性，而使广告版面达到统一效果的最佳方法是保持版面的简洁，也就是版面的构成要素少一些，而组合的形式丰富一些，可以借助均衡、调和等形式美法则来实现，如图6-49所示。

图6-48　变化的广告版面

图6-49　统一的广告版面

↘ 6.3.4 常见的新媒体广告版面编排方法

新媒体广告版面编排有一定的方法可循，其中包括视线的引导、骨格的构成，以及文字的排列等。

1. 视线的引导

我们在阅读广告时，容易注意到画面的上部和左侧。因此，设计人员在编排版面时，重要的内容可以放在版面的左上方，以便一开始就能吸引受众的视线，引导其由上到下、由左到右地移动视线，如图6-50所示。

视线的移动可以通过适当的编排来改变其过程，为了达到这个目的，设计人员要做两件事。第一件事就是要在版面中设置一个"着眼点"，即大的、近的、动态的、特殊的、鲜明的、清晰的形象；第二件事就是从"着眼点"出发，设置一条"视觉的途径"，即"视觉流程"，让受众的视线沿着这条途径按顺序浏览广告版面的其他部分，广告效果如图6-51所示。

图6-50 广告中的视线的引导

图6-51 设计视觉流程的广告

2. 骨格的构成

骨格如同人体的骨架、树木的主干，是在版面中起支配作用的主体。合理地运用骨格线，会使受众体会到良好的秩序感。我们常常有意或无意地运用骨格来进行设计，有时骨格会出现在设计中成为版面的一部分，但更多的是将骨格作为版面的结构线，并不一定要明确地绘制出来，而只是使受众感受到其内在的控制力。

在版面编排中，骨格线有许多不同的分割方法，包括竖线分割、横线分割、斜线分割、曲线分割等，而不同的分割方法又可以产生不同的骨格样式。

3. 文字的排列

文字是广告版面的一个局部，其又可以细分为许多小局部，即单字。如何适当地组合这些单字，使其既满足广告内容的需要，又符合形式美的原则，是排列文字时要解决的问题。

　　为了使文字的排列在准确传达广告信息的同时有利于美化版面，设计人员可以放弃传统的方块排列格式，而采取比较灵活的排列格式。

⟍ 6.3.5　元素丰富但不杂乱的版面设计方法

　　大部分设计人员在设计工作中接触到的是元素比较丰富的设计，即元素和颜色相对来说比较多，但元素丰富的设计也不容易做，最容易出现的问题就是把丰富做成了杂乱，造成受众视觉上的不适，甚至还会干扰广告信息的传达。

　　那么，如何才能达到元素丰富但不杂乱的版面设计效果呢？设计人员可以按照以下方法来进行设计。

1. 各元素之间要有鲜明的对比关系

　　对比关系主要有大小对比、疏密对比、空间对比等。如果没有大小对比，版面就会缺少变化；如果没有疏密对比，版面就会显得很分散；如果没有空间对比，版面就会缺乏层次感。因此，需要通过建立鲜明的对比关系来增强版面设计效果。

2. 把元素组合成一个整体

　　把所有元素组合成一个整体，并不是把这些元素进行随意的堆砌，而是根据各元素的造型、属性来进行巧妙的结合，常用的组合方法有以下3种。

　　方法一：把元素组合成某一特定的形状，相连元素的轮廓最好有互补关系，这样组合得到的形状更加自然。

　　方法二：用一个"平台"把所有元素整合到一起，这个"平台"可以是水平的，也可以是垂直的，元素之间最好有互动关系。

　　方法三：用一个元素把其他元素都串联起来，这个贯穿整体的元素一般是线型的。

3. 元素不宜过多

　　为了获得丰富的效果，很多设计人员往往会在广告版面中添加大量元素，一般来说，元素多一些自然能够获得丰富的画面效果，但如果元素太多，处理起来就很麻烦，需要设计人员花费很多时间去处理细节，如果把握不好就会使版面变得杂乱。其实，丰富的效果并不一定是由特别多的元素形成的，除了必须添加的元素外，可有可无的元素要尽量少一些，能够渲染出画面气氛即可。

4. 控制颜色数量

　　广告版面中的颜色数量也不宜过多，一般3～4种即可，然后利用这些颜色做深浅变化，这样既可以获得丰富的画面效果，也能避免杂乱无章的版面。

5. 使用简单的背景

　　如果版面中的元素比较多，则最好使用简单的背景，也就是说，背景中的颜色和变化不能太多，否则就会与版面中的主要元素相互冲突。当背景与版面中的主要元素都很突出或者都不突出时，整个版面就会显得非常混乱。

6. 采用发散式构图

　　很多时候需要在广告版面中体现产品多、奖品多、功能多、营养丰富等信息，这时广告版面中就会出现很多元素，而且为了渲染气氛，设计人员通常还会添加一些装饰性元素，所以广告版面就很容易变得非常混乱。

在这种情况下，设计人员可以尝试采用发散式构图，让主要元素按照一定的规律从中心向四周发散，或者呈扇形发散，当元素的排列有一定的规律时，版面就会变得较为有序。除此之外，发散式构图还具有视觉冲击力强、聚焦等优点。

↘ 6.3.6　利用AI技术对新媒体广告进行排版

在新媒体广告图文排版的实际应用中，AI技术已经取得了显著的成果。例如，135AI排版工具以其高效、智能的特点，受到了广大用户的欢迎，它可以在1分钟内一键生成外观独特、颇具吸引力的图文排版，有效提高了图文内容的生产效率和质量标准。同时，该工具还支持跨领域应用，解锁了多元化的排版场景，为不同行业的用户提供了便捷的排版解决方案。

利用AI技术对
新媒体广告
进行排版

下面以135AI排版为例，介绍如何使用AI技术对新媒体广告进行快速排版，具体操作方法如下。

（1）进入135编辑器页面，选择AI排版，输入需要排版的标题，如"个人职业形象和礼仪规范"，单击"自动生成"按钮，如图6-52所示。此时，就会自动生成大纲，也可单击"换个大纲"按钮重新生成大纲，然后单击"下一步"按钮，如图6-53所示。

图6-52　输入标题

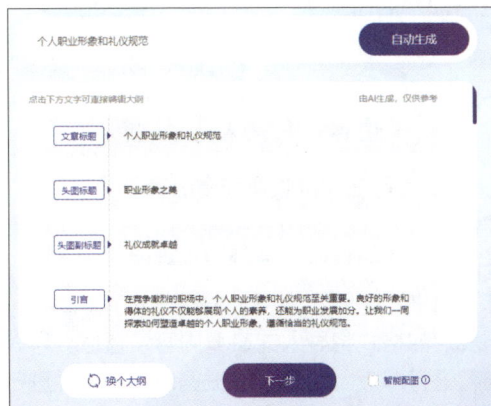

图6-53　自动生成大纲

135

（2）在打开的页面中选择一个模板，然后单击"一键排版"按钮，如图6-54所示。

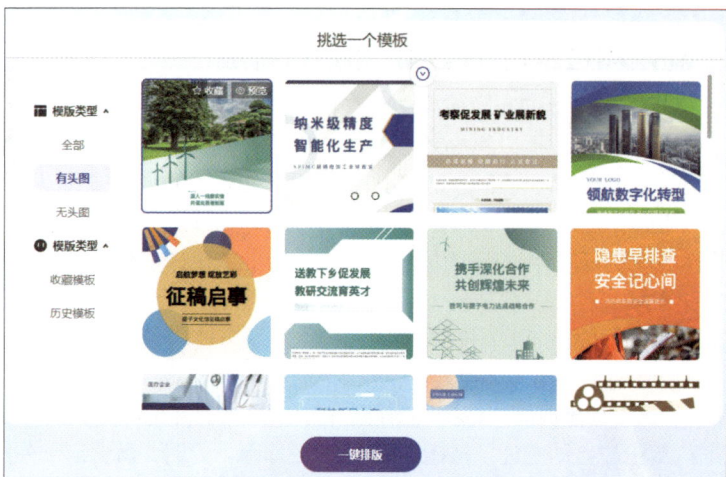

图6-54　选择模板

（3）此时即可完成文章的图文排版，用户可以根据需要进行调整和优化，如修改文章内容、替换或增删图片、增加正文段落、更换样式、更换模板等，如图6-55所示。

图6-55　调整和优化版面

（4）如果已经有大纲，也可在AI排版页面中选择"导入文章"，有两种导入方式，分别是"AI导入"和"常规导入"。使用"AI导入"方式，可以直接输入内容或导入内容，AI自动识别内容并提取对应的标题、大纲、小标题、正文等内容，AI完成对内容的优化、修改和格式提炼，再进行排版；使用"常规导入"方式，可以选择文本输入或直接文档导入，需要按照规定的格式将导入的文章内容设置好，导入后不做文本优化和改写，按照提供的文本内容进行排版。用户可以根据自己的需要进行选择，在此选择"AI导入"，如图6-56所示。

图6-56　AI导入

（5）在左侧文本框中输入内容，在右下角选择需要生成的段落数，在此选择6段，然后单击"确定"按钮，如图6-57所示。此时，即可生成文章大纲，如图6-58所示。

图6-57　输入内容

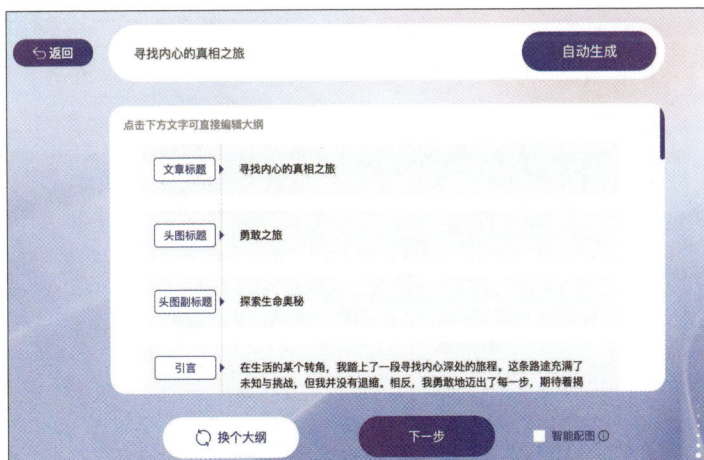

图6-58　生成内容大纲

137

课后实训

　　设计一款中秋节月饼的广告版面，在广告版面中要突出展示月饼的外观、食材和口感特点。可以使用高清的月饼图片，结合简洁明了的文案，让消费者一目了然。同时，可以巧妙地融入中秋节的传统元素，如月亮、兔子、桂花等，烘托节日氛围。

　　在设计过程中，要确保广告版面中的元素和风格与品牌形象相契合，可以使用品牌专有的字体、标志等元素，以强化品牌识别度。

第 **7** 章
新媒体广告设计实战

【知识目标】

➤ 掌握微信公众号广告设计的方法与技巧。
➤ 掌握小红书笔记广告设计的方法与技巧。
➤ 掌握抖音短视频广告设计的方法与技巧。
➤ 掌握抖音直播广告设计的方法与技巧。

【能力目标】

➤ 能够制作小红书笔记广告头像。
➤ 能够制作抖音短视频广告封面。
➤ 能够制作抖音直播预告宣传海报。

【素养目标】

➤ 广告设计要秉承诚信原则，禁做"标题党"。
➤ 争议不是非议，不能为了获取流量突破底线。

　　在新媒体时代，广告不再只是一种静态的产品信息，而是一种由用户掌控的、带有互动传播性的产品信息。在新媒体环境下，广告设计如果可以突显自身的特性，并且能在构思和设计手法方面与新媒体环境相适应，必然会增强其对用户的影响力，并能充分调动用户的思维和情感，从而激发用户产生共鸣。

7.1 微信公众号广告设计

在快节奏的移动互联网时代，很多人充分利用碎片化时间来阅读资讯，如在挤地铁、排队等餐的时候用手机浏览新闻资讯。在这种多样化和碎片化的阅读场景中，用户的注意力很难完全集中于文章。为了吸引用户的注意力，文案工作者就要通过优质的软文广告设计为用户营造舒适的阅读氛围，提升用户的阅读体验。

↘ 7.1.1 软文广告设计

软文广告设计主要从拟定具有吸引力的标题、撰写公众号软文广告文案、提升公众号软文广告版面的美观度等3个方面来进行介绍。

1. 拟定具有吸引力的标题

虽然微信公众号运营的重心在于内容，也就是所谓的"内容为王"，但如果文章的标题不能立刻吸引用户，无法使用户产生阅读的欲望，那么即使内容再好也会无人问津。要想拟定具有吸引力的标题，提高微信软文广告的点击量，从而不断"涨粉"，文案工作者可以采取以下5种方法。

（1）发挥名人效应

所谓名人效应，指的是名人的出现所形成的引人注意、突出事物、扩大影响的效应。名人效应在人们的生活中早已产生了深远的影响，如名人代言产品可以促进产品的销售，刺激消费；名人做慈善活动，能够带动社会关怀弱者；在写作中运用名人名言，可以增强说服力和权威性。

在新媒体时代，流量的重要性不言而喻，而名人效应所带来的话题量和阅读量也不容小觑。这里的名人指的是与文案主题或产品卖点相关的人，他们在行业中有着非凡的地位，人们一提起某个行业，立刻就会想起此人。标题中如果带有与名人有关的关键词，则可以更加吸引用户的注意力，文章转发率也更高。

（2）学会用"！""【】""？"等符号

➢ **"！"（感叹号）**：一般用来表达惊讶、赞扬、愤怒、叹息、伤感等强烈的情绪，文章标题使用这种符号能引起用户的关注。

➢ **"【】"（实心方头括号）**：一般用来表示标记重点、强调，给人造成视觉冲击，吸引用户去阅读正文。

➢ **"？"（问号）**：一般表示疑问、反问、设问，这种标题会使人产生疑问，从而产生去解决疑问的动力，进而去阅读正文。

（3）善于利用热点事件

文案工作者要抓住社会上的热点事件，并以此为标题来创作软文，通过广大用户对热点事件的关注来引导大家关注软文，从而提高软文的点击率和转载率。文案工作者可以通过百度搜索风云榜、微博热搜榜等榜单来了解最近的热点事件，并及时跟进。

（4）善于用数字

数字往往可以给人带来极大的视觉冲击力，一般情况下，数字越大，给人带来的震撼就越大。在软文标题中使用具体的数字可以达到突出内容的目的，可能会产生意想不到的传播效果。

（5）善于对比

对比是一种直戳人心的方法，不但能够吸引用户的注意，而且能够让用户产生情绪上的波动，增加与用户互动的机会。在拟定这样的标题时，文案工作者要找两个参照物，缺一不可，如标题"月入3000元与月入30000元的文案区别究竟在哪儿？"

2. 撰写公众号软文广告文案

微信公众号软文的组成部分很多，每个部分都要经过精心设计。文案的封面是用户第一眼看到的推送内容，包括封面缩略图和文案标题。打开文章后，详细的文案内容、配图要与封面的配图、标题、摘要等相互对应。图7-1所示为微信公众号推送的文案消息。

图7-1　微信公众号推送的文案消息

微信公众号软文广告文案的标题要能吸引用户，前面我们已经讲过如何拟定具有吸引力的标题，在此不再赘述。下面主要介绍如何撰写封面图文案、摘要文案和公众号正文文案。

（1）封面图文案

文章封面图又称头图。一篇文章的主要内容除了可以通过标题以文字的形式展现出来外，还可以利用图片来进行展现。而在绝大多数情况下，图片在视觉上的吸引力要远远强于文字。

有创意和视觉冲击力的封面图可以快速抓住用户的眼球，并使其产生进一步阅读的欲望。同时，封面图要能体现文案的主题，不能单纯地为了吸引用户的注意力而选择与文案内容不匹配的封面。

封面图包括两种类型，分别为主题式封面和文字式封面。

➤ 主题式封面

主题式封面是指将文案的所有主体内容显示在封面图片上，如活动主题、活动内容，以及与标题对应的主题图片等，如图7-2所示。

图7-2　主题式封面

默认情况下，微信公众号每天只能推送一次消息，每次推送的消息可以是文字、图片或图文消息。其中，图文消息最少需要一篇图文文案，最多不能超过8篇图文文案。图7-3所示为单篇图文文案和多篇图文文案，左侧图片为单篇图文文案，右侧图片为多篇图文文案，大图为主要图文文案，小图为次要图文文案。

图7-3　单篇图文文案和多篇图文文案

> 文字式封面

文字式封面也比较常见，有时图片并不能很准确地和文案标题相匹配，可能就需要使用纯文字式的封面配图。例如，图7-4所示的两条微信公众号推送的消息，左侧图片直接用黄色底图设计了消息的文案封面，白色文字放大突出"洗脸熊"和"100000"，更能吸引用户的注意力；右侧图片使用了白色背景和红色文字形成鲜明的对比，强调了当前文案的内容。

图7-4 文字式封面

（2）摘要文案

微信公众号推送的文章分为单图文和多图文两种情况，如果推送的文章大于等于两篇，将不显示文章的摘要；如果只推送一篇文章，那么摘要就会显示在封面的下方。摘要就是封面图下方的引导性文字，可以迅速引导用户了解文章主题。摘要可以是直接阐述式的文案，也可以是提问式的文案。

一般情况下，单图文的结构包括标题、封面图、摘要和查看全文，摘要一般在50个字以内。多图文的结构是每一个链接都有一个主体性的标题，封面图缩小，位于右侧，以节约空间。

摘要文案主要分为以下两种类型。

➢ **内容+见解**

这类摘要文案适用于浅度阅读的文章，"内容+见解"的形式可以吸引用户打开文章阅读，增加阅读量，如新闻资讯、营销软文、娱乐报道、与兴趣相关的垂直领域内容等。

➢ **主题+见解**

这类摘要文案主要适用于深度阅读的文章。用户先通过摘要理解文章的主要内容，再去精读，吸收文章的精华，如研究报告、攻略、数据调查、演讲原文、干货知识等。需要注意的是，摘要一定要简洁，如果摘要的字数太多，用户就很难快速掌握文章的主要内容。

（3）公众号正文文案

公众号正文文案的写作方法主要有两种，分别是阐述和反转。

➢ **阐述**

阐述就是娓娓道来，就像平常说话一样慢慢地将话题由浅往深引导，或者将正文内容按条款依次罗列。阐述并不单指叙述一种方式，也可以采用反问、疑问等方式，抛出问题引导用户思考，再解决问题。图7-5所示为两篇微信公众号文案的表达方式。

➢ **反转**

反转的方式比阐述的方式更有趣，文案正文内容和标题表达的意思完全相反，给用户的冲击比较大。图7-6所示的文案标题告诉人们跑步有副作用，但在正文中进行了反转，写出了跑步的各种好处。

图7-5　阐述型公众号文案

图7-6　反转型公众号文案

📖 **课堂讨论**

　　请同学们在微信上搜索国内各大品牌的微信公众号文章，查看其标题、封面图文案、摘要文案和正文文案，并总结出现次数最多的文案写法。

3.　提升公众号软文广告版面的美观度

有些公众号文章的阅读体验很好，而有些公众号的文章令人不忍直视，主要区别就在于公众号软文广告版面的美观度。因此，在设计公众号软文广告版面时，可以通过以下方式提升其美观度。

（1）公众号封面首图简洁美观，次图统一样式

微信公众号经过多次改版后，公众号封面主图尺寸由原来的900像素×500像素变为900像素×383像素，使用该尺寸可以避免一些地方由于被裁剪而无法展示。封面主图应尽量简洁美观，图片上尽量不要有过多的文字。次图的尺寸为200像素×200像素，如果文章较多，则可以采用统一的次图样式，如图7-7所示。

图7-7　统一的次图样式

（2）公众号标题字数及样式设计有讲究

据相关统计表明，公众号标题在16个汉字左右的文章成为"爆文"的概率最大，且标题中的关键词可以加上"【】"或者简洁的"|"符号来做标记，但不要采用过于烦琐、奇怪的符号，以免影响其展示效果。

（3）公众号文章正文配图尺寸、风格统一

公众号文章正文的配图宽度应尽量在500像素以上，每张配图的宽度要保持一致，并且上传后要自适应手机屏幕，整体色调风格尽量一致，给人以舒适的阅读体验。

（4）公众号文章字号大小规范

正文字号大小建议设置为14～16像素，字号过大或过小都会影响用户的阅读体验。段落标题的字号大小建议设置为20像素，可以用不同的颜色来加以突出，但要简短、精要，这样更能体现文章的层次感。而一些备注性文字、不太重要的信息的字号大小可以设置为10～13像素。

（5）公众号文章字体样式及颜色

一篇公众号文章内的字体颜色种类最多不要超过3种，并且要保持颜色的整体协调性，避免用户在阅读时产生视觉疲劳，字体样式建议用微软雅黑。正文的黑色、黑灰色字颜色建议使用#545454、#3f3f3f、#7f7f7f；标题字的颜色可以用#f79646、#000000、#3daad6、#2e6e9e；备注性文字的颜色建议使用#a5a5a5。

（6）公众号文章段落间距及内容间距规范

公众号文章正文的段落间距建议设置为1.75像素，正文两端缩进的距离一般设置为8像素，因为一些全面屏手机无边框，所以要避免手指遮挡影响阅读效果。段落首行前面无须空两格，段落间可空一行，每个段落的长度尽量不要超过手机屏幕的长度，并且要适当加入图片，图文配合，美化版面。

（7）公众号文章发布前需在不同类型的手机上预览

PC端的编辑结果只能作为参考，由于各种手机的兼容性问题，最终的显示效果可能与PC端的页面效果有所差异，所以在文章发布前最好在不同的手机上预览一下，发现问题后做一些调整。

↘ 7.1.2 H5广告页面设计

H5广告是目前智能移动终端常见的广告形式之一，人们在使用手机、平板电脑等移动终端设备时会经常看到H5广告。在H5广告页面设计中，设计人员应当使页面友好、亲切且富有趣味性，同时使广告内容生动形象，只有这样H5广告才能更容易被用户接受。

H5广告页面设计可以从选择合适的H5广告页面风格、提升H5广告页面的营销性、H5广告文案的撰写与排版3个方面进行分析。

1. 选择合适的H5广告页面风格

由于行业特性、活动主题、品牌调性等不同，H5广告页面的风格也是不一样的，下面我们就来了解常见的H5广告页面风格。

（1）简约风格

H5广告页面设计中，简约风格常用于传递品牌信息或表达情感。这种风格要求设计人员有敏锐的洞察力，精准地把握品牌调性，运用适当的留白处理手法与娴熟的排版能力，使页面产生细腻、别致的视觉效果，如图7-8所示。

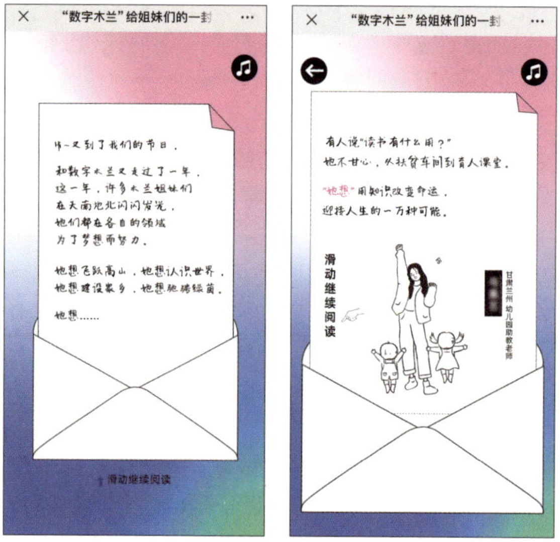

图7-8 简约风格的H5广告页面

（2）科技感风格

科技感风格广告页面大多要使用特效，并且要用户参与互动，如3D、全景、重力感应等。页面要看起来很高级，充满酷炫的科技感，能够在短时间内吸引用户的注意。这种风格多见于汽车或互联网领域，如图7-9所示。

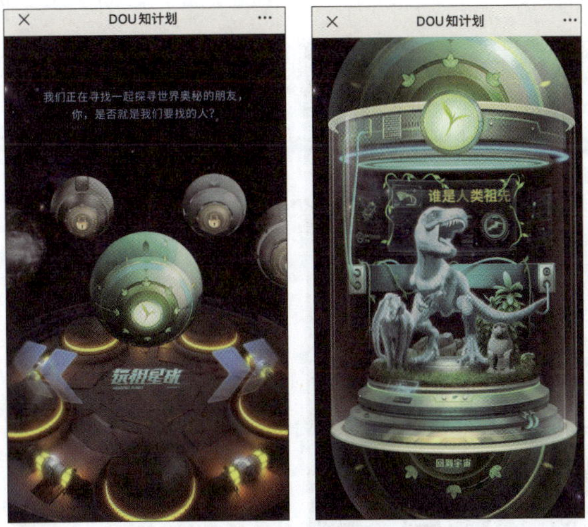

图7-9　科技感风格的H5广告页面

（3）卡通手绘风格

卡通手绘风格在H5广告页面设计中应用得较为广泛。页面内容既轻松又有趣，观赏体验也较好，用户自然会停留更多的时间。这种风格的效果如图7-10所示。

图7-10　卡通手绘风格的H5广告页面

（4）扁平化风格

在近年来的设计趋势中，扁平化风格一直受到设计人员的追捧，其优势在于页面中的图形、色彩、字体等元素呈现出清晰明了的视觉层次，可以给用户带来较为直观的视觉感受，以便用户了解信息。这种风格的效果如图7-11所示。

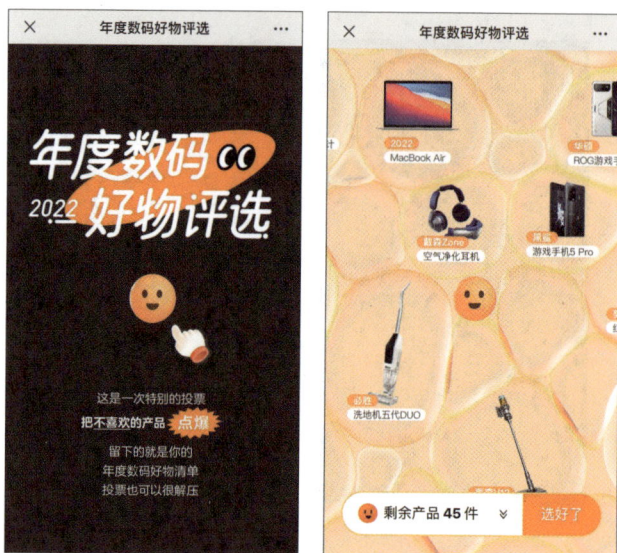

图7-11　扁平化风格的H5广告页面

（5）水墨风格

富有中国古典韵味的水墨风格多用于涉及江湖、武侠的游戏宣传广告，古风味道较浓，能够营造典雅、脱俗的意境，如图7-12所示。

图7-12　水墨风格的H5广告页面

（6）仿真风格

仿真风格主要模拟手机的各种使用场景，如手机通话、微信视频、群聊、朋友圈等，这种风格可以给用户带来亲切感和真实感，如图7-13所示。

图7-13　仿真风格的H5广告页面

2. 提升H5广告页面的营销性

用户可能会单击很多H5广告页面的链接，进入H5广告页面浏览，但有多少个广告能够让用户认真看完，又有多少个广告能让用户记住其中的品牌内容呢？事实上，现在国内众多品牌在制作H5广告页面时往往形式大于内容，一味地强调创意，而忽视了"内容为王"的原则。要想让品牌通过H5广告页面走进用户内心，通过H5广告页面的内容提升H5广告页面的营销性就变得很重要。

（1）故事化

不论H5广告页面的形式如何变化，有价值的内容始终是第一位的。在有限的篇幅中学会讲故事，引发用户的情感共鸣，会对内容的传播起到极大的推动作用。

图7-14为《父亲的老相册——播客种草机》H5广告作品，这是由网易云音乐出品的，以翻开父亲相册的方式打开父亲的一生，在父亲节这个特殊的日子里得到了大量网易云音乐用户的共鸣，互动量、转发量、评论量也比往期倍增。

该作品每一页都是一篇简短的日记、一张照片，以及日记内容总结和歌曲推荐，可点击歌曲图标收听音乐。相册内容是一位父亲记录孩子成长的过程与自己的体会：孩子出生时的喜悦，6岁时喜欢与爸爸玩耍，12岁时的相处片段，16岁时的叛逆，25岁工作后父亲担心但不敢打扰……最后用户可以点击触点进入网易平台收听更多音乐。

用户可以通过相册感受到孩子的一天天长大，还有父亲的一天天变老，父亲从孩子的全世界变成了即使心有牵挂也不敢有过多打扰的边缘人，很真实的父爱，感觉工作之余真的应该多陪伴自己的父亲。

图7-14　故事化的H5作品

（2）互动性

在H5广告作品中加入互动机制，能够让用户进一步感知与体验H5广告宣传的品牌产品，进而提高购买产品的欲望。

图7-15为某广告商为品牌"好人家"设计的H5广告作品，以阳台火锅局为故事主线，用户选择阳台布置风格和小饰品，再选择菜品、底料、特色菜和饮料，即可生成热气腾腾的火锅局，并进行海报在线分享，感兴趣的小伙伴可以加入，最终达到引流效果。

图7-15　互动性强的H5作品

（3）参与感

H5广告作品能否达到良好的传播效果，关键在于用户是否愿意分享。用户往往更愿意分享那些参与感极强、可以使其快速得到反馈的H5广告作品。因此，设计人员要结合产品本身的特性，以及用户的喜好来进行参与机制的设置。

图7-16为大自然地板的趣味测试H5"你会为什么买单？"满足人们对自我认知和自我表达的需求，同时为用户提供合适的产品推荐，测试简单有趣，同时也能进行品牌宣传。用户可以根据题目要求选择适合自己实际情况的一项，最终通过选项产生对应的消费者人格结果。题目包括用户在选择商品时的侧重点和消费习惯等。充满活力的界面和人性化的交互体验让用户操作起来很流畅，同时可以引导用户领取活动福利，提升成交的概率。

图7-16　参与感强的H5作品

（4）社交性

要想通过H5广告作品让品牌传播得更远，那么H5广告作品还要具备社交性，要能借助用户的社交关系链进行传播。社交需求是用户使用社交软件的根本原因，用户通常会通过社交软件与好友维持或促进社交关系。

在社交过程中，人们分享某些内容是为了引起好友的注意，增强存在感，满足自己受尊重的需求。因此，在H5广告页面设计中，设计人员要融入能让用户主动分享的元素。例如，人们通常会主动分享一些自我测试结果，如图7-17所示。

3. H5广告文案的撰写与排版

要想让H5广告页面"刷爆"社交媒体，不能只依靠酷炫的界面，优秀的文案也是达到效果的重要推动元素之一。一句好文案足以改变整个局面，H5广告文案只有足够精彩，才能让用户浏览到最后。下面简单介绍H5广告文案的撰写方法。

（1）标题要够火爆，吸引点击

当我们把某个H5广告作品推送给别人或转发到朋友圈时，人们对它的第一认知就是通过标题来实现的，所以H5广告作品的标题要足够火爆、足够吸引眼球，就像朋友圈的"爆文"一样，能够让人忍不住点击观看。

图7-17　社交性强的H5作品

（2）内容主题新颖

内容主题要新颖，要让人点击进去看到首页时眼前一亮，这样用户才会有兴趣继续浏览。

（3）文字与图片要切合主题

正文文字要与图片完美配合，而且图片和文字一样，都要切合主题，这样才能吸引用户。

（4）创造意境，留有悬念

用户在浏览H5广告时会一页一页地滑动页面，文案除了要紧紧围绕主题之外，在叙述的过程中也要留有悬念，如果把内容都提前讲述出来，用户就没有往下翻看的欲望了。

如果细心观察就会发现，一个优秀的H5广告作品除了本身有极具特色的创意之外，其排版一般也恰到好处。正是因为掌握了细节之美，H5广告才更具有传播性。因此，要想更有效地引导用户接收信息，就需要提升排版质量。一流的版面设计不仅在视觉上能够起到引导用户的作用，同时也能明确信息的主次关系，使有效信息的传播效果达到最优。

H5广告作品的版面类型主要包括以下几种。

（1）直线型版面

直线型版面通过简单的直线分割来打造沉稳而具有质感的页面基调，可以给人以严肃、高端的视觉感受，但缺点是不够活泼、生动，有时会显得呆板、生硬。不过，直线型版面可以在视觉上对不同内容进行明确的区分，从而正确引导用户进行相应的交互，如图7-18所示。

图7-18　直线型版面的H5广告

（2）斜线型版面

斜线型版面比直线型版面更活泼一些，整体更具动感，有更强烈的视觉冲击力，且具有一定的引导性。斜线型版面配合适当的动作特效，可以在第一时间给用户带来视觉冲击力，倾斜的角度越大，视觉冲击力越强，适合在活动、促销、推荐等场景中使用，如图7-19所示。同时，斜线容易给人以平面延续的感觉，可以在页面切换时用来打造连续的画面，增强页面的引导性和连贯性，适用于长页面和多页面同级并列的H5广告场景。

（3）三角型版面

三角形的边具有一定的方向和角度，因此三角型版面可以给用户带来视觉引导，在多屏滑动页面时，可用于交互上的页面引导。三角形是一种尖锐的形状，所以比较容易传达快速、时尚、刺激等感受，如图7-20所示。

（4）圆型版面

圆形具有聚焦视线的作用，所以圆型版面适合做主图，同时把主标题和其他关键信息放置在圆形主图内或附近，以高效展示重要信息。圆形在视觉表现上更加光滑、饱满，给人亲近感，适合手绘风格、卡通风格的页面设计。

与直线型版面相比，圆型版面巧妙、灵动地将画面内容进行分割，整体看起来更加流畅，视觉上也更具亲和力、更柔和，如图7-21所示。

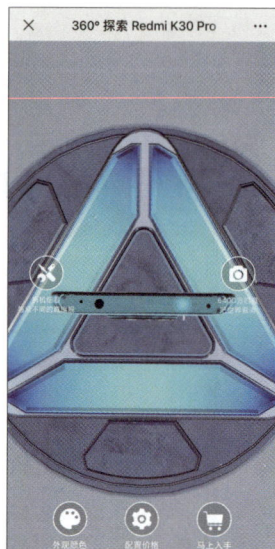

图7-19　斜线型版面的H5广告　　　　图7-20　三角型版面的H5广告

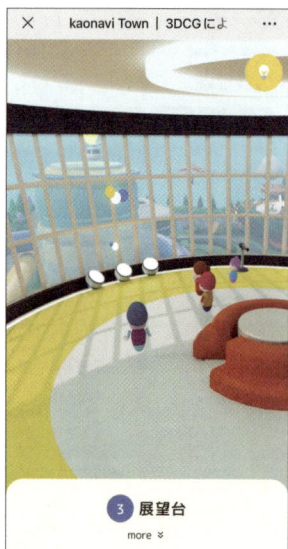

图7-21　圆型版面的H5广告

7.2　小红书笔记广告设计

自媒体运营时代已经到来，个人博主和品牌方也开始利用小红书创造更多的商业价值，所以小红书笔记广告设计对于品牌在小红书平台上的推广和营销至关重要。一篇优秀的小红书笔记广告不仅可以提高品牌的知名度和形象，还可以引导用户的消费行为，增强用户互动与黏性，实现高效的转化。

↘ 7.2.1　小红书笔记广告头像及简介设计

1. 头像设计

小红书笔记广告头像作为品牌与用户的首次接触点，其重要性不言而喻。一个优秀的广告头像不仅能吸引用户的注意，还能准确传达品牌的核心价值和产品特点。设计广告头像时，需要考虑以下几点。

（1）头像要符合内容定位

头像要与运营账号的内容有关联，让用户一眼就了解产品或品牌是什么。例如，摄影账号有很多，涉及的内容包括人像、风光、人文、建筑等。但是，只用一幅满意的作品来做头像很难突出运营的内容，因为再好看的图片也无法突出摄影这个主题。但如果是真人出镜再加上摄影元素，定位就会非常清晰。

图7-22所示的"摄影师Arin"账号的头像展示了一位博主手拿相机，呈现了摄影主题，这样的头像既好看又有内容，很好地突出了内容定位。

图7-22　摄影账号

（2）头像内容要有"卖点"

头像代表的是个人形象和品牌形象，因此头像要有一个明显的"卖点"，可以在头像中加入自己的产品、商标或口号等元素，让用户一眼就能记住产品或服务。如果是小红书个人账号，还可以在头像中加上个性化的Logo或标识，增加小红书账号的品牌价值和品牌曝光度，如图7-23所示。

图7-23　穿搭账号

（3）合理利用头像的边缘空间

头像中间的位置无疑是最引人注目的，但头像的边缘空间也要充分利用。在头像边缘空间加入品牌或产品的文案，可以让头像更具互动性和信息量。例如，美妆教学可以在头像边缘放置教学内容的文案，让更多用户了解产品，如图7-24所示。

图7-24　美妆教学账号

2. 简介设计

头像的展示空间毕竟有限，要想表达出更多内容，就要在简介上下功夫。简介的提炼也有技巧，在设计简介时可以从以下两点考虑。

（1）体现专业性

简介要体现专业性和特长，专业、权威的简介更能获得用户的信任。但简介的字数毕竟有限，要想在几行文字中将专业性展示给用户，可以采用领域定位、有说服力的数据来提炼个人简历或品牌业绩。

图7-25所示的账号在简介里用了"首都医科大学硕士""清华大学青年教师理工科一等奖"等内容。这些内容很有权威性和说服力，突出了账号的专业性。用户对该账号发布的内容会更加信任。

图7-26所示的账号在简介里介绍了工作经历。这些工作经历都非常具有吸引力。账号分享的考研内容对有考研想法的用户来说具有非常强的说服力。

图7-25　孕产账号

图7-26　考研账号

（2）彰显独特性

简介中编写彰显独特性、可以让用户产生共情的文字，也可以达到吸引用户的目的。图7-27所示的账号是一位旅行博主，简介"给我勇气独自环球旅行的永远是旅途里闪闪发光的善良的人们"定义了账号的内容，这样的文案很容易让用户产生共情。

图7-27　旅行账号

↘ 7.2.2　小红书笔记广告封面排版设计

封面是用户最先接触到的内容元素。一个优秀的封面排版设计能在众多内容中脱颖而出，引发用户的好奇心，从而促使用户点击。一个独特、创意十足的封面设计往往能在第一时间吸引用户的眼球，激发他们的浏览欲望。下面介绍几种常用的封面排版设计方法。

1. 对比图封面

通过展示对比的效果，让用户更直观地感受到变化，如修图前后、护肤前后、素人改造前后等。这种对比图能够吸引用户的注意力，让用户想了解更多关于变化的信息，包括具体的步骤、经验分享以及可能产生的成果，如图7-28所示。

图7-28　对比图封面

2. 纯文字封面

纯文字封面适合情感类、干货类、知识付费类账号，在这些类型的账号中，文字起到了关键作用，它是吸引用户注意力和激发兴趣的主要元素。选择有吸引力的标题或关键词，使用适当的字体和颜色突出重点，同时保持整体的美感和可读性。创造力和独特性是吸引用户的关键。因此，要让封面文案与众不同，表达出账号风格和特色，如图7-29所示。

图7-29 纯文字封面

3. 产品图+文字封面

只放一个新的产品，用户无法了解产品的具体作用，通过添加文字描述，尤其是强调产品可满足用户痛点、需求及其优势特征，可以更好地吸引用户。激发用户的好奇心可以促使他们更加关注和了解产品，从而进一步采取行动。文字可以突出产品的独特卖点，阐述产品能够解决什么问题，提供什么价值或者带来什么特殊体验，如图7-30所示。

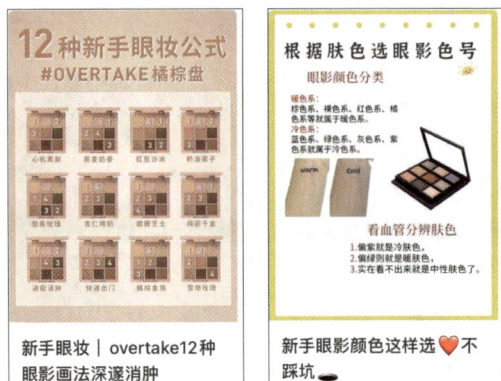

图7-30 产品图+文字封面

4. 新奇独特封面

新奇独特的封面也会吸引很多关注，如不太常见的个人形象、奇特的主题或独特的内容。相对于众多的美食、教程和产品，这些与众不同的封面往往能吸引更多的点击，如图7-31所示。

5. 图片拼接封面

单单一张图片很难体现出较多的信息量，把不同的图片拼接在一起，在有限的封面空间内展示更多的内容，可以让用户对笔记产生更多的兴趣。图片拼接封面可以呈现场景变化、产品特点、步骤等，提供更全面、多样化的视觉元素，使封面更具有亮点，如图7-32所示。

怎么也看不够：巧合造就
的奇妙瞬间

谁懂啊，怎么会有这么有
个性的植物呀

图7-31　新奇独特封面

海洋馆拍照📷姿势超有氛
围感的

📝9家新中式小众原创设
计感｜首饰分享

图7-32　图片拼接封面

6. 真实吸睛图封面

真实吸睛图直接切中用户的痛点，可以选择有强烈视觉冲击力的图像，与用户产生
共鸣和情感连接，使他们想了解更多关于图像背后的故事或相关主题的信息，如图7-33
所示。

25岁之前刷到受益终身！
正确护肤步骤＋手法！

🦅一眼心动的复古艺术感
～

图7-33　真实吸睛图封面

↘ 7.2.3　创作具有吸引力的小红书笔记

一篇优秀的小红书笔记能够带来巨大的流量，而创作具有吸引力的小红书笔记离不开好的选题和有创意的文案。下面将从选题库和笔记内容两个方面来进行介绍。

1. 建立选题库

要想写出具有吸引力的小红书笔记，选题非常重要，好的选题方向会大大增加笔记的点击率。那么，如何找到适合的选题并持续发布呢？这就需要建立选题库。具体可以从3个方面进行。

（1）借鉴优秀选题

想要创作出具有吸引力的小红书笔记，最好的办法就是借鉴其他账号的优秀选题。如果一篇笔记的点赞、收藏和评论加起来超过5000，就算是优秀选题。

例如，美妆账号的博主可以观察同类博主发布的笔记，如图7-34所示，"三种0失误眼线画法！有手就行！新手都进来看"，这个选题对刚学化妆的新手来说非常具有吸引力。美妆博主可以借鉴这样的选题写一篇笔记，在内容上要更加全面和深刻，并加入自己真实的经验。

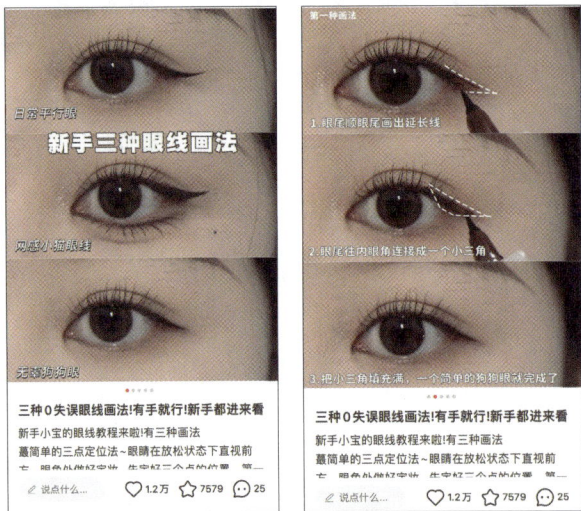

图7-34　美妆账号笔记

（2）在评论中选择优秀选题

每篇优秀的选题都可能存在不足之处，在用户的评论中会有所体现。我们可以针对这些意见和诉求进行优化，策划出新选题，发布一篇更全面的笔记。例如，"2024全年旅行计划，按月份解锁宝藏目的地"，这样的选题本身就制造了话题，每个人想要游玩的目的地和时间都不同，如图7-35所示，用户通过评论把自己的想法和诉求提出来，博主就可以从用户的这条评论拓展更多选题，如"2024全年出国度假计划，按月份解锁宝藏打卡地"。

（3）在站外平台寻找选题

小红书的选题毕竟有限，博主可以从站外平台搜索热门选题，如抖音、微信公众号、微博等，虽然平台不同，但用户喜好是有重合度的。这些平台的优秀选题可以借鉴到小红书笔记中。例如，微信公众号10万+阅读量的选题都有一定热度。博主要在这些平台中进行对比，找到同领域内的热门选题，然后归纳到自己的选题库，再尝试写作，最终打造出自己的爆款笔记。

图7-35　旅游笔记及其评论

2. 优质的笔记内容

优质内容是使小红书笔记具有吸引力的关键，博主可以借助热点、网络热词以及分享干货输出优质的笔记内容。

（1）借助热点

热点就是信息在传播中受大众关注的点，具有广泛的传播度。热点具有爆发快、传播迅速、时效短的特点。如果能够及时掌握热点并正确应用，就能大大提高笔记阅读量。

因此，博主在撰写小红书笔记时要善于借助热点，因为热点事件本身就有大批关注者，他们虽然不一定是目标用户，但仍然可以提升笔记的热度，笔记有热度才会受到平台更多的推荐，图7-36所示为"五四青年节"当天某博主发布的小红书笔记。

（2）巧用网络热词

每年都有一些网络热词流行，网络热词本身就具有热度，能吸引用户，小红书笔记也可以嵌入一些网络热词，可以让笔记看起来有新意，用户更容易点开笔记。图7-37所示的笔记标题"快乐的多巴胺穿搭合集 | 是真的很快乐了"中的"多巴胺"是网络热词，多巴胺穿搭指的是一种穿搭方式，突出特点是颜色非常显眼，且种类丰富。

博主要有网络敏感度才能捕捉到最新、最火的热词，再巧妙融入自己的内容中，创作出与众不同的笔记。博主在使用网络热词时要注意用词准确，不能乱搭配，以免招致用户反感。

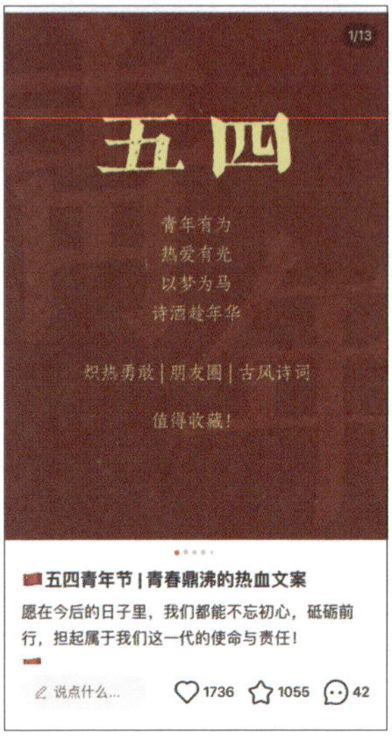

图7-36　五四青年节笔记

图7-37　网络热词笔记

（3）输出干货

内容丰富的小红书文案才能吸引用户的注意力。图7-38所示的"25公考超强名师推荐"，这条文案涵盖的内容就非常丰富，用一句话就圈定了自己的用户，这样的文案就很容易引发目标用户的好奇心。

用户被标题吸引后，也要保证笔记有价值，如果笔记内容不是干货，价值性不大，会让用户产生被欺骗的感觉，甚至被用户标记成"不喜欢"，从此屏蔽账号。图7-38所示的笔记内容分别推荐了适合新手考公的老师和适合拔高的老师，对有意向考公的用户来说很有参考价值。

图7-38　干货笔记

📕 **素养课堂**

"标题党"为了营造眼球效应，吸引流量和关注，经常随意虚构事实、颠倒黑白。尤其是在新媒体时代，信息的传播速度和广度令人难以控制，"标题党"的危害自然不可小觑。因此，向"标题党"说"不"，是净化互联网生态环境、维护诚信价值观的必要措施。

📖 **课堂讨论**

小红书是一个"种草"属性很强的平台，请和同学相互探讨，你觉得在小红书上最容易获得流量的广告文案有哪些类型？在撰写这些类型的文案时，如何做能够提高流量转化率？

7.3 抖音短视频广告设计

抖音短视频是对社交媒体原有主要内容（如文字、图片等）的一种有益补充，同时优质的抖音短视频内容也可以借助社交媒体的渠道优势实现病毒式传播。抖音短视频营销可以理解为品牌商借助抖音短视频这种媒介形式来实现社会化营销。

↘ 7.3.1 选择合适的抖音短视频广告展现形式

抖音短视频营销花费的成本相对较少，尤其适合资源有限的中小企业。作为视觉营销的一种形式，抖音短视频营销更契合人类作为视觉动物的信息接收习惯。除此之外，抖音短视频营销还具有适用于移动端、有利于搜索引擎优化、分享便捷、反馈及时等优势。

抖音短视频广告主要有以下几种常见的展现形式。

1. 拍摄产品短片，解答用户的疑问

拍摄产品短片，为用户解答疑问是抖音短视频广告的基本展现形式。有时简短的技巧类短片就可以快速、有效地解答用户的疑问，企业可以整理出客服部门经常收到的问题，然后制作相关的视频短片去解答这些问题。例如，企业可以在一个抖音短视频里告诉用户如何很方便地安装产品，帮助用户解开疑惑，给用户带来更多的附加价值，如图7-39所示。

2. 拍摄产品的制作过程

通过抖音短视频展现产品的制作过程，可以让用户更加全面地了解产品的外观和性能，以及服务的质量，从而加强用户对产品或服务的信任，勾起他们的购买欲望。例如，蛋糕店可以展示蛋糕制作过程，咖啡店可以展示咖啡制作工艺等，如图7-40所示。

3. 节日视频

每逢重大节日，如春节、端午节、中秋节等，人们往往会热烈讨论与节日有关的话

题，因此节日话题的流量很高，再加上节日所具备的情感内核和仪式感，品牌商可以借势节日热点来为自己导流，同时聚焦人文关怀，将情感与广告完美融合，这也是品牌商与用户建立互动关系的重要方式。节日视频如图7-41所示。

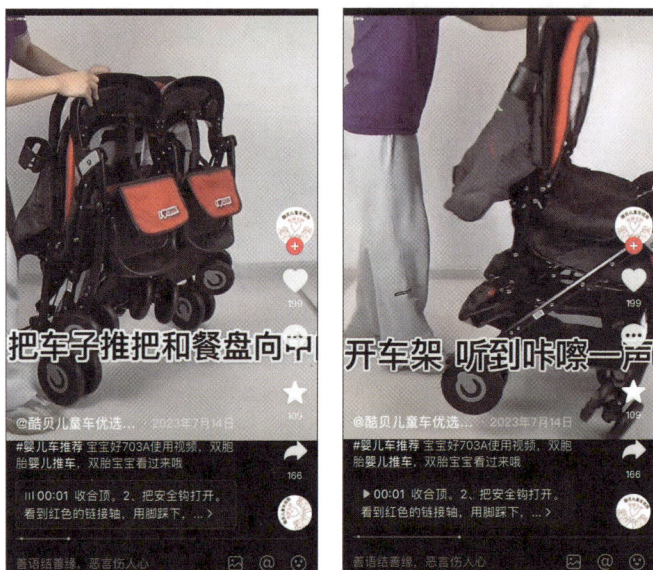

图7-39　抖音短视频产品短片

图7-40　拍摄产品制作过程的抖音短视频

图7-41　拍摄节日视频的抖音短视频

4．展现品牌文化

一个品牌只有具有情绪上的感染力和文化内涵，并将品牌文化通过媒体传递给大众，才有可能形成市场影响力，被广大消费者接受，而抖音短视频营销在这方面具有独特的优势。抖音短视频营销提供了一个充分展示品牌文化和特点的机会，有助于品牌商在竞争中脱颖而出。

品牌商要在很短的时间内抓住想要表达的重点，并将其表现给大众看，同时也要向大众传递品牌文化。

图7-42所示为理想汽车发布的抖音短视频，展现了理想汽车的品牌理念"为家庭打造更安全、更便捷、更舒适的智能电动车"。

图7-42　展现品牌文化的抖音短视频

↘ 7.3.2 故事型广告在抖音短视频中的应用

故事是抖音短视频广告的核心，也是其与传统广告最大的不同之处。那些具有强烈故事感的抖音短视频广告文案，比平淡无奇的文案更具有传播力与说服力。抖音短视频广告讲述的故事只要能够引起用户共鸣，就能得到很好的反响。

1. 增强代入感，激发情感共鸣

故事之所以能够充分调动用户的情绪，一个很重要的原因就是其具有很强的代入感，而故事型广告在设法与用户产生情感共鸣的基础上，采用了演绎"原型"故事的方法。

打开抖音短视频，用户可以看到越来越多的团队演绎真实故事，并将其再创作，撰写出故事型广告文案。这种方法无疑十分有效，一个故事越贴近生活，用户的代入感就越强。

例如，抖音中曾有个这样的故事型广告：一间陈旧并即将被拆掉的房子，一位怀念老宅的温情女孩。她用她自己的方式来告别童年，和告别承载她与外婆快乐时光的老宅。男主人公帮女孩留下光影记忆的照片，以这种方式留存老宅和老宅里的记忆。这部广告影片最妙的地方在于采用叙事型镜头，不只是呈现广告和产品，更是将整个故事讲得圆满，从而与用户建立情感链接，如图7-43所示。

图7-43 故事型广告

好故事总是会让某个特定群体产生情感共鸣，文案工作者应根据品牌或产品的目标用户撰写广告故事文案，把握他们的情感心理，从而在文案中让人物说出打动人心的话。当用户看完这种广告时会情不自禁地发出感慨"怎么和我想的一样""这个广告说出了我的心声"，这样才是真正地做到了激发情感共鸣。

2. 即时沟通和互动

与以往在电视等传统媒体上投放的影视广告不同，抖音短视频广告可以在用户看完之后迅速得到反馈，进行即时互动。在观看完抖音短视频以后，有感而发的用户就会在评论区留言，之后越来越多的用户不仅可以看到这个广告，还可以查看评论区中的留言。

有一个很有意思的现象：当用户自己还未产生明确的想法时，若先看了别人的评论，那么位于前排的优秀评论很有可能说出了他们的想法。当评论区出现"这个故事好像在说我自己""这个广告是我看过的最走心、最有创意的广告""没想到我竟然会看一个广告看到哭"等这种类似正面评价的文字时，用户将更加认可此类故事型广告。

这就是故事型广告在短视频平台中播放的优势之一，其视频播放是与用户的第一次沟通，视频播放完用户打开评论区查看时，是故事型广告与用户的第二次沟通。

如果继续延伸，某个用户在观看完视频后感触颇深，并且将其转发分享给其他好友，并阐述自己的想法，那么这个故事型广告就产生了与更多用户更广泛和有效的沟通。

7.3.3　做好抖音短视频广告封面设计

抖音短视频的封面是最先被用户看到的，一条抖音短视频能否吸引用户点击观看，封面是否具有吸引力十分关键。在设计抖音短视频广告封面时，设计人员要做到以下5点。

1. 截取有代表性的画面

截取抖音短视频中的某一帧画面作为封面，要求这一帧画面能直接体现抖音短视频的内容，具有代表性，且画面主次分明、构图合理、清晰明了。在此基础上，设计人员可以对该画面进行修饰，使其更具立体感和光线感，从而建立独特的封面风格。

2. 封面要选择合适的景别

景别是指由于摄影机与被摄体之间的距离不同而造成被摄体在摄影画面中所呈现出的范围大小的区别。根据距离由近及远，景别一般分为5种：特写（范围在人体肩部以上）、近景（范围在人体胸部以上）、中景（范围在人体膝部以上）、全景（范围为人体的全部和周围部分环境）和远景（范围为被摄体所处的大环境）。

在选择短视频封面时，设计人员要选择合适的景别。对展示电子产品的科技类短视频，如摄影器材、手机等静态物品的细节，更适合使用特写这种小景别；而对旅行类短视频最好选择大景别，即全景、远景，让景色完全展示出来，以表现景色的雄伟与壮丽。

3. 构图合理，主次分明，形成对比

构图是指对拍摄主体进行合理布局，将要表现的物体合理组织起来，构成一个协调、完整的画面，以达到表达主题的目的。构图侧重于表现主体。合理的构图主次分明，但主体不要超过3个，如果要表现的物体有很多，可以将焦点集中在主体的位置，将次要物体虚化。

如果抖音短视频内容涉及对两个同等重要、并列的主体进行对比，如拍摄减肥前后的对比效果、化妆前后的对比效果等，可以把16∶9的封面一分为二，分别展示前后的效果图，以增强画面的冲击力。

4. 色彩鲜明，统一主色调

从视觉传播的角度来说，色彩更亮、更鲜明的图片更容易吸引用户的眼球，但具体

选择什么样的色彩，则要根据内容和品牌调性来定。不过，封面要统一主色调，保持风格统一，这样有利于用户识别。

5. 封面与标题相关联

封面要与标题具有直接相关性，而不是随意截取画面，让用户猜测封面与标题之间的联系。如果标题以人物为主，封面就要突出人物的表情和情绪；如果标题以具体的物体为主，封面就要突出重点，展现物体的细节。

↘ 7.3.4　为抖音短视频广告设置标题

抖音短视频标题也是抖音短视频广告的"门面"。当用户看到自己感兴趣的标题时，自然会点进去观看。

在设置抖音短视频广告标题时，创作者可以采用以下技巧。

1. 让标题有悬念

标题有悬念可以激发用户的好奇心。用户在看到标题时会猜想、揣测短视频的内容，从而驱使他们打开短视频观看。这类标题不仅能让点击率暴增，还会提升短视频的播放率。

将标题设置成疑问句的形式是最直接的设置悬念的方式，用户在看到疑问句后，会产生寻找答案的心理暗示，进而迫不及待地打开短视频观看。

疑问句一般分为开放式问题和反问句。拿开放式问题来说，用户在看视频时会拿自己的答案与短视频中的答案做对比；而对反问句来说，用户找的不是答案，而是提出反问的原因，这种标题要尽量出乎意料，让用户感到既意外又惊喜。

2. 让标题有矛盾点

抖音短视频标题要善于运用矛盾冲突，让用户觉得不合逻辑、反常理，从而激起他们的好奇心，这样用户自然想打开视频一探究竟。

3. 关键词

一个优秀的标题要能让用户通过搜索找到与之相关的抖音短视频，因此标题中应当含有搜索关键词。现在有很多关键词工具，创作者可以利用关键词工具分析热度较高的关键词，从中选择适合自己作品的关键词。需要注意的是，关键词的数量不宜过多，如果将关键词毫无逻辑地随意堆砌，只会适得其反。

4. 用户至上

创作者创作抖音短视频的目的不是自娱自乐，而是要得到用户的认可，增加粉丝量，提高品牌或产品的知名度和美誉度。因此，抖音短视频标题的设置要站在用户的角度，坚持"用户至上"的理念，让用户感觉抖音短视频就是为他们创作的。

（1）使用第二人称

标题尽量使用第二人称作为主语，这样会让用户觉得非常亲切，感觉创作者就像在和他对话一样，如"你不能忽略的……""你……了吗？"等。

（2）为用户贴标签

为用户贴标签，又称角色代入，指在抖音短视频标题中直接锁定目标用户，引起他们的共鸣，如标题中带有"90后""00后"等字眼的内容。如果抖音短视频足够优质，又说到了用户的"痛点"，那么其获得评论、点赞的概率就会更大。

5. 引发争议

引发争议是指对现有认知进行挑战，或对社会上普遍存在的分歧展开讨论。抖音短视频标题中引入争议性观点，很容易引发用户的争论，吸引越来越多的用户参与进来。当然，这类标题的使用场景有一定的局限性，只有在确定存在争议时才能使用。

7.4　抖音直播广告设计

抖音直播具有实时互动、扩大品牌知名度、推广新产品或服务、创造收入来源等优势。因此，越来越多的个人和企业选择利用抖音直播这一平台，与用户建立紧密联系，推动品牌发展和业务增长。一场抖音直播的顺利进行离不开前期的抖音直播广告设计，只有做好准备工作，直播才能有条不紊地开展下去。

7.4.1　抖音直播预告宣传海报设计

抖音直播预告宣传会直接影响直播的观看人数和转化率。因此，直播前的预热非常重要，下面将从4个方面介绍如何做好抖音直播预告宣传海报设计。

1. 合适的尺寸和格式

设计人员要根据抖音平台的特点和要求，选择适合的海报尺寸和格式。一般来说，抖音直播海报的尺寸为1080像素×1920像素或640像素×1138像素，以便在大部分移动设备上都能良好地展示。

2. 设计海报主体

海报主体分为产品和人物两种。主体为产品的海报适用于新手主播或者不固定主播，可设计产品组合或者有视觉冲击力的单品，如图7-44所示。主体为人物的海报适用于固定主播或者邀请嘉宾。当海报主体以主播或嘉宾为主，单人海报人物占据版面的2/3，多人海报采用矩形、三角形的构图即可，如图7-45所示。

图7-44　主体为产品的海报

图7-45　主体为人物的海报

3. 设计海报背景

海报背景设计以简约风格为主，可以起到烘托氛围和补充画面的作用。设计人员要配合产品或活动内容选择合适的背景色系。暖色系的背景给人带来温暖、热情的感觉，如图7-46所示；冷色系的背景给人带来清爽、干净的感觉。

图7-46　暖色系海报背景

4. 设计海报标题

海报的标题要与直播主题高度相关，通常设计在海报的上下两端。其中，标题包括主标题和副标题，标题的设计会影响到海报的视觉效果。主标题需要契合直播主题，可以选用视觉冲击力较强的字体。副标题字数比较多，要包含直播时间、主播介绍、产品信息、促销信息等，如图7-47所示。

图7-47　海报标题设计

↘ 7.4.2　抖音直播广告标题及封面设计

广告标题和封面就是一场直播的"门面"，标题和封面的吸引力决定了用户是否会点击进去看。

1. 抖音直播广告标题设计

在抖音直播中，一个吸引人的标题对吸引用户、提高点击率至关重要。下面介绍4种标题的写作技巧。

（1）产品+利益点

直接表明直播中要推荐的产品是什么，从而精准锁定人群，并且把利益点放在标题上，给用户一个消费的理由，用户看到该利益点后再进入直播间就会有一定的心理预设，从而提高其快速下单的可能性。

图7-48所示的标题为"新店开业，防晒衣79元抢！拍1发28！""快进来拿汪汪队！几百款玩具暑假清清清！！"如果看见这样的标题，有需求的用户就可能进入该直播间。

图7-48　"产品+利益点"标题

（2）客群+产品

这类标题主要是把自己的用户群体直接写在标题上，促进精准用户点击进入直播间。例如，"0—7岁宝贝，100多款玩具炸福利，快来抢"，就是把用户群体"孩子"提炼出来了，表示产品是适合0—7岁孩子玩的玩具。例如，"120—220斤大码女装夏款上新"，就是大码女装的直播间，标题直接点明了目标用户，即体重为120—220斤的女性，点明了产品是"大码女装"，如图7-49所示。

（3）利益引导

利益引导式标题中一般会出现"红包""免费""免单"等字眼，如"进入直播间免费领红包""关注红包抢不停"等。这类格式的标题最大的优点就是会引导用户点击，但用户主要是为了领红包或优惠，想留下用户还要看直播内容是否具有吸引力，如图7-50所示。

图7-49 "客群+产品"标题

图7-50 利益引导式标题

（4）采用热点词汇或热门话题

采用热点词汇或热门话题，并充分结合产品或服务，这样的标题既明确展示了直播内容，又可能引发用户的购买欲望。例如，"五一出游季，福利抢不停！""夏天要来了，准备好你的美丽小tips了吗！"如图7-51所示。

图7-51 热门话题式标题

2. 抖音直播封面设计

除直播标题外，直播封面的设计对抖音直播广告来说也至关重要。直播封面就像是直播间的名片，直接展示在直播广场和同城页面上，封面要注意干净、整洁，与直播内容相符合，否则就会误导用户，直接影响到直播数据。

例如，作为游戏主播，使用与直播游戏相关的内容作为封面是最合适的，但切记不可以为了追求点击率，使用低俗、诱惑眼球的图片。如果被发现，封面会立即被重置，严重者可能会被封禁。因此，主播要合理设置直播封面，维护良好的用户体验。在设计直播封面时，需要注意以下几个方面。

（1）主题明确

直播封面的主题要与直播内容相关联，以帮助用户快速理解直播内容。在封面设计上，主播可以使用鲜明的色彩、有趣的字体和图片来吸引用户的注意力。例如，美食主播可以选择一张精致的食物图片作为封面。

（2）使用高清图片

模糊失真的图片会让用户失去兴趣，所以要使用高清图片，确保封面图分辨率高，细节清晰，给用户留下良好的第一印象。

（3）突出人物标签和特点

主播要根据账号的特点设置突出账号标签特征的直播封面。如果是某个领域的专家或特色主播，可以在直播封面上展示相关标识或特点，以增加用户对直播的认知度。

（4）保持一致性

如果计划进行一系列相关的直播，主播要确保直播封面的设计风格和元素保持一致，以建立品牌形象，增强用户的忠诚度。

（5）利用色彩吸引注意力

选择亮丽、鲜明的色彩来设计直播封面，可以吸引用户的注意力。但需要注意的是，色彩的搭配要合理，避免过于刺眼或俗气，应保持整体的和谐与美观。

> **素养课堂**
>
> 优秀的营销广告可以传递产品信息或品牌理念，提高社会道德格调，达到经济与社会文化的共赢效益；而恶意、低俗的营销广告则违背主流价值观，展现低俗的趣味，会拉低社会文明的文化格调。因此，我们不能把低俗当创意、把歪路当捷径，以免给社会风气和商业环境带来不良影响。

↘ 7.4.3　打造具有吸引力的直播间广告

打造具有吸引力的直播间广告需要明确直播主题和广告目的，这样才能更好地确定广告的内容、风格和传达的信息。要想提升直播间广告的吸引力，主播要做到以下4点。

1. 直播间布景

直播间打造建议以浅色、纯色背景为主，简洁、大方、明亮。背景不能过于杂乱，可以根据直播主题设置。例如，美食产品以餐桌、客厅为背景，既有场景感又贴合直播主题，如图7-52所示。

图7-52　直播间布景

2. 强调优惠和奖励

提供特别的优惠、折扣或赠品可以吸引用户的注意力，主播要确保在直播间广告中明确突出这些奖励，并说明如何获取它们，如图7-53所示。

3. 制造紧张感和紧迫感

通过制造紧张感和紧迫感，可以鼓励用户更快地采取行动。例如，可以使用倒计时、独家福利等策略来制造紧张感，如图7-54所示。

图7-53 强调优惠和奖励的直播间广告

图7-54 制造紧张感和紧迫感的直播间广告

4. 使用幽默或巧妙的文字

幽默和巧妙的文字可以使广告更具吸引力，用轻松、有趣的方式传达广告信息，并与用户建立情感联系，如图7-55所示。

图7-55　使用巧妙的文字的直播间广告

课后实训

为某时尚美妆品牌设计小红书笔记广告的头像和简介，要求能够体现品牌特色，吸引目标用户的注意，并引导用户点击广告笔记。

1. 头像设计

（1）品牌识别：头像应包含品牌标志性的元素，如品牌标志、品牌特色图案或品牌代言人形象，以确保用户一眼就能识别出品牌。

（2）视觉吸引力：头像应具有足够的视觉吸引力，可以使用鲜艳的色彩、独特的造型或有趣的创意来引起用户的兴趣。

（3）一致性：头像应与品牌整体的视觉风格和定位保持一致，体现品牌的独特性和专业性。

2. 简介设计

（1）简洁明了：简介应简洁明了，用简短的语言概括品牌的特点和优势，以便用户快速了解品牌。

（2）突出卖点：在简介中突出品牌的独特卖点，如产品效果、天然成分、价格优惠等，以吸引用户的注意。

（3）互动性：在简介中增加互动性元素，如提问、讨论话题等，以吸引用户留言、点赞和关注。

3. 提交要求

提交一份包含头像设计和简介设计的电子文档。头像应为PNG或JPG格式，尺寸建议为200像素×200像素；简介为文本格式，字数控制在50字以内。

[1] 边霞.儿童的艺术与艺术教育[M].南京：江苏教育出版社，2006.

[2] 孔起英.幼儿园美术教育[M].北京：人民教育出版社，2004.

[3] 张念芸.学前儿童美术教育[M].北京：北京师范大学出版社，1996.

[4] 李桂英，许晓春.学前儿童艺术教育[M].北京：高等教育出版社，2014.

[5] 林琳，朱家雄.学前儿童美术教育[M].上海：华东师范大学出版社，2006.

[6] 常锐伦.美术学科教育学[M].北京：首都师范大学出版社，2002.

[7] 边霞.幼儿园美术教育与活动设计[M].北京：高等教育出版社，2009.

[8] 李慰宜，林建华.幼儿园绘画教学手册[M].上海：华东师范大学出版社，2009.

[9] 庞丽娟.幼儿园美术教学法[M].北京：北京师范大学出版社，1990.

[10] 屠美如.学前儿童美术教育[M].南京：江苏教育出版社，1991.

[11] 王宏建，袁宝林.美术概论[M].北京：高等教育出版社，1994.

[12] 朱家雄.幼儿园教育活动设计与实施[M].北京：高等教育出版社，2008.

[13] 陈振濂."美术"语源考——"美术"译语引进史研究[J].美术研究，2003（4）.

[14] 钱初熹.美术教学理论与方法[M].北京：高等教育出版社，2005.

[15] 顾菁.当代艺术与美国儿童美术教育[M].上海：复旦大学出版社，2015.

[16] 于春晓.学前儿童家庭美术教育初探[J].科学大众：科学教育，2017（10）.

[17] 马菁汝.构建学校、社会、家庭"三位一体"的美育体系[N].中国文化报，2017-11-16.

"十四五"职业教育国家规划教材　　学前教育专业新形态系列教材

学前儿童美术教育

第2版　全彩慕课版

王咏 ◎ 主编

陈月乔 何建杰 曾敬秋 鄢慧敏 ◎ 副主编

人民邮电出版社

北　京

图书在版编目（CIP）数据

学前儿童美术教育：全彩慕课版／王咏主编. -- 2
版. -- 北京：人民邮电出版社，2023.7（2023.12重印）
学前教育专业新形态系列教材
ISBN 978-7-115-61258-8

Ⅰ．①学… Ⅱ．①王… Ⅲ．①学前教育－美术教育－
幼儿师范学校－教材 Ⅳ．①G613.6

中国国家版本馆CIP数据核字(2023)第037029号

内 容 提 要

本书从六个方面阐述学前儿童美术教育理论与实践，包括美术与学前儿童美术、学前
儿童美术能力的发展、学前儿童美术教育活动的目标和内容、学前儿童美术教育活动的实
施、学前儿童美术教育活动指导与案例分析、学前儿童美术教育评价。本书还介绍了幼儿
园美术教育活动说课和美术鉴赏素养的培养。

本书可作为高等院校学前教育专业的教材，也可供学前教育工作者参考使用。本书配
套开发了慕课视频，为开展线上线下 SPOC 模式教学提供了参考。

◆ 主　编　王　咏
　　副主编　陈月乔　何建杰　曾敬秋　鄢慧敏
　　责任编辑　连震月
　　责任印制　王　郁　彭志环
◆ 人民邮电出版社出版发行　　北京市丰台区成寿寺路 11 号
　　邮编　100164　电子邮件　315@ptpress.com.cn
　　网址　https://www.ptpress.com.cn
　　北京瑞禾彩色印刷有限公司印刷
◆ 开本：700×1000　1/16
　　印张：11.25　　　　　　　　2023 年 7 月第 2 版
　　字数：203 千字　　　　　　2023 年 12 月北京第 2 次印刷

定价：49.80 元

读者服务热线：(010)81055256　印装质量热线：(010)81055316
反盗版热线：(010)81055315
广告经营许可证：京东市监广登字 20170147 号

学前教育是教育体系的开端及重要组成部分。《幼儿园教育指导纲要（试行）》《中小学和幼儿园教师资格考试标准（试行）》《3-6岁儿童学习与发展指南》等一系列文件的相继出台，充分说明国家对学前教育的重视程度。党的二十大报告提出，办好人民满意的教育，强化学前教育发展，在幼有所育、学有所教上持续用力。

学前儿童美术教育是学前教育的关键，是学前儿童全面发展和开展美育的重要组成部分。本书力求以立德树人为根本，突出弘扬民族文化，从多元性和时代性角度阐述学前儿童美术教育的相关知识，注重理论概括的同时，紧密结合实践，提出基于"核心素养"的学前儿童美术教育目标，提倡"游戏美术"，强调"中国元素"。

为了更加适应学前儿童美术教育的教学需求，我们对《学前儿童美术教育》一书进行了升级改版。本书结合幼儿园教师职业特点，对接《幼儿园教师专业标准》，从理论的阐述，到实践案例的分析，循序渐进地引导学前教育专业学生开展学前儿童美术教育活动，着重培养学生将艺术素养转化为教育艺术的能力。本书附录部分增设了幼儿园美术教育活动说课和美术鉴赏素养的培养两部分内容，加强了"岗课赛证"的有机融合，为学生参加幼儿园教师资格证考试提供了美术方面的重要参考，为提升学前教育专业学生的审美素养提供了帮助。本书配套了慕课视频，读者用手机扫描封面二维码即可在线观看，也可在学银在线教学平台查找同名课程进行观看学习，为线上教学的顺利开展提供了保障，也为开展SPOC模式教学提供了参考。

本书的参考学时为16~32学时，各章节的教学内容与学时安排可参考学时分配表。

学时分配表

章	教学内容	学时安排	
		课堂讲授	实践
第一章	美术与学前儿童美术	1～2	0
第二章	学前儿童美术能力的发展	1～2	0
第三章	学前儿童美术教育活动的目标和内容	1～2	1～2
第四章	学前儿童美术教育活动的实施	1～2	1～2
第五章	学前儿童美术教育活动指导与案例分析	3～6	4～8
第六章	学前儿童美术教育评价	1～2	2～4
合计		8～16	8～16
		16～32	

　　河北省唐山幼儿师范高等专科学校附属幼儿园、唐山市大风车幼儿园、滦州市古城幼儿园、滦州市"一家美术教育"培训机构为本书提供了丰富的图片资料，使本书形象、直观地再现不同年龄阶段幼儿美术的发展水平和表现特点。在此，感谢鄢慧敏园长、金巧红园长、张晨老师、郑亮先生和索银娟女士。

　　本书第一章至第四章、第六章由王咏撰写，第五章由陈月乔撰写，附录一由曾敬秋撰写，附录二由何建杰撰写。同时，王咏与鄢慧敏负责本书的统稿，曾敬秋负责本书的校对工作。在此，也感谢在第一版中负责第六章撰写和为附录二搜集整理部分图片工作中做出贡献的王树义老师。

王咏

2023年6月

目录

目录

PART **01**

第一章

美术与学前
儿童美术

本章学习要点：

了解美术的起源与发展及美术
的主要种类。

理解学前儿童美术的内涵及学前
儿童美术的特点。

理解学前儿童美术教育的价值
取向和学前儿童美术教育的意义。

第一节
美　术

一、美术的起源和发展

1. 美术的概念

在我国的学校教育中，从幼儿园到大学，学校都会开设美术课、美术欣赏课。对于什么是美术，它的具体定义是什么，恐怕有些读了十几年书的学生也模棱两可。

提到"美术"，大多数人会想到"画画"这个动作，甚至会想到某一件具体的绘画作品。中国商务出版社出版的1999年9月版《辞海》对"美术"的释义是："美术，亦称'造型艺术'，社会意识形态之一，通常指绘画、雕塑、工艺美术、建筑艺术等。"

"美术"一词是外来的产物，是西方概念的舶来品，它源于古罗马拉丁文"Art"，在古代西方是指文学、戏剧、音乐、绘画，乃至一切非自然形成的"人工技艺"之美。当时，广义的"Art"甚至还包括制衣、栽培、拳术、医术等方面的技艺。

自17世纪以来，欧洲开始使用"美术"一词，泛指含有美学情味和美的价值的活动及其产物，如绘画、雕塑、建筑、文学、音乐、舞蹈等，以别于具有实用价值的工艺美术。我国在五四运动前后开始普遍应用这一名词。

中国古代汉语中没有"美术"二字，中国古籍中表达"视觉艺术"的词一般有"绘绩之事""刻削之道""锦绣文采"等具体术语。根据目前掌握的资料来看，第一批使用"美术"一词并产生一定影响的代表人物有王国维、刘师培、鲁迅、李叔同、蔡元培等，当时美术不但包括视觉艺术，也包括文学艺术、听觉艺术、综合艺术等。在20世纪20年代前后，通过先贤们的"前赴后继"、不断积累和不断筛汰，最终我国逐渐用"艺术"一词取代了美术的广义概念，"艺术"成为绘画、雕塑、建筑、音

乐、舞蹈、戏剧等的总称，而美术则成为特指绘画、雕塑、建筑等造型艺术或视觉艺术的专门术语。

2. 美术的起源

虽然"美术"一词产生于近现代，但是美术活动是人类最古老的艺术活动之一。关于美术的起源问题一直是复杂、神秘的，这主要是因为人们对人类早期的历史和艺术方面的资料所知甚少。但是，历史上的许多学者还是在这一领域进行了不懈的探索和努力，从不同的角度提出了各种关于美术起源的学说。

公认的美术起源学说主要有模仿说、游戏说、表现说、巫术说、劳动说等。这些学说从不同的角度揭示了人类艺术（美术）发生的某些条件和根据，对学习美术和进行美术教育有着重要的价值。以下是几种主要的关于人类艺术（美术）起源的学说。

（1）模仿说

模仿说是一种关于艺术起源问题的最古老的理论，始于古希腊哲学家。

在古希腊哲学家看来，所有艺术都是模仿的产物。德谟克利特说："在许多重要事情上，我们都是模仿动物，做动物的小学生的，从蜘蛛我们学会了织布和缝补，从燕子学会了造房子……"亚里士多德认为："艺术创作靠模仿能力，而模仿能力是人从孩提时就有的天性和本能。"继古希腊哲学家之后，文艺复兴时期的达·芬奇、法国启蒙思想家狄德罗、俄国作家车尔尼雪夫斯基等人都不同程度地继承和发展了这一学说。这种理论直到19世纪末仍然具有较大的影响。

（2）游戏说

游戏说认为艺术起源于游戏，它是包括美术在内的艺术发生理论中较有影响的一种理论。其代表人物是德国著名美学家席勒和英国学者斯宾塞，人们也因此把游戏说称为"席勒－斯宾塞理论"。

席勒在《美育书简》中首先提出了艺术起源于游戏的观点，认为艺术是一种以创造形式外观为目的的审美自由的游戏。"自由"是艺术活动的精髓，它不受任何功利目的的限制。人们只有在一种精神游戏中才能彻底摆脱实用和功利的束缚，从而获得真正的自由。游戏说还认为，人的审美活动和游戏一样，是一种过剩精力的使用，剩余精力是人们进行艺术这种精神游戏的动力。人是高等动物，他不需要以全部精力去从事维持和延续生命的物质活动，因此有过剩的精力。这些过剩精力体现在自由的模仿活动中就有了游戏与艺术活动。斯宾塞和席勒一样，也认为游戏是过剩精力的发泄，它虽然没有什么直接的实用价值，却有助于游戏者的器官练习，因而它具有生物学意义，有益于个体和整个民族的生存。

在"摔泥碗"游戏（见图1-1）中，我们可以寻到造型艺术的影子，比如制作泥碗本身就是造型，摔到地上破开洞的大小取决于碗边儿造型是否整齐、均匀，也取决于碗底的薄厚，人们在游戏中就思考了造型艺术，产生了艺术品。

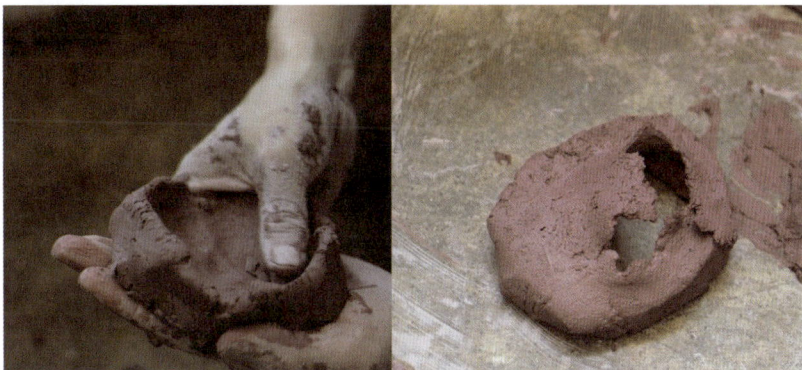

图1-1 "摔泥碗"游戏

游戏说强调了游戏冲动、审美自由与人性完善之间的重要联系，对于我们理解艺术在审美方面的发生具有重要价值。它揭示了艺术发生的生物学和心理学方面的某些必要条件，如剩余精力是艺术活动的重要条件，艺术具有娱乐性和审美性等，揭示了精神上的自由是艺术创造的核心，对我们理解艺术的本质是富有启发性的。

（3）表现说

表现说认为艺术起源于人类表现和交流情感的需要，情感表现是艺术最主要的功能，也是艺术发生的主要动因。

持这一理论的代表人物主要有英国诗人雪莱、俄国文学家列夫·托尔斯泰等，还有欧美的一些现当代美学家。在这种学说看来，原始人所有的艺术只有一个最主要的推动力，那就是他们通过各种艺术来表达他们的情感，从而促成了艺术的发生和发展。如列夫·托尔斯泰认为："艺术起源于一个人为了要把自己体验过的感情传达给别人，于是在自己心里重新唤起这种感情，并用某种外在的标志表达出来。"这些外在标志就是用动作、线条、色彩、声音及言词所表达的艺术形象，通过这些艺术形象的传达，使别人也能体验到同样的感情。这样，作者所体验到的感情感染了观众或听众，这就是艺术活动。

（4）巫术说

巫术说是西方关于艺术起源理论中最有影响、最有势力的一种观点。

人们在研究原始艺术作品与巫术活动之间的关系时，提出了这种观点。它最早是由英国著名人类学家泰勒在《原始文化》一书中提及的，这种观点用实用性来解释艺术的起源，认为在原始人心目中，最初的艺术具有极大的实用、功利价值。按

照这种理论，原始人所描绘的史前洞窟壁画中虽然有许多在我们今天看来是美丽的动物形象，但他们当时是出于一种与审美无关的动机，即巫术的动机。例如，许多旧石器时代晚期的洞窟壁画和雕刻，往往是处在洞窟最黑暗和难以接近的地方，它们显然不是为了给人欣赏而制作的，而是史前人类企图以巫术为手段来保证狩猎的成功。还有些动物身上画有或刻有被长矛、棍棒刺中或击伤的痕迹，按照巫术说的观点，这是因为原始部落有一种交感巫术的存在。原始人认为，任何事物的形象与该事物都有一种必然的联系，如果对事物的形象施加影响，实际上就是对这个事物施加影响，在动物身上画上伤痕也就意味着他们在实际的狩猎当中可以顺利地打到猎物。原始壁画中这些身上有被刺中或击伤痕迹的动物形象（见图1-2），成为支持艺术产生于巫术学说的有力证据。巫术说对于我们理解原始艺术，特别是原始美术发生的动力，以及这些艺术在当时条件下非审美的性质具有重大意义。

图1-2　法国拉斯科洞窟壁画

（5）劳动说

劳动说认为艺术起源于劳动。主要代表人物有毕歇尔、希尔恩、玛克斯·德索、普列汉诺夫，这一学说拥有众多支持者。

劳动说认为，劳动说之所以成立，在于劳动是原始艺术最主要的表现对象，而且史前艺术在内容与形式方面都留下了大量的劳动生产活动的印记。

但是，他们过分注意劳动与艺术发生的直接关系，也不免有些简单化。劳动是人类社会生活最重要的组成部分，却不是社会生活的全部。劳动以外的其他社会生活的内容也与艺术的发生有着密切的关系。

此外，艺术的产生是以人的双手由于劳动而达到的高度完善为前提的，但艺术起源主要是指社会学意义和心理学意义上的推动力，也就是说，原始人最初的创作动机究竟是什么，从这一意义上来探讨劳动与艺术的关系还很难判定劳动在艺术起源方面的作用究竟如何。

另外，劳动说也是关于文学起源的重要学说之一。首先，劳动提供了文学活动的前提条件；人类的生产活动是一切其他基本活动的前提。这一方面在于人要满足基本生存需要后才能从事其他活动，另一方面在于人就是在这种生产活动中生成的。在劳动中为了需要而创造出具有丰富表意功能的语言系统，恩格斯说："劳动是一切人类活动的第一个基本条件，而且达到这样的程度，以致我们在某种意义上不得不说：劳动创造了人本身。"其次，劳动产生了文学活动的需要。人的活动都伴随一个自觉的目的，这一目的源于某种需要而设定。再次，劳动构成了我们所描写的重要内容。最后，劳动制约了最早的文学形式。各民族最早的文学体裁是诗，必须吟唱，载歌载舞，早期的文艺是诗、乐、舞的结合体。这种早期文艺的形式同劳动过程直接相关。

原始人将劳动动作和被狩猎的动物的动作衍化为舞蹈，劳动时的号子与呼喊发展为诗歌，而劳动时发出的各种声音和体现的节奏，则为原始人提供了音乐的灵感。诗、乐、舞三位一体实则是劳动过程中这几种艺术形式的萌芽因素统一在一起的反映（见图1-3）。

相对于其他学说，劳动说更具体、更科学，从根本上阐释了文学的起源问题，提供了文学起源最根本的学说。

以上关于艺术起源的学说，可以帮助我们从不同方面了解原始艺术的起源及其原因。原始艺术与儿童艺术虽然有本质的不同，但它们在发生动因特别是在表现形态方面有不少相似之处，因此，了解

图1-3 东汉击鼓说唱陶俑

人类艺术的发生对我们正确地认识和理解儿童艺术活动具有借鉴作用。

3. 美术的发展

美术的发生和发展与人类历史的发生和发展是同步的，是与时俱进的、开放的、包容的，它的内涵和外延随着时代的发展不断变化。

从原始社会时期的石器、岩画、饰品到彩陶的出现，美术活动在相当长的时间中都与实用物品相关，与人们的生活息息相关（见图1-4）。当人类社会由原始社会进入文明社会，随着人类物质财富的不断积累、社会分工的细化，美术开始多元化，出现了纯美术和实用美术，也涌现出大量的优秀艺术家和美术作品。艺术家除了反映客观物象，也反映自己的情感、思想和精神，由此也出现了新古典主义、浪漫主义、现实主义等各种艺术流派。

图 1-4　新石器时代舞蹈纹彩陶盆

20世纪以来，科技的飞速发展改变了人们的生活方式，美术与这些新科技的结合，不断出现的现代艺术一次次改变着人们对传统美术的认识，"当新的意义出现时，它们不是简单地取代旧的意义，更多的是与之共存。由于新旧意义或多或少有差异，'美术'随即在内容上丰富起来……"[①]。例如，《数字山水》（见图1-5）利用水雾作为介质，使用3D立体投影的技术打造沉浸式虚拟艺术经典与现实及未来进行对话，新的技术丰富了美术的表现形式。

图 1-5　《数字山水》，杜建星

二、美术的特征

美术作为一种艺术形式，有着自身的独特性。从艺术的运动方式来看，美术属于静态的，它创造的艺术形象只是某个瞬间的状态，并且此艺术形象自创造出来就固定不变了，因此美术具有造型性和静止性的特征。

1. 造型性

造型性是美术的根本特征。"造型"，顾名思义，即塑造型体，是美术的基本手段，也是它的主要特征。美术是在空间中构成可视、可触的艺术形象，通过可视、可触的外形来表达深层次的情感。由此，美术也叫"造型艺术""视觉艺术"和"空间艺术"。

---

① 钱初熹.美术教学理论与方法[M].北京：高等教育出版社，2005：10.

美术善于刻画事物外在的形态就是这个特征赋予的，我们表现事物的内容首先是要通过刻画其外部形态来进行的。但是，不能因此否认美术反映生活内在本质和精神等层面的功能。美术作品是可以通过事物外在特征的刻画表现事物内在思想感情的，如中国绘画提出的"以形写神"，画家在反映客观现实时，不仅追求外在形象的形似，还追求内在的精神本质的神似，通过揭示人物的心理状态和生活状态，使人物的形象更加生动鲜活。美术实际上是形与神、外在形象与内在本质的有机结合，光对事物外在形象的照搬模仿是不能称之为美术作品的。美术塑造出来的型体是要被观众通过视觉来感知的，所以视觉性和造型性是一致的，人们观看美术作品中艺术形象的同时，获得视觉上的审美享受。这一过程必然要发生于一定的空间里，绘画需要在一个平面的二维空间，雕塑需要一个立体的三维的空间。美术作品同时具有视觉性、造型性和空间性，这三个要素互为条件，有机结合，形成了美术第一层面的基本特征。

2. 静止性

静止性这一特征使美术作品区别于其他艺术种类所创出来的艺术形象，例如，电影创造的可视图像是利用人眼视觉暂留这一生理现象，多张静态画面运动而呈现出来的动态的画面。现代美术中也出现一些动感试验，这个不是普遍现象，并且这些运动大多是机械反复的运动，静止性这一特征不足以被这些个别现象所改变。美术作品虽然不是运动的，但是它依然能表现运动中的事物，如徐悲鸿笔下奔驰的骏马（见图1-6）、齐白石笔下游动的虾等。美术作品不能直接表现事物动态的发展过程，事物在一定空间中运动和情节的发展，时间因素是必不可少的，而美术是通过某一静止时间的形象暗示这一过程。这一特征又带来了它的瞬间性，在美术作品中表现情节内容只能在这一情节发展过程中的某一瞬间体现出来。

美术作品是静止的，是将形象瞬间的动作、姿态、表情等通过艺术手法固定下来，这是美术区别于其他造型艺术的重要特征。

图1-6 《奔马》，徐悲鸿

美术的这些特征决定了它在反映现实和表现题材方面的某种局限性，即不能直接表现运动或情节发展过程，也难以表现图像所能显示的视觉范围之外的事物。不过，美术作品中理想的直观形象所表现出来的凝练、所具有的独特的审美效果又使它在艺术世界中能独树一帜，赢得永恒的魅力。

三、美术的种类

美术通常包括绘画、雕塑、工艺美术和建筑艺术四大类。

1. 绘画

绘画是美术中最常见的一种形式，也是其他各种美术形式共有的基础。绘画是指用笔、刀等工具，墨、颜料等材料在纸、木板、纺织品或墙壁等二维的平面上，通过构图、造型、颜色等表现手段，创造可视的形象。

绘画可分为许多种类，就材料和表现技法的不同，可以分为素描、中国画、壁画、水彩画、水墨画、蜡笔画等。就表现题材、内容的不同，可以分为人物画、肖像画、宣传画、动物画、静物画、风景画、风俗画、历史画、漫画等。

2. 雕塑

雕塑是雕、刻、塑三种制作方法的总称。它一般分为圆雕和浮雕两类。圆雕是指不附着于任何背景、可四面欣赏、完全立体的一种雕塑。浮雕则是在平面上雕出凸起的形象的一种雕塑，如人民英雄纪念碑（见图1-7）四周各组群雕均属于浮雕。

图1-7 《人民英雄纪念碑》浮雕局部

3. 工艺美术

工艺美术是与人们生活关系较为密切的一种美术形式，通常分为实用工艺和观赏工艺两类。实用工艺主要是指经过艺术加工的生活实用品，如染织工艺、陶瓷工

艺和家具工艺等（见图1-8、图1-9和图1-10）。观赏工艺则指专供人们欣赏的陈设品，如水晶饰品、玉石雕刻（见图1-11和图1-12）及装饰绘画等。

图1-8 染织

图1-9 陶瓷

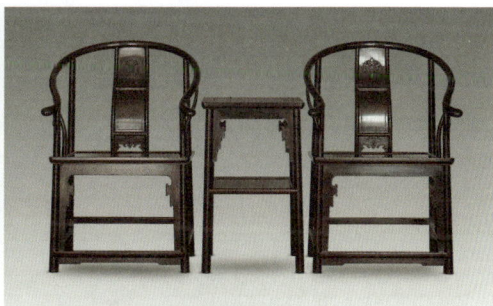

图1-10 明式圈椅

图1-11 水晶饰品　　图1-12 玉石雕刻

4. 建筑艺术

建筑艺术包括建筑的结构、形式、特点和风格，它的造型、色彩、纹样和雕刻等整体设计形成建筑艺术的主体（见图1-13）。

图 1-13　故宫太和殿全景

第二节
学前儿童美术

一、学前儿童美术的内涵

学前儿童美术，一般指3～6岁儿童在通过自己对外部世界的观察之后，运用自己的想象，通过自由发挥创造作品的美术活动，是儿童身心发展水平体现出来的美术行为特征和作品特征。所以，学前儿童美术的概念有两个指向，既指儿童运用工具和材料完成美术作品的行为过程，又指这种行为过程的结果即美术作品。

学前儿童美术作品以其特有的可视形象和色彩，表现出大自然的美和社会生活的美，用其鲜明的形象性和强烈的感染力表达儿童对周围世界的认识（见图1-14）。

图 1-14　学前儿童美术活动

需要特别指出的是，学前儿童美术与平时常说的幼儿歌曲和幼儿文学的概念是不同的。幼儿歌曲与幼儿文学是指成年人为幼儿而创作的作品，只不过理解度、难易度与儿童的年龄特征接近而已，而学前儿童美术的创造者是儿童。

学前儿童美术与成人美术也是两个完全不同的概念。学前儿童美术是儿童身体发展水平、感知觉能力、情感态度、智力程度和生活经验的产物，而成人美术是建立在人的身心成熟和协调运作，以及情感的深沉、稳定和智力的成熟之上的，其基本内容反映出成熟的人对社会及自然的成熟的认识，以及对美术技能技巧掌握的熟练程度。

按照不同的标准，学前儿童美术可以有不同的分类方法。按照内容来分，学前儿童美术可以分为绘画、手工和美术欣赏三大类。按照活动方式来分，可以分为创作、欣赏和综合。

20世纪50年代后，教育心理学家布鲁纳在《教育过程》一书中提出"学科结构"的概念。受其影响，艾斯纳认为，儿童美术能力不是自然发展的结果，必须经过学习才能获得，而严格的课程设计是美术教育取得良好效果的前提。格里则认为，美术教育的学习，不仅仅是由内而外的创造表现，还必须兼顾由外而内的鉴赏学习。格里把美术教育提升为教育的一个基本学科，认为美术教育应包括美术创作、美术批评、美学和艺术史四大类型，主张将其纳入课程的范畴。这些都反映了以学科为中心的美术教育思想。

进入21世纪以来，学前儿童美术趋向多元、开放，学科间也更加联系紧密、互相补充。授课方式也体现了以学生为主体，教师为主导，教师更注重授课过程的情感培养，真正释放学生的情感，让学生体会、感受艺术的美。[1]

---

① 顾菁.当代艺术与美国儿童美术教育 [M].上海：复旦大学出版社，2015：11.

二、学前儿童美术的特点

学前儿童美术与其他美术一样，其作品都是由点、线、面、色彩等美术语言要素组成。但是，学前儿童美术有其鲜明的特征。

1. 学前儿童美术是其与他人沟通的方式

美术是学前儿童表达对社会、自然的认识和情感，以及与他人互动的最常用和最基本的方法之一，尤其是在他们的语言和文字表达能力尚未发达的时候更是如此。儿童画画可能并非我们所理解的是在进行艺术创作，或许更多是在表达自己对自然和社会的认识与情感。而且，他们在表达的过程中内心充满了强烈的情绪和身临其境的体验。

2. 学前儿童美术是儿童生命的本真体现

学前儿童美术具有强烈的自发性，儿童以巨大的愉悦感和强烈的参与态度创作艺术，往往固执地按照自己的方式表达思想和情感，他们在创作时往往是"情动于中，而形于言，言之不足……手之舞之，足之蹈之也"。

3. 学前儿童美术是儿童感知世界并探索世界的手段

儿童对颜料的滴洒、不经意的痕迹、混合的色彩等都充满好奇，他们在以这种方式进行有意识的感知和探索。有些儿童甚至将天空画成黄色或黑色，将树画成红色或其他颜色，可能是因为他们尚未形成对色彩的正确认识和调配颜色的技巧，不能按物体实际的样子表现它们，也可能是他们故意为之（见图1-15）。总之，他们在以这种方式对世界进行着探索与表现。

图 1-15 学前儿童美术作品

正因为儿童的率性与本真，好多艺术家也在不断将自己的绘画意识、作品的表现形式逐步向儿童靠拢，追求儿童趣味。例如，我国的齐白石、关良、韩美林等艺术家在继承提炼中华民族文化传统艺术的同时，创作的作品生动活泼，情趣盎然，富有童心（见图1-16）。西方的毕加索、保罗·克利等艺术家努力消除他们作品中的成人痕迹（见图1-17），以便获得与儿童美术一样的表现性和趣味性。

图 1-16 《猫头鹰》，韩美林　　　　图 1-17 保罗·克利作品

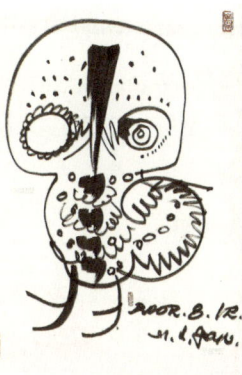

第三节
学前儿童美术教育

一、学前儿童美术教育的内涵

学前儿童美术教育是根据儿童的身心特点，利用美的事物和丰富的审美活动来培养儿童感受美、表现美的情趣和能力的教育。学前儿童美术教育可以分为幼儿园美术教育、家庭美术教育、社会美术教育。

1. 幼儿园美术教育

美术教育对于立德树人具有独特而重要的作用。幼儿园美术教育是实施美术教育最主要的途径和内容。美术教育能够培养儿童感受美、表现美、鉴赏美、创造美的能力，引领儿童树立正确的审美观念，陶冶高尚的道德情操，培养深厚的民族情感，激发想象力和创新意识，促进其全面发展和健康成长。

幼儿园美术教育是学前儿童美术教育的主阵地，幼儿园承担着重要的使命和责任，必须充分发挥自身应有的作用和功能。可以通过幼儿园的内外环境布置、舞台布置、玩教具的展示、区角的设计与布置、教师美术素养、学科领域中美术活动等环节，对儿童落实立德树人的根本任务，实现改进美育教学，提升儿童审美和人文素养的目标。

2. 家庭美术教育

《家庭教育促进法》规定，父母或其他监护人应当树立家庭是第一课堂、家长是第一任老师的责任意识，承担对未成年人实施家庭教育的主体责任。家庭美术教育是父母教育教学能力与艺术素养的体现，也是孩子身心发展的体现，更是发展孩子多元智能的重要手段。

孩子家长以中青年为主，年富力强，年龄在23～35岁，家长的受教育程度不同，对孩子的家庭美术教育活动的重视程度也不一样。近些年，对儿童进行美术教育越来越受到家长们的关注。有好多家长认为家庭美术教育活动能够提高幼儿艺术修养，丰富家庭文化生活，但也有家长对美术教育的认识仅仅停留在送孩子去兴趣班，掌握一项技能，希望这些技能可以对以后的升学和工作有所帮助。

面对孩子的作品，大部分家长常以画得"像"或"不像"来评价孩子的艺术作品。这说明他们还没有从以往的评价观念中转变过来，在面对孩子的美术作品时往往只从表面进行评价。因此，提高家长对家庭美术教育的认识，转变家庭美术教育的观念至关重要。

在家庭美术教育中，家长要有明确的定位。首先，家长是家庭美术教育的主导者；其次，家长要有明确的教育方向，也就是说，家长要了解家庭美术教育不是为了培养未来的艺术家，而是通过美术教育让孩子认识美、发现美、创造美。

家庭美术教育对儿童发展的影响是幼儿园美术教育所无法替代的，因此，加强幼儿园与家庭之间的联系和沟通，能够指导家长掌握正确的教育方法，提高家长的美术教育水平。[①]

---

① 于春晓．学前儿童家庭美术教育初探 [J]．科学大众：科学教育，2017（10）．

3. 社会美术教育

社会美术教育是提高普通公民审美水平的教育活动，是学校美术教育的重要补充。随着社会文明的进步和经济的发展，人们对生活品质的提高有了新要求，这对美术教育发展提供了新的契机。

社会美术教育机构是学前儿童美术教育的重要力量。相对于学校教育而言，社会机构的美术教育形式多样而灵活。随着博物馆、美术馆免费对公众开放，越来越多的公众参与进来，这些艺术的殿堂除了展览和研究之外，对文化和美术创新产生着深远影响。在这样一个公共空间里，参观者可以以家庭、社区、学校为单位出现（见图1-18）；在这里可以找到不同年龄段的参观者；博物馆、美术馆丰富的展演方式可以将人们的生活与工作通过艺术形式展示出来，充分体现美术教育的大众性，以及艺术与生活的紧密融合。

图 1-18 儿童在美术馆参观

学校、家庭与社会互补衔接，将学校美术教育与社会美术教育、专业美术教育与非专业美术教育，以及博物馆美术教育、美术馆美术教育、网络美术教育等各种教育资源整合起来，通过整合各方面的教育资源，实现人民终身学习的目标。①

二、学前儿童美术教育的价值取向

学前儿童美术教育是教育者遵循儿童教育的总体要求，根据儿童身心发展的特点和规律，有目的、有计划地通过美术欣赏、美术创作活动来感染儿童，培养其艺术审美能力和美术创作能力，最终促进其人格和谐发展的一种审美教育。

《学校艺术教育工作规程》对艺术教育进行了相应规定：艺术教育是学校实施美术教育的重要途径和内容，是素质教育的有机组成部分。儿童接受美术教育，能够

① 马菁汝.构建学校、社会、家庭"三位一体"的美育体系 [N].中国文化报，2017-11-16.

充分了解我国优秀的民族艺术传统文化和外国的优秀艺术成果，进一步提升文化艺术素养。教师和家长应当引导孩子树立正确的审美观念，培养他们的创造力和想象力，从而促进儿童身心的健康发展。

学前儿童美术教育是一种没有直接功利目的的，以满足儿童身心发展需要、提高其审美修养和艺术素质的一系列教育活动。它更加强调儿童在活动过程中的体验，是以活动过程本身为目的的一种需要的满足。

1. 审美价值取向

美术素养是指人在美术方面的素质和修养，素质偏重于指人的自然和生物性的层面，它的结构和特性既秉承于遗传，又不断随着后天文化的影响而变化；而修养则偏重于指人的文化和社会性的层面，它在素质的基础上不断习得和获得。这两者不可以分开，它们处于相互作用、互生互补的关系之中。

审美判断是审美核心素养很重要的组成部分。要从儿童时期开始培养他们的艺术理想、追求、趣味、气质、情怀、态度等人文精神。

美术教师要树立正确的美术教育观、教学观，要采用科学有效的美术教学方法，脚踏实地，循序渐进，方能让幼儿园美术教育教学取得正果。美术教学不仅仅要教技能技法，更要教审美。在幼儿园的各种美术活动中，教师要始终关注学生的审美意识、审美情趣的引导。

美术家和艺术家们通过观察和体验现实生活，从而提炼并创造艺术形象，这是一种审美创造。法国艺术家罗丹曾经说过："生活中不是缺少美，而是缺少一双审美的眼睛。"在学前儿童美术教育中，教师可以通过培养"审美的眼睛"，来正确引导儿童发现美、创造美，使儿童在学习美术的过程中产生愉快的情绪体验，从而激发儿童学习美术的兴趣，使其主动投入学习美术的过程中。

2. 教育价值取向

教育价值取向是基于对美术教育价值的总体的认知和价值判断，包含美术教育与社会的关系、美术教育与人的关系、美术教育的功能，以及美术教育的影响因素等，教育价值取向是人的世界观的一部分，是一个社会、一个时代的产物。

美术教育的价值取向是学校实现美术教育的一种手段和形式。通过美术教育，学校可以引导儿童树立正确的审美观念，陶冶儿童的情操，促进儿童智力的开发，培养儿童认知世界的能力和创造力，培养儿童正确的思想道德观念等，从而促进儿童的全面发展。《美育书简》的作者席勒曾经在文中写道，"人必须从单纯物性的境界，通过审美的境地，而达于理智的或道德的境界"。我国著名文学家鲁迅先生也曾

经说过"美术可以辅翼道德"，而丰子恺先生更是指出"道德与艺术殊途同归"。这些论述都充分证明了美术教育对个人思想道德品质建设的促进作用。作为认识人类和人类社会重要学科的美术，在学生树立正确审美观，促进学生智力的开发，陶冶学生情操，培养学生认知能力、创造力等方面都起着不可替代的作用。而卢梭、罗恩菲德、福禄贝尔等人都曾针对此作用做过相应的论述。

3. 创新价值取向

自古以来，创新是一个民族发展的灵魂，也是一个民族日益发展壮大的不竭动力，而美术教育的发展也急需创新能力的提升。艺术着重培养的是学生的直接感觉经验，通过学生对景物的细致观察，培养学生的直接感觉经验，让学生在见到事物的同时，能迅速地运用自己的直接感觉经验，更好、更迅速地了解整个世界。不可否认，在艺术世界中，衡量美的标准并不具有唯一性，对艺术进行创新，摒弃千篇一律的答案，创造出绝无仅有的艺术，是实现事物艺术化的主要途径之一。

各部分的美术教育价值取向是相辅相成、不可分割的，只有正确认识和把握好这种关系，才能更好地促进我国美术教育的发展，从而促进学前儿童美术教育的全面发展。

三、学前儿童美术教育的意义

儿童教育是一个全面的、系统的教育，我们应该让儿童在语言、科学、艺术、健康和社会各方面都得到发展。

学前儿童美术教育是学前教育中的基础和关键，是儿童发展的重要途径，是儿童全面发展的重要组成部分。所以，充分认识学前美术教育的意义十分重要。

1. 学前儿童美术教育是儿童情感教育的重要手段

在进行学前儿童美术教育时，教师应首先考虑到儿童的情感需要。儿童对美术有一种天性的需求，他们在涂涂抹抹中表达着自己的情感。儿童在观察和探究周围的世界时，总是容易将自己的情绪情感投射到物体本身，用一种十分感性的方式来把握和理解世界。例如，儿童会觉得大树、花儿和小动物们跟他们一样，也会高兴或难过，所以儿童画中的植物、动物往往都有表情（见图1-19）；他们也会把天上的星星当作点亮的小灯，把落叶当成树妈妈的宝宝等。因此，在对儿童进行美术教育时，教师应该为儿童创造宽松愉悦的心理环境和充满情感色彩的审美环境，在让儿童观察事物时，要注意和儿童进行情感上的沟通，使他们产生审美愉悦感，从而让儿童愿意和喜欢通过美术活动来表达自己的情感和想法。同时，教师也要鼓励儿

童将自己的作品与他人进行分享和交流。在这种交流的过程中，儿童不但沟通了情感，还获得了新的情感体验和满足。

图 1-19　拟人化的小动物

2. 学前儿童美术教育是一种创造教育，其核心是培养儿童的创造能力

儿童有着丰富的想象力和创造力，学前儿童美术教育可以激发儿童美术创作的潜能。在儿童的美术作品中，我们经常可以看到一些在成年人看来既可笑又可爱的形象，如不合逻辑的构思、不合比例的造型及随意的构图等（见图 1-20）。这些都是儿童从自身的经验出发，经过大胆想象创造出来的。和成年人的创造力不同，儿童的创造力是指创造出对其个人来说全新的、前所未有的事物的能力。在学前儿童美术教育当中，教师要培养和保护好儿童的发散性思维及创造力。教师不能依据自己对美术作品的好恶来衡量儿童作品，要多站在儿童的角度，用欣赏和发现的眼光来评价。教师要为儿童设置具有挑战性的目标；为儿童创造宽松的学习环境使他们产生大胆表现的安全感；在儿童作画的过程中，引导他们不断克服困难，完善自己的构想，从而获得成功的体验。

图 1-20　儿童不合比例的作品

这样，才能培养儿童的创造精神和创造性思维能力，儿童才会把这种能力深深地铭刻在他们的头脑之中，并长期地在他们的生活、学习和工作中发挥作用。

3. 学前儿童美术教育是训练多种感官协调活动的重要途径

美术教育中不可缺少的重要组成部分之一就是操作。儿童正是在操作中亲身体验某种情感的发展，体验美术活动的乐趣，进而获得审美感知和审美创作的。

学前儿童美术教育是儿童感受美和创造美的过程，儿童需要手、眼、脑协调活动，需要用脑去想象、理解和加工审美意念，用语言表达感受，用手操作材料。他们笔下的作品丰富多彩，展现出对大自然的热爱、对一切事物的兴趣和对五彩缤纷世界的渴望。在各种感官协调发展的过程中，他们创造出属于自己的、真正表达自己情感的美术作品。

四、他山之石

我国正在逐步将美育纳入全方位人才培养全过程。推崇数学、语文等学科教育的观念已经有了一定改观，人们越来越重视儿童艺术教育。其实在国外，儿童艺术教育也是非常受重视的。

法国的儿童教育更偏重音乐和美术。法国所有的幼儿园都把美术教育看成教育的根本，80%以上的儿童课程和美术有关。为培养孩子们的创造力，他们很重视参观和旅行之类的活动，让孩子们用画笔或语言描述他们的所见所闻所感。而在地理、音乐等其他科目的学习中，也积极鼓励孩子们运用自己的想象力，创造出具有独特个性的作品，以此培养孩子对艺术的热爱。

美国则在《艺术教育国家标准》中，首次将艺术确定为基础教育的核心学科。艺术课程被放在与其他七门核心学科同等的地位，这引起了全球教育同行的关注。美国教育学家认为，没有艺术的教育是不完整的教育。艺术是儿童的一本最佳的启蒙书，有助于"人类的自我发现"；他们尤其强调，艺术教育绝非天才教育，它为全体学生所共有。

日本提倡个性化教育，教师注重因材施教。同时，日本的中小学教育非常注重实践，强调学生动手能力、活动能力的培养。中小学学生的实践活动项目非常丰富，有合唱、器乐合奏、体操、工艺、话剧、舞蹈、剪纸、书法、绘画、插花等。学生可以根据自己的兴趣爱好参加各种实践活动。日本家庭的艺术情趣与日本学校的艺术教育是分不开的。艺术教育的目标就是要提高学生的整体素质，从"纯粹艺术"教育中解脱出来，使学生在创造艺术形式和美的感受中获得美感体验，并唤起他们的创造热情。

总之，学前教育作为正规教育阶段在我国的发展时间并不长，在社会主义教育体系框架中仍然处于发展构建期。当前，教育的主要矛盾转变为人民日益增长的对优质教育的需要与教育发展不平衡、不充分之间的矛盾。学前教育发展不平衡、不充分的矛盾尤为尖锐，育儿质量和保教质量成为人民群众关心的热点问题，也是学前教育供给侧改革的重要方面。结合我国学前教育发展的阶段性特点，学前教育要进一步扩大资源，保障更多适龄儿童有机会接受学前教育；同时要提高发展品质和教育质量，满足人民群众日益增长的对于高质量教育的需求。

复习与思考

1. 关于美术的起源有哪些学说？你认同的学说有什么，为什么？
2. 美术的基本特征有哪些？
3. 什么是学前儿童美术？学前儿童美术有哪些特点？
4. 学前儿童美术教育的价值取向有哪些方面？
5. 学前儿童美术教育的意义有哪些？

知行拓展

1. 向身边的儿童介绍一幅你喜欢的美术作品，观察儿童的反应并记录下来。
2. 搜集儿童美术作品并尝试解读，同时将这些作品做成演示文稿与同学们进行分享。
3. 查阅资料并整理一份国内外学前儿童美术教育现状的概述。

PART **02**

第二章

学前儿童美术能力的发展

本章学习要点：

理解国内外关于学前儿童绘画能力的发展阶段理论。

掌握儿童绘画形式的心理解读。

理解学前儿童手工能力的发展阶段特征。

理解国内外关于学前儿童美术欣赏能力的发展阶段理论。

第一节
学前儿童绘画
能力的发展

学前儿童绘画能力是指通过儿童绘画作品中表现出来的外在的美术形式，如构图、色彩、线条、对主题的描绘等，反映出来的儿童绘画发展水平。儿童通过自己的作品来表现自己的感受或者对世界的认识，通过对学前儿童绘画作品的分析，我们能更好地了解儿童的发展水平。

一、国内外相关研究

儿童绘画能力的发展是一个连续的过程，每一个阶段的划分都是相对的。下面列举一些专家对儿童绘画发展阶段的划分。

陈鹤琴把儿童绘画发展分为四个阶段：涂鸦期（1~2岁）、象征期（2~3岁）、定型期（3~7岁）和写实期（7岁以后）。每一个阶段的儿童都有其发展特征，即儿童从涂鸦期的乱涂乱画发展到画圆圈代表人或者物，再到从不同方面描绘物体的完整形象。

潘菽和陈鹤琴的划分较为一致，也将儿童绘画发展分为涂鸦期、象征期、定型期和写实期。他认为儿童在涂鸦期的绘画主要是指不受或少受视觉控制的肌肉动作；而在象征期儿童画的是想象的东西，并不注意所画物体大小比例；在定型期绘画反映的内容与客体有些相像；最后发展到写实期，是根据实物的特点进行作画。

屠美如把儿童绘画发展分为涂鸦期、象征期、概念画期和写实期。在涂鸦期反映在画面上的是杂乱的线条而且很多不成形，很少注意到物品的色彩；在象征期，儿童可以凭借自己的直观印象画出物体的粗略形象；在概念画期，儿童可以用自己的绘画作品来表达各种概念，同时注重色彩的应用；最后进入写实期，儿童能根据实物的特点作画，并出现三维空间的立体体验。[1]

---

[1] 屠美如. 学前儿童美术教育 [M]. 南京：江苏教育出版社，1991：57-58.

著名学者孔起英将罗恩菲德儿童绘画发展阶段与皮亚杰的儿童智慧发展阶段进行对比研究，更深入一步得出学前儿童绘画能力发展的一般特征。她指出学前儿童绘画能力的发展与智能的发展存在着一致性，儿童认知水平影响学前儿童绘画表现能力的发展。

绘画作品作为学前儿童绘画能力表现的一个方面，它一定程度上也反映着学前儿童认知水平。以上几种不同的划分方式虽然在具体年龄上有区别，但是肯定了学前儿童绘画发展的阶段顺序是一致的。儿童在涂鸦的过程中认识了纸、笔以及绘画形象和自己的关系，形成了对手、脑、眼的协调控制和对工具材料的简单使用。进入象征期以后，儿童能够利用简单的线条和图形组合表现出物体的基本特征，但表现比较粗糙，同时对色彩有了自己的喜好。到了图式期后，儿童在物体的造型和细节上表现很突出，对颜色的使用也从客体的角度上选择，构图也灵活多样。

1887年，意大利的科拉多·里奇出版了《儿童的艺术》一书，引起了美术教育界的关注，之后，世界各国相继开始研究儿童美术。

法国儿童画的研究者吕凯（Luguet G.H.）把儿童绘画的发展划分为以下四个阶段。

1. 偶然的写实阶段

偶然的写实阶段，即涂鸦期，学前儿童绘画作品中呈现的是一种"错画""乱笔画"的线条。

这些线条没有其他的意义，常常是自己画的像什么就说是什么。有时心里想什么，嘴上就说要画什么，都是用线条表现。

2. 不完全的写实阶段

处于这一阶段的儿童想画一些像实物的东西，即有写实的倾向，但由于绘画技能的欠缺，注意力不集中和综合能力的缺乏，所以不能很好地完成。这个时期儿童的画作是象征的表现，他们最终的意图是趋向写实。

3. 知的写实阶段

这个阶段儿童画的显著特点是画自己所知的，而不是画自己所看的。从儿童的X射线透视样的画法和视点移动等画面的形态上，可以看出儿童在这一时期是画他所知道的。

4. 视的写实阶段

此阶段的儿童能按照所看到的物体进行写实，达到成人水平的表现阶段。[①]

凯兴斯泰纳（G.Kerschensteiner）是德国的儿童画研究者，他用了7年时间，对30多万张儿童画进行了分析研究，把儿童绘画发展分为五个阶段。

第一阶段：错画期（1～3岁），表现为乱画各种线条。

第二阶段：图式期，即儿童能描画稍具形状的记号、象征或图式。

第三阶段：对线及形发生感情的时期，儿童稍大会对用线描画形状产生较大的兴趣。

第四阶段：想表现得像实物的时期，在这一阶段已没有图式期的表现。其特征是想照实物描画。然而，常使用轮廓线，还不谙远近法，因此不能画得像实物。

第五阶段：正确地表现形状的时期，从这一时期开始使用远近法及明暗的变化，会写实表现。

布莱德拉（W.pfleiderer）将儿童画渐具绘画的形象时期（亦即"错画"和"空想的象征表现时期"）之后分为三个时期。

第一时期：概念画时期，也就是图式期，通过各种概念，如将动物、皮球等概念用画描画出来。

第二时期：用线表现画的时期，又称专用线描画的时期，儿童画的绘画表现大部分属于这一时期，他认为这个时期是进入正式表现的过渡时期。

第三时期：以颜色构成空间画的时期，儿童对颜色的使用从一色到多色发展，亦即经过单色画阶段，进入多色彩画时期。[②]

罗恩菲德把儿童绘画能力的发展过程分为以下几个阶段：错画期（2～4岁）、前图式期（4～7岁）、图式期（7～9岁）、写实初期（9～11岁）、拟写实期（11～13岁）和青少年艺术阶段（13～17岁）。

不同儿童因个体差异不可能同时从一个阶段发展到下一阶段，但他们前后相继的关系是不变的。处于不同发展阶段的儿童，在人物表现、色彩表现、空间表现、技巧使用等方面具有不同的特点。

二、学前儿童绘画发展阶段综述

纵观前人的研究，不同理论概括出的学前儿童绘画能力的一般发展过程和规律却具有一致性。我们认为，学前儿童绘画能力的发展存在着个体差异，但总体来说，

---

① 屠美如.学前儿童美术教育 [M].长春：东北师范大学出版社，2003：88.

② 陈辉东.幼儿画指导手册 [M].台北：艺术家出版社，1990：49-50.

其发展是遵循一定规律的，是阶段式逐步上升的。我们普遍地将学前儿童绘画发展分为三个阶段：涂鸦阶段、象征阶段和图式阶段。

1. 涂鸦阶段（1.5 ~ 3 岁）

儿童在大约一岁半甚至更早的时候，最常见的活动之一便是拿着笔或者类似笔的东西，在纸上、墙上、地上等地方胡乱地涂画，有时候甚至乐此不疲，沉醉于这种游戏带来的乐趣之中。儿童的涂鸦行为虽然在出现时间早晚、细节特征上存在个体差异性，但是儿童涂鸦的主要内容和动作方式具有跨地域、跨文化的一致性。

他们画出的这些看似不规则的、以点线为主的图案代表了他们对周围世界的探索，也显示了他们感知和运动系统的发展状态。儿童的上肢运动发展总体上是从肩部到肘部、腕部，再到手指。随着儿童年龄的增长，小肌肉的不断发展，手部动作发展的总趋势是从手指的粗大肌肉运动向手的精细肌肉运动的发展；全掌动作向多个手指动作发展，继而从多个手指向几个手指动作的发展。涂鸦作品如图2-1和图2-2所示。

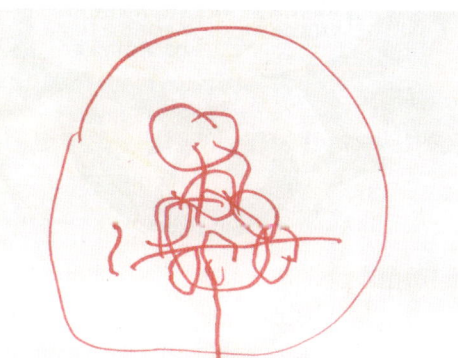

图 2-1　涂鸦　　　　　　　　　图 2-2　圆形涂鸦

学前儿童处于绘画发展的涂鸦期，他们并没有掌握足够的绘画技巧，但他们能够有目的、有意识地再现周围事物并表达自己的生活经验，充分地运用绘画的方式来表情达意，此时的儿童是最充满绘画活力与激情的儿童。虽然在绘画过程中，儿童因为语言、思维、动作等发育不完全，在表达自己感受、情感时，往往存在着一种"心有余而力不足"的感觉，但只要给孩子一支画笔、一张画纸，让孩子把所见所闻画出来，不必执着于绘画的写实性，孩子们就能将最真实的感受画出来，用画笔画出自己眼中、心中的世界。[①]

---

① 陈艳蓉. 游戏精神与学期儿童艺术教育研究 [M]. 北京：中国纺织出版社，2018：106.

2. 象征阶段（3～5岁）

在象征阶段的儿童开始有意识、有目的地创造视觉形象，并建立起他们自己的表现方式。

在图式的样式特点方面，他们所画的多是一些简单的几何形和线条的组合，与想表现的真实事物相差甚远，具有象征性的意义。这些图像往往缺乏完整性和结构合理性，稚拙而粗略。儿童在绘画中常常喜欢忽略或者夸大某些部分。"所有的线条，虽然是用假定来象征实体，但与实体没有直接具象意义的关系，儿童建立了替代物，当线条与整体分离时，线条便失去了意义；一个椭圆形在表现人的图画中意味着身体，但是当它与整体分离时，椭圆形便失去其作为'身体'的意义，这种线条我们称为几何线条，因为它们是关于几何的，并是抽象的，假如这种线条被用来表现一些东西，他们便是'象征符号'。"[①]

人物造型方面的代表"蝌蚪人"，即头上长着四肢的人（见图2-3）。儿童通常用一个大的圆圈代表人脸或者人头，继而在大圆圈内画上小黑点或者小圆圈代表鼻子或者眼睛，然后在大圆圈上直接画上单线条代表四肢，躯干常常被省略。

在构图方面，这个时期的儿童多是将一个个独立的形象罗列在画面上，各个形象在大小、位置、间隔等方面并没有刻意安排（见图2-4），它们在共同的空间里的相互关系没有任何法则可循，但是确实有一定的表现主题。

图2-3　蝌蚪人

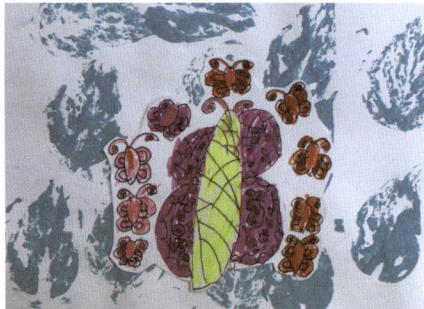

图2-4　散点构图

在色彩方面，这一阶段的儿童已经能够识别主要的颜色了。大多数的研究认为，儿童对颜色的认识遵循一定的顺序：从常见的一些标准色到色波较长的暖色以及明度较高的颜色。四五岁的儿童已经可以辨别红色、黄色、蓝色等主要颜色，但辨别一些差别细微的色彩的能力尚不足。这时儿童对颜色已表现出较明显的个人偏好。它们往往喜欢选择高纯度、色调明快的原色，以及对比强烈的搭配。在象征阶段的

① ［美］罗恩菲德.创造与心智的成长[M].王德育，译.长沙：湖南美术出版社，1993：110-111.

早期，儿童在颜色的使用上不受物体固有色彩的限制，他们常常选择自己喜欢的颜色来表现物体。在涂色方面也显得杂乱，控制能力不强等，常常把颜色涂到轮廓线外。到了象征后期，画面上的色彩逐渐丰富起来，儿童也能够按照物体本身的颜色来涂色。在涂色控制方面，能较好地涂色，并且控制能力增强。儿童涂色范例如图2-5所示。

图2-5　儿童涂色范例

3. 图式阶段（5～7岁）

5岁左右的儿童已经开始有意识地通过绘画表现自己周围的现实生活了，他们能够完整地表现物象的重要特征。儿童在这一阶段的作品逐渐呈现出模式化的特征，喜欢用固定的样式和画法来表现不同的对象，称作"概念画"。这一阶段是儿童绘画创作的高峰期。

在绘画的造型方面，儿童掌握了用流畅的线条来描绘表现对象的整体形象，同时也开始尝试通过描绘一些细节来表现对象物的基本特征。在描绘人物时，此阶段的人物形象已经有了完整的组成部分和丰富的细部形象（见图2-6）。人物高矮、性别各有区分；人物有了躯干，还穿上各色的衣服，四肢从身体延伸而出；头部不仅有了眼睛、鼻子、嘴巴，还出现了眉毛、牙齿、耳朵以及不同的发型；手臂也分出了胳膊、手和手指；脚部增加了鞋子或者脚趾。除了人物之外，对于其他事物的描绘也出现了细节特征。

图2-6　大班人物图例

在构图方面，儿童开始注意物体的大小、比例以及上下左右的位置关系和层次感。他们常常会夸大印象深刻的物体，画面中的形象与形象之间的联系也比较简单，层次采用透明画等方式表现（见图2-7）。此时期的小部分儿童已经开始表现出空间

的遮挡关系（见图2-8）。图式期的儿童在构图上出现了基底线。"儿童变得更客观，画中出现了一种新的空间组织。一条探索性的横线在画纸的底部穿过，上面常常生长着绿草的叶片。在纸的上部，一根平行的线表示天空……开始画这些因素时，儿童常常带着仪式般的热情。只有在他们画完后，他们才准备考虑其他任何问题。"①

图2-7　透明画　　　　　　　　　　　　图2-8　遮挡关系

三、儿童绘画作品形式的心理解读

　　儿童绘画能力的发展是通过儿童的绘画作品基本形式包括构图、线条、颜色、形象等展示出来的。在分析儿童的绘画作品时，要具体分析儿童绘画的形式，因为儿童反复刻画绘画内容的某些部位，在一定程度上反映了儿童的心理状况。了解儿童绘画的形式在一定程度上能够帮助我们更好地把握儿童的心理健康状态。儿童绘画心理学是一门新型学科，在我国正处于研究发展时期，各心理辅导机构和学校也逐渐对其重视起来，这里只是针对构图、线条、颜色的表征性所隐含的信息进行简单描述。

1. 构图

　　构图，即构造、组合、安排画面，是指儿童根据题材和主题思想的要求，将要表现的形象有机地组织起来，在一个空间中进行分割、设置、布局，从而构成一个协调、完整的画面。

　　刚开始，儿童会随意地在一张纸上画图，不会刻意选择在纸的上面、下面、左面或右面绘画。儿童会给物品命名，即使物品的外形与命名不相符。大约4岁之后，儿童开始有意识地画出与现实生活相符的图画，并且物品会被画在纸张上正确或适

---

① 伊莱恩·皮尔·科汉等.美术，另一种学习语言［M］.尹少淳，译.长沙：湖南美术出版社，1992：25-26.

当的位置。比如：一间房子被画在中间，树或动物被画在房子两旁等；太阳出现在天空，因此被画在上面；花朵生长在地面上，因此被画在下面。这反映儿童对自己以及周遭世界有了较多的控制。

一般来说，纸张被分成上、下、左、右和中间五区域，这些区域均有某种象征含义。

上：代表光线、火、高层次抱负和目标，也代表乐观，有时却可能是一种不合理的乐观。

下：代表基础、没有安全感或情绪低落。

左：代表过去、欲望、下意识等。

右：代表未来、意识和活动。

中间：这是最普遍的位置，代表安全感；但如果画面位于正中央，可能表示没有安全感，尤其是在人际关系上比较固执。在一些心理学家的理论中，中心点代表自信。如果一幅绘画因为角落的使用而达到某种程度的平衡，则意味着有发现中心点的倾向。

另外，画面过大，则代表具有攻击性、情绪化或躁动倾向或内心无力感表现的防御性。

画面过小则代表谨慎、胆怯和害羞倾向，缺乏安全感。

2. 线条

最早流传下来的绘画作品主要是以线条的形式表现的。例如，我国的象形文字、彩陶绘画，西方的岩画等，无不用线条来勾画。这是原始人类对于自然的模仿，是人类最古老、最原始的绘画方式，是最基础的造型语言要素。艺术家保罗·克利有一句名言："用一根线条去散步。"线条的本质在于它的情感意味，给人的无限想象。

不同形式的线条给人的感觉是不一样的。垂直线给人庄严、挺拔、高洁、希望、正直等感觉；水平线给人平和、安定、静止的感觉；斜线给人富有变化、运动、紧张和不安的感觉；规则的曲线让人感到明朗、整齐、圆滑、有序；自由的曲线则显得活泼、优美、生动、柔和，给人流畅、优美而生动的感觉。

一般用上行的、波浪形的线条等表示高兴、愉悦；用下行的、较轻的线条表示难过、伤心、痛苦等；用锯齿状、不规则、重笔力线条表示愤怒、狂躁等。

儿童的画中也有类似的信息。我们要留意每个人物的轮廓线，就有可能发现儿童在不同人物身上倾注的感情。在一幅描绘家庭的图画中，如果一个孩子用浓重的线条来描绘爸爸，而用轻柔的线条来描绘妈妈，那么这个孩子很可能有恋母情结，而对父亲怀有一定的敌意。孩子一般都会给自己画的人物添加手脚，好让它们看上去更生动一些。

3. 色彩

一些颜色在儿童绘画中可能代表不同的含义，必须综合考虑儿童的生活环境和年龄等各种因素来进行判断，因为有些颜色具有相反的表征。红色，红色是火的颜色。火给予人们温暖，但是也会带来灾难，生命与死亡在此被联系起来。儿童在绘画中使用红色，可能是充满活力的、温暖的和热忱的象征，也可能暗示着危险的、难以控制的或需要帮助的。我们必须谨记，只有在综合考虑儿童的生活环境与年龄等因素后，才能知道这个颜色在这个时刻对这个儿童具有什么意义。红色可能意味着儿童需要帮助，但是也可能意味着他能够帮助别人。

蓝色，通常出现在身体不适的时候，代表了孤独与不被关注的感觉。在儿童的绘画中，天空蓝时常出现在云朵的颜色中；深蓝色通常是一朵乌云；水通常是浅蓝色的。幼小的儿童时常画出水汪汪的颜色，仿佛他们仍在其情绪中游弋着。被涂上蓝色的人物可能有上述所有提到的含义，因此，我们必须小心观察儿童在什么部位画上蓝色（衣服、自然物或人物），以及蓝色在儿童成长环境中的含义。

黄色，是具有强烈对立情绪的一种两极颜色，代表太阳的温暖。儿童在绘画中使用黄色，表达出充满活力与温暖的感觉。儿童几乎总是把太阳涂成黄色（有时候带一点橘色）。在绘画中过度使用黄色，可能暗示着有大量的能量（太过温暖）。鲜亮的黄色可能暗示着生气或嫉妒。

黑色，被认为是负向的、危险的或有危险预兆的，也是悲伤与沮丧的象征。黑色的衣服时常是力量的象征。儿童在绘画中使用过多的黑色可能有很多原因，学前儿童使用黑色也可能是他们正处于反叛、固执与追求权力的阶段。

白色，是清新的、新鲜的，如新娘穿的白色礼服。儿童在绘画中使用白色，可能表达的是空虚感或停滞感。一张空白的纸或部分空白的纸可能代表着儿童未知的、潜意识的或尚未成熟的感觉。

绿色，是希望的颜色。儿童赋予草和树等植物绿色，意味着新的开始，是正向、健康的含义，表达成长与活力。

绿色的本质既是给予及滋养，又是贪婪的。柔和的绿色意味着温柔与纯洁，深绿色意味某事物令人无法忍受，像胆汁的绿色是危险与生病的象征。这类绿色可能会出现在绘画的隐藏部分，但不难被发现。

紫色，是一种让人感到带有温度又带有冷感的颜色，因此可以营造某种紧张的状态。儿童在绘画中经常使用紫色，可能是被动与悲伤的表现。

橘色，是引人注目的颜色，是火焰的颜色，远远就能被看见，代表温暖、乐观、希望与感情。在儿童绘画中，太阳通常是橘色与黄色的。同时，橘色也是一种具有

侵略性的颜色。

褐色，在自然界是泥土及秋天的颜色。褐色结合了红色（生命与危险）、黄色（光线与温暖）与蓝色（距离与冷酷）的含义，代表混杂的情感，而且这些情感彼此之间可能会互相抵触。在绘画中使用过多褐色的儿童时常会有隐藏、矛盾的情感。对褐色产生偏好可能暗示着与大地之间有一种深厚的关系，或者需要更多的温暖与安全感。

此外，我们应该注意到每个颜色都有其矛盾、对立之处。以绿色为例，绿色代表生长、植物、生气勃勃与健康，但一些深绿色会让我们联想到某个东西尝起来是苦的、酸的、有毒的。这里需要注意的是，我们不能对事物做出绝对正向或负向的价值判断。在分析儿童绘画的颜色时，应当适时加以分辨。

绘画是儿童表达自我的有效途径，也是成人走进儿童内心世界的桥梁。幼儿园教师更应加以了解和运用。

第二节
学前儿童手工能力的发展

学前儿童手工能力是指儿童用手或运用简单工具对各种形态（点状、线状、面状、块状）的具有可塑性的物质材料进行加工、改造的能力（见图 2-9）。

手工活动是学前儿童美术活动的重要组成部分，学前儿童手工能力的发展与绘画能力的发展过程大致相同，但又不完全一样，根据孔起英在《幼儿园美术教育》一书中的论述，学前儿童手工能力的发展大致可以分为无目的活动期、基本形状期和样式化期三个阶段。[①]

---

① 孔起英. 幼儿园美术教育 [M]. 北京：人民教育出版社，2004：51-55.

图2-9 儿童手工活动

一、无目的活动期（2～4岁）

这个时期的儿童由于手部小肌肉发育不够成熟，认识能力也很有限，所以，手工活动并没有明确的目的，只是一种纯粹的玩耍活动。他们不理解手工工具和材料的性质，还不能正确地使用这些手工工具和材料，如在泥塑活动中，儿童不能有目的地制作出形象，起初他们只是拍打泥团，时而掰开，时而又揉成一个团，享受泥团的触感以及泥团形态的变化。到这一阶段的后期，儿童能用泥团制作出圆球。在剪纸活动中，儿童还不会正确使用剪刀，纸和剪刀不能配合，即使剪出，也是奇形怪状的纸片。在粘贴活动中，儿童还不清楚胶水的作用，因而也不会使用它。这一阶段的手工作品如图2-10所示。

图2-10 无目的活动期的手工作品

此阶段的儿童还没有表现的意图，只是满足于手工操作的过程，享受着自主活动的快感，体验着手工工具和材料的特性。

二、基本形状期（4～5岁）

在这一时期，儿童无目的的活动逐渐转化为有意图的尝试。4～5岁的儿童常常在开始制作时就宣称，他将要做个什么，然后才开始着手制作。在泥塑活动中，儿童开始进入用手团圆、搓长的阶段。起初出现的是棒状形式，到本阶段的后期，棒状出现了粗细、长短的变化。在剪纸活动中，儿童开始时剪得较为顺手，但只限于剪直线，这种情况会持续很长一段时间。这一阶段的手工作品如图2-11所示。

图 2-11　基本形状期的手工作品

三、样式化期（5～7岁）

在这一时期，由于儿童手部精细肌肉发育，手眼协调能力增强，又学习了一些基本的手工工具和材料的使用方法，所以创作表现的欲望很旺盛，他们喜欢用各种工具和材料制作玩物，以表达自己的意愿。

在泥塑活动中，儿童能搓出各种弯曲的、盘旋的棒状物，还能制作出立方体和圆柱体，并会用棒状物组合的方式制作出一些复杂的物体。在剪纸活动中，儿童能双手配合着剪曲线，并能剪出自己所希望的形状，如剪简单样式的窗花等。这一阶段的手工作品如图2-12所示。

图 2-12　样式化期的手工作品

第三节
学前儿童美术
欣赏能力的发展

关于儿童美术欣赏能力的发展，国内外教育专家都有比较深入的研究。

一、加德纳的审美感知发展阶段论

加德纳（Howard Gardner）是当代美国著名的教育心理学家，他从多种艺术领域出发，比较全面地探讨了人的审美感知发展历程。他将人的审美感知发展分为五个阶段。

1. 婴儿的感知阶段（0～2岁）

艺术品对于这一阶段的婴儿而言仅仅是一种普通的刺激物。它的呈现能够在一定程度上促进婴儿一般感知能力的发展，却无法激发婴儿对它的审美感知。因为在这一时期，婴儿的审美感知能力还未从一般感知能力中分化出来。

2. 符号的认识阶段（2～7岁）

婴儿期以后，儿童的理解力以及语言表达等能力有了进一步的发展，逐渐能够区分"真"和"假"，即能够区分什么是实在的事物以及实在事物的代表。这一阶段的绝大部分儿童能够理解图片、图画等艺术品中所描绘的形象、内容是真实世界的代表。并且，这一时期的儿童已经表现出对一些美术作品的偏爱。

3. "写实主义"的高峰阶段（7～9岁）

在这一阶段，儿童对作品的评价标准主要是"像"与"不像"，即作品看上去是否真实。因此，对该时期的儿童而言，照片就是最好的艺术品，因为它们的真实感最强。同时，这个时期的儿童的艺术偏爱也相对僵化和呆板。

4. "写实主义"高峰的衰退和审美感受性的出现阶段（9～13岁）

在这一阶段，儿童审美感知发展开始发生转变。他们逐渐开始关注美的事物，

并表现出对美的极大感受性。逐渐从以"像"与"不像"作为评价艺术作品的标准发展到通过自己的视角来评价艺术作品的美与不美，体现出了儿童对艺术作品独特的审美感受性。

5. 审美专注的危机期阶段（13 ～ 20 岁）

青少年在这一阶段往往会出现较大的情感及态度变化。很多青少年开始停止和艺术相关的创作活动，对其他艺术作品的关注程度也逐渐减少。加之这一阶段的大多数青少年的批判能力不断膨胀，导致他们逐渐从各种艺术形式中退出。

二、屠美如的儿童美术欣赏能力发展阶段理论

屠美如将学前儿童美术欣赏能力发展分为两个阶段。

1. 本能知觉期阶段（0 ～ 2 岁）

在这一阶段，儿童在欣赏过程中会表现出对一些美术基本要素（如颜色、图案、线条等）的偏爱，并从中获得一种快感。但这仅仅是一种出自本能的快感，由儿童自身的生理机能所决定。因此，处于该阶段的儿童尚不具备真正的审美感知能力。

2. 感知形象期阶段（2 ～ 7 岁）

此阶段的儿童不太关注作品的形式特征，而主要以画面中的形象、题材等相关要素作为对美术作品进行审美感知的切入点，同时表现出对色彩的色相、明度、冷暖、纯度的较强感受性。此外，该时期的儿童已经能够在一定程度上感知和理解相关的艺术表现手段和风格，并且能够初步把握作品的情感表现性，对颜色鲜艳明快、内容熟悉、令人愉快的真实感强的美术作品表现出明显的偏爱。

三、崔学勤的幼儿审美感知特性研究理论

崔学勤在《发展幼儿的审美感知力》一文中论述了幼儿审美感知的相关特性。他认为幼儿审美感知是一种对审美对象的"接受"和"建构"活动。也就是说，审美感知过程不仅是幼儿从形式上感知和接受审美对象的过程，更是幼儿主动地建构审美对象的生命力及内涵的过程。他将幼儿审美感知的特性主要概括为以下三方面。[①]

1. 初始性

幼儿的审美感知尚未发展到成熟阶段。在感知过程中，他们常常通过五官共同

---

① 崔学勤 . 发展幼儿的审美感知力 [J]. 合肥学院学报：社会科学版，2007（3）.

感知审美对象。

2. 直感性

幼儿还不具备成熟的审美意识，因此主要是以审美对象的直观形象作为感知的首要刺激来把握审美对象的内在特征和情感表现。

3. 差异性

幼儿审美感知能力在发展过程中必然会受到不同程度上的遗传、环境和社会等因素的影响。这些影响决定了幼儿审美感知的特点存在差异性。

四、林琳、朱家雄的儿童审美感知发展阶段理论

林琳、朱家雄在其所编著的《学前儿童美术教育》一书中从儿童美术欣赏的角度出发，论述了关于审美感知发展阶段的理论研究。[①]

1. 直接感知阶段（0～2岁）

当代发展心理学对婴儿认知研究的新成果表明，婴儿视觉和听觉的发展已相当活跃。婴儿出生后的最初几个月，视觉发展非常快，六个月婴儿的视觉功能在许多方面已接近成人。视觉集中现象在婴儿出生后两个月表现得比较明显，对鲜艳明亮的物体，尤其是对人脸容易产生视觉集中，表现出意味深长的偏好。

美国心理学家范茨通过习惯化行为测量发现，出生两天的新生儿就能注视像面孔一样的模式刺激物，而不喜欢看没有图形模式的圆盘。婴儿似乎对人的面孔有特别的兴趣，他们注视人的面孔的时间比注视其他模式的时间更长。其他学者进一步研究发现，引起婴儿注视的是图像的明暗交替模式或轮廓。婴儿在图像识别中对明暗交替的差异特别敏感。研究者采用了多种黑白相间的格子或条纹图像进行测试，发现婴儿偏爱明暗对比鲜明或颜色对比鲜明的图像，不喜欢空白、无条纹、无明度和单色的图像。

婴儿出生后不久，便出现了颜色视觉。有人给3个月的婴儿呈现两个亮度相等但一个是彩色，另一个是灰色的色盘，测定他们对两个色盘注视的时间。研究发现，婴儿在彩色色盘上注视的时间比灰色色盘长一倍。一般认为，婴儿约从第4个月起开始对颜色有分化性反应，已能辨别彩色和无彩色。波长较长的暖色（红、橙、黄）比波长较短的冷色（蓝、紫）更容易引起婴儿的喜爱，红颜色的物体特别容易引起儿童兴奋。

加德纳认为，2岁以内婴儿的感知能力和审美感知能力一般都还没有分化，但是

① 林琳，朱家雄.学前儿童美术教育 [M]. 上海：华东师范大学出版社，2006：66-68.

他们的感知能力的发展为其审美偏爱和审美感知奠定了基础。

2. 主观的审美感知阶段（2～7岁）

随着认知能力的发展，儿童在其美术欣赏感知和理解方面表现出以下特点。

（1）强烈地注意颜色

儿童在感知作品时很在乎画面的色彩，那些色彩鲜艳的作品往往为他们所喜爱。玛丽·柯尔金斯曾把儿童对画的选择与成年人的选择做了比较，结论表明"对于儿童来说，色彩的美比形式的美以及没有色彩的光和影更有吸引力"。我国有学者做过"儿童对美术作品审美偏爱"的实验研究，其结果也表明美术作品色彩的丰富和鲜艳程度与被试儿童的偏爱人数成正比。

（2）对绘画题材产生自由联想的反映

儿童在感知和理解美术作品的过程中，常常出现对绘画题材的自由联想，且常与自己的生活经验相联系。例如，孩子们在欣赏齐白石的《螃蟹》（见图2-13）时，有孩子指着画中的螃蟹说："它的大钳子很厉害，会夹到手指的，我爸爸就被它夹到过，都钳出血了……"

图2-13 齐白石的《螃蟹》

（3）关注画面的局部特征

在感知一幅美术作品时，儿童往往只注意作品中所表现的局部特征。这种特征"可能是由儿童视知觉往往只注意事物的局部，而不注意事物的整体"的表现。

总之，学前儿童美术能力是随着其生理、知觉能力、情感态度、智力和生活经验的发展而发展的。学前儿童美术能力在其发展过程中体现出以下特点。

第一，学前儿童美术能力的发展既有连续性又有阶段性。儿童的绘画、手工制作、美术欣赏能力的发展表现为几个不同水平的阶段。每个阶段都有不同的行为模式和特点，这些行为模式都是建立在前一阶段发展的基础之上的。同时，每个发展

阶段到了后期便出现了下一阶段行为特征的萌芽。由此可见，学前儿童美术能力的发展是一个由量变到质变的过程。

第二，学前儿童美术能力发展的历程基本上是一致的，不管是绘画发展、手工发展还是美术欣赏的发展，从发展的第一阶段开始，儿童的行为特征便表现出相似性，其发展的过程也大致一样。在这个发展过程中，每个阶段都不能跨越，亦不能倒置。不同的儿童只有在各阶段停留时间长短的个体差异，在美术发展的阶段特征上没有实质性的差异。虽然儿童美术发展阶段的发生年龄因个体、文化和环境的差异而有所不同，但无论差异多大，也不能改变其发展的定向性和先后次序。

第三，学前儿童美术能力的发展体现出较为明显的从自我中心向客观化发展的趋势。例如，在学前儿童绘画发展过程中，就明显地表现出儿童以自我为中心到拥有更开阔视野的发展变化。儿童手工制作，以及美术欣赏能力的发展也是如此。

复习与思考

1. 试论学前儿童绘画能力的发展阶段。
2. 学前儿童手工能力的发展阶段是怎样划分的？
3. 综述学前儿童审美感知的发展。

知行拓展

1. 搜集身边学前儿童的绘画作品一幅，分析其作品内涵及作者所处的绘画发展阶段。
2. 请查阅儿童绘画心理学资料，简单了解如何利用儿童绘画作品对儿童的心理进行分析，形成文字材料，并在课堂上与同学们进行分享。

PART **03**

第三章

学前儿童美术教育活动的目标和内容

本章学习要点:

了解教育目的、教育目标、课程目标的区别。

了解学前儿童美术教育的总目标。

了解学前儿童美术教育活动目标的制定依据。

掌握学前儿童美术教育活动的内容。

第一节
学前儿童美术
教育活动的目标

　　学前儿童美术教育活动是一个包括目标、内容、方法、组织形式及评价在内的完整体系，是以培养儿童美术核心素养为主导的教育活动。实施学前儿童美术教育活动，首先就要制定明确而科学的目标体系。

　　学前儿童美术教育活动的目标是学前儿童美术教育目的和要求的归纳，是学前儿童美术教育的具体标准和要求，是指导学前儿童美术教育活动设计与实施过程的关键准则。

一、幼儿园美术教育目标的地位

　　从教育体系建构的角度出发，教育目标是这样定位的：如果以目标概括性程度为准则，可以依次分为教育目的、教育目标、课程目标等。

　　教育目的是指教育的总体方向，它所体现的是普遍的、总体的、终极的教育价值。教育目标是教育目的的下位概念，它所体现的是不同性质的教育和不同阶段的教育价值，如幼儿园教育、基础教育、高等教育、职业教育、成人教育分别具有不同的教育目标。

　　在幼儿园教育目标体系中，幼儿园教育目标一般可分为以下五个层次（见图3-1）。

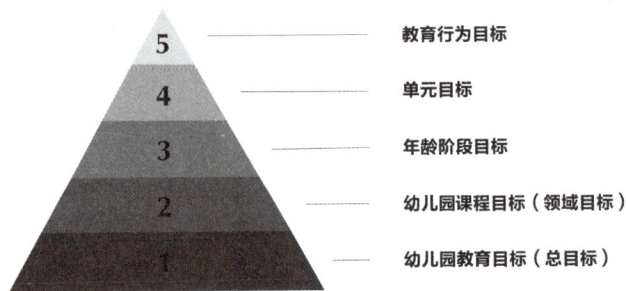

5	教育行为目标
4	单元目标
3	年龄阶段目标
2	幼儿园课程目标（领域目标）
1	幼儿园教育目标（总目标）

图3-1　幼儿园教育目标层次示意图

（1）幼儿园教育目标，即总目标。《幼儿园工作规程》所表述的幼儿园保育教育目标，就属于这一层次。

（2）幼儿园课程目标，或者称为领域目标。

（3）年龄阶段目标。

（4）单元目标。

（5）教育行为目标。

这五个层次构成了一个金字塔式的幼儿园教育目标架构。幼儿园课程目标是幼儿园教育目标的下位概念，是幼儿园教育目标在课程领域的具体体现，它是国家总的教育目的和幼儿园教育目标在教育过程中的具体体现，是课程编制、课程实施、课程评价的准则和指南。

在幼儿园教育目标体系当中，学前儿童美术教育目标属于幼儿园课程目标，集中体现了学前儿童美术教育的指导思想，是儿童阶段实施美术教育的方向和准则。它上接幼儿园教育目标，下连年龄阶段目标，是起桥梁作用的中介教育目标。因此，学前儿童美术教育目标是学前儿童美术教育目的和要求的归纳，是幼儿园美术教育的具体标准和要求。

当今我国教育已经进入了核心素养时代，教育目标发生了一定的改变。美术课程目标发生改变，美术教学方法"辄从之以转移"，形成所谓"学科核心素养本位的美术教学"，其关键是在问题情境中引导学生选择和获取知识，并学会解决问题，进而形成学科核心素养。总而言之，这是一个从知识传承转向关注人的可持续发展的儿童艺术领域的目标。这不仅体现了学前儿童美术教育理念的进步，还与我国迈入新世纪后经济、科技等发展相适应。

二、学前儿童美术教育活动目标制定的依据

学前儿童美术教育活动目标制定的依据主要是学前儿童美术发展的规律、学前儿童美术教育科目本身的特点，以及社会文化发展对学前儿童美术教育的要求。

1. 学前儿童美术发展的规律

制定学前儿童美术教育活动目标的重要依据之一是学前儿童美术发展的规律。学前儿童美术发展有一定的规律，它能从视觉符号和视觉形象的角度，反映出儿童认知、情感和社会发展的水平；每一个儿童的美术发展又有其独特性，我们能够从他们创作的视觉符号和视觉形象当中看出儿童个体与众不同的性格、兴趣和需要。

学前儿童美术教育活动的目标既要顾及全体儿童的发展水平，又要顾及儿童个体之间存在的差异，这样才能真正有益于儿童的发展。

心理学家维果茨基认为，教师至少应该确定儿童的两种发展水平——"现有发展水平"和"最近发展区"。他批评了传统的教育学，认为它是以儿童的现有发展水平为依据的教学，定向于儿童思维已经成熟的特征，定向于儿童能够独立做到的一切，然而这只是教学的最低界限。他指出，除了最低教学界限外，还存在着最高教学界限，这两个界限之间的期限就是"教学最佳期"，它是由"最近发展区"决定的。他认为，教学必须走在发展的前面，促进儿童的发展，这样的教学才是好的教学。

学前儿童美术教育活动目标的制定应该遵循这一原则，即在儿童现有美术能力发展水平的基础上确定儿童可能达到的潜在美术能力发展水平，这个潜在美术能力发展水平就可作为学前儿童美术活动的目标。

当然，每一名儿童的美术发展水平又有其独特性和差异性，学前儿童美术教育活动目标既要照顾全体学前儿童的共性发展水平，又要顾及个体之间发展的差异。这样的活动目标能激发和形成儿童目前还不存在的心理机能，使学前儿童美术能力的表现日趋接近合乎美学基本原理的表现方式。

2. 学前儿童美术教育科目本身的性质

学前儿童美术教育科目本身的性质也是制定学前儿童美术教育活动目标的一个重要依据。因为学前儿童美术教育科目具有与其他科目不同的基本概念、逻辑结构、学习方式和发展趋势。学前儿童美术是儿童从事的视觉艺术活动，通过自己发展的或习得的"美术语言"，如线条、造型和色彩等，创造可视的形象，以表达儿童对周围客观事物的认识和感受。在幼儿园美术活动中，如何既尊重儿童自发创造和发展的美术符号系统和美术形象，又要让儿童的美术表现手法逐渐纳入符合美学基本原理和原则的创作轨道；如何在活动中既要给予儿童充分的自由，让儿童有强烈的创作动机，又顾及美术技能技巧的学习过程，符合美术教育这一科目的特点，循序渐进地进行学习，这些问题与活动目标的制定有着十分密切的关联。

我国台湾学者陈武镇说过："美术教育是一把双面的刀刃，教得多了，学生极易成为教学内容与教师偏好的奴隶……教得少了，期待自然开花结果，却常见学生为技巧不足的挫折感受所苦，学习的过程空有刺激而没有收获。"因而，教师要充分把握好教与不教的度。

3．社会文化发展对学前儿童美术教育的要求

学前儿童美术教育活动的目标直接或间接地反映着社会文化发展对学前儿童美术教育的要求，或多或少地打上了时代的印记。个体儿童的发展总是与社会的发展交织在一起的。社会在任何时候都有这样的一种需要，即把社会文化遗产传递给下一代。作为社会文化的一个组成部分，美术历来被视为人类文明的精华和标志，社会文化要在美术领域加以传递、保存和更新。社会文化对教育的这一要求应体现在学前儿童美术教育活动的目标之中。

三、学前儿童美术教育目标体系

1．学前儿童美术教育的总目标

总目标是确定其他层次目标的依据，是幼儿园美术教育活动目标最具概括性的表述。2001 年，我国教育部制定并颁布了《幼儿园教育指导纲要（试行）》（以下简称《纲要》），把幼儿园教育划分为健康、语言、社会、科学、艺术五个领域。《纲要》明确规定了幼儿园艺术教育的目标，具体如下。

（1）能初步感受并喜爱环境、生活和艺术中的美。

（2）喜欢参加艺术活动，并能大胆地表现自己的情绪和体验。

（3）能用自己喜欢的方式进行艺术表现活动。

为能达到上述目标，《纲要》还列出了幼儿园艺术教育的内容与要求，具体如下。

（1）引导幼儿接触周围环境和生活中美好的人、事、物，丰富他们的感性经验和审美情趣，激发他们表现美、创造美的情趣。

（2）在艺术活动中面向全体幼儿，要针对他们的不同特点和需要，让每个幼儿都得到美的熏陶和培养。对有艺术天赋的幼儿要注意发展他们的艺术潜能。

（3）提供自由表现的机会，鼓励幼儿用不同艺术形式大胆地表达自己的情感、理解和想象，尊重每个幼儿的想法和创造，肯定和接纳他们独特的审美感受和表现方式，分享他们创造的快乐。

（4）在支持、鼓励幼儿积极参加各种艺术活动并大胆表现的同时，帮助他们提高表现的技能和能力。

（5）指导幼儿利用身边的物品或废旧材料制作玩具、手工艺品等来美化自己的生活或开展其他活动。

（6）为幼儿创设展示自己作品的条件，引导幼儿相互交流、相互欣赏、共同提高。

2. 学前儿童美术教育各年龄阶段目标

2012年10月9日，教育部发布了《3～6岁儿童学习与发展指南》（以下简称《指南》），从健康、语言、社会、科学、艺术五个领域描述幼儿学习与发展，分别对3～4岁、4～5岁、5～6岁三个年龄段的幼儿应该知道什么、能做什么，大致可以达到什么发展水平提出了合理期望。同时，针对当前学前教育普遍存在的困惑和误区，为广大家长和幼儿园教师提供了具体、可操作的指导和建议。

《指南》指出，艺术是人类感受美、表现美和创造美的重要形式，也是表达自己对周围世界的认识和情绪态度的独特方式。

每个儿童心里都有一颗美的种子。儿童在艺术领域学习的关键在于充分创造条件和机会，让儿童在大自然和社会文化生活中萌发对美的感受和体验，丰富其想象力和创造力，引导儿童学会用心灵去感受和发现美，用自己的方式去表现和创造美。

儿童对事物的感受和理解不同于成年人，他们表达自己认识和情感的方式也有别于成年人。儿童独特的笔触、动作和语言往往蕴含着丰富的想象和情感，成年人应对儿童的艺术表现给予充分的理解和尊重，不能用自己的审美标准去评判，更不能为追求结果的"完美"而对儿童进行千篇一律的训练，以免扼杀其想象与创造的萌芽。

《指南》从感受与欣赏、表现与创造两个方面，具体对不同年龄阶段的儿童规定了活动目标和教育建议。

（1）感受与欣赏

感受与欣赏方面的活动目标如表3-1和表3-2所示。

表3-1　活动目标1：喜欢自然界与生活中美的事物

年龄	活动目标
3～4岁	喜欢观看花草树木、日月星空等大自然中美的事物
4～5岁	在欣赏自然界和生活环境中美的事物时，关注其色彩、形态等特征
5～6岁	乐于收集美的物品或向别人介绍所发现的美的事物

教育建议如下。

① 和儿童一起感受、发现和欣赏自然环境和人文景观中美的事物。例如，让儿童多接触大自然，感受和欣赏美丽的景色；经常带儿童参观园林、名胜古迹等人文景观，讲讲有关的历史故事、传说，与儿童一起讨论和交流对美的感受。

② 和儿童一起发现美的事物的特征，感受和欣赏美。例如，让儿童观察常见动植物及其他物体，引导儿童用自己的语言、动作等描述它们美的方面，如颜色、形状、形态等。支持儿童收集喜欢的物品并和他一起欣赏。

表 3-2　活动目标 2：喜欢欣赏多种多样的艺术形式和作品

年龄	活动目标
3～4岁	乐于观看绘画、泥塑或其他艺术形式的作品
4～5岁	1. 能够专心地观看自己喜欢的文艺演出或艺术品，有模仿和参与的愿望。 2. 欣赏艺术作品时会产生相应的联想和情绪反应
5～6岁	1. 艺术欣赏时常常用表情、动作、语言等方式表达自己的理解。 2. 愿意和别人分享、交流自己喜爱的艺术作品和美感体验

教育建议如下。

① 创造条件让儿童接触多种艺术形式和作品。例如，和儿童一起用图画、手工制品等装饰和美化环境；带儿童观看或共同参与传统民间艺术和地方民俗文化活动，如皮影戏、剪纸和捏面人等；有条件的情况下，带儿童去剧院、美术馆、博物馆等地方欣赏文艺表演和艺术作品。

② 尊重儿童的兴趣和独特感受，理解他们欣赏时的行为。例如，理解和尊重儿童在欣赏艺术作品时的手舞足蹈、即兴模仿等行为；当儿童主动介绍自己喜爱的舞蹈、戏曲、绘画或工艺品时，要耐心倾听并给予积极回应和鼓励。

（2）表现与创造

表现与创造方面的活动目标如表 3-3 和表 3-4 所示。

表 3-3　活动目标 1：喜欢进行艺术活动并大胆表现

年龄	活动目标
3～4岁	经常涂涂画画、粘粘贴贴并乐在其中
4～5岁	经常用绘画、捏泥、手工制作等多种方式表现自己的所见所想
5～6岁	1. 积极参与艺术活动，有自己比较喜欢的活动形式。 2. 能用多种工具、材料或不同的表现手法表达自己的感受和想象。 3. 在艺术活动中能与他人相互配合，也能独立表现

教育建议如下。

① 创造机会和条件，支持儿童自发的艺术表现和创造。例如，提供丰富的便于儿童取放的材料、工具或物品，支持儿童进行自主绘画、手工等艺术活动；经常和儿童一起绘画、制作，共同分享艺术活动的乐趣。

② 营造安全的心理氛围，让儿童敢于并乐于表达和表现。例如，在儿童自主表达和创作过程中，不做过多干预，在儿童需要时再给予具体的帮助；了解并倾听儿童艺术表现的想法或感受，领会并尊重儿童的创作意图，不简单用"像不像""好不好"等成年人标准来评价；展示儿童的作品，鼓励儿童用自己的作品或艺术品布置环境。

表 3-4　活动目标 2：具有初步的艺术表现与创造能力

年龄	活动目标
3～4岁	能用简单的线条和色彩大体画出自己想画的人或事物
4～5岁	能运用绘画、手工制作等表现自己观察到或想象的事物
5～6岁	1. 能自编自演故事，并为表演选择和搭配简单的服饰、道具或布景。 2. 能用自己制作的美术作品布置环境、美化生活

教育建议如下。

尊重儿童自发的表现和创造，并给予适当的指导。例如，鼓励儿童在生活中细心观察、体验，为艺术活动积累经验与素材，如观察不同树种的形态、色彩等；提供丰富的材料，如图书、照片、绘画等，让儿童自主选择，用其自己喜欢的方式去模仿或创作，不做过多要求；根据儿童的生活经验，与儿童共同确定艺术表达和表现的主题，引导儿童围绕主题展开想象，进行艺术表现；儿童绘画时，不宜提供范画，特别不应要求儿童完全按照范画来画；肯定儿童作品的优点，用表达自己感受的方式引导其提高，如"你的画用了这么多红颜色，感觉就像过年一样喜庆""你扮演的大灰狼声音真像，要是表情再凶一点就更好了"等。

在实施美术教育活动时，教师要根据不同的活动内容（绘画、手工、欣赏）进一步分化和细化教育目标，一般可以从认知目标、情感目标、技能目标、创造目标四个维度目标做出不同的要求。这四种目标虽然侧重于不同的方面，但是却存在密切的联系。在制定和实施这些目标时，应注重它们之间的联系及互相转化。在追求某种目标时，要避免抑制其他目标的实现。具体如表3-5～表3-7所示。

表 3-5　各年龄阶段绘画活动目标

年龄	认知目标	情感目标	技能目标	创造目标
小班 （3～4岁）	初步认识绘画的工具和材料；学会辨别红、黄、蓝、绿等几种基本的颜色，并能说出名称；学会辨别和感受直线、曲线、折线及各种线条的变化	培养儿童对绘画的兴趣，儿童能愉快大胆地作画	学会使用蜡笔、水彩笔、棉签等工具进行涂染；能画出直线、曲线、折线，并能表现线条的方向、粗细、疏密；学会用圆形、正方形、长方形、三角形等简单图形表现物体的轮廓特征	在涂抹过程中能把画面画满；初步学会用图形和线条组合创造各种图式

续表

年龄	认知目标	情感目标	技能目标	创造目标
中班 （4～5岁）	能较准确地把握形状的基本结构，理解形状符号的象征意义；认识常见的固有色，能说出它们的名称	喜欢用自己独特的绘画语言表达自己的想法和感觉	学会运用图形组合方法，表现物体的基本部分和主要特征；会选择与物体相似的颜色，初步有目的地设色、配色；在教师的引导下能围绕主题安排画面，能表现出物体的上下、左右位置	能大胆地按自己的意愿作画
大班 （5～6岁）	认识物体的整体结构和各种空间关系；增强配色意识，提高对颜色变化的辨析能力；知道运用不同的绘画工具和材料能表现不同效果的作品	在安排画面的过程中逐步体会均衡、对称、变化等形式美	能较灵活地表现各种人物、动物的动态；能运用对比色、类似色、同类色等多种配色方法，注意色彩的整体感和内容的联系；能有目的地安排画面，表现一定的情节	能将图形融合，尝试用轮廓线创造多种图画，形成自己的图式；综合运用多种绘画工具和材料进行绘画创作

表 3-6　各年龄阶段手工活动的目标

年龄	认知目标	情感目标	技能目标	创造目标
小班 （3～4岁）	初步熟悉泥工、纸工等材料、工具，了解泥的可塑性质，了解纸的性质	通过玩泥、撕纸等活动，体验手工活动的快乐	掌握泥工中团圆、搓长、压扁等基本技能；学习撕纸、粘贴，初步撕出简单形状并粘成画；初步学会用自然材料（石子、豆子、树叶等）拼贴造型；学会用印章、纸团、木块等材料蘸上颜色在纸上敲印	能大胆地运用印章、纸团、木块等材料在纸上按意愿压印

续表

年龄	认知目标	情感目标	技能目标	创造目标
中班 （4～5岁）	进一步熟悉泥工、纸工及自制玩具的工具和材料	通过泥工、纸工及自制工具的活动来积极投入手工作品的创作，并培养对手工活动的兴趣	能正确使用剪刀剪出方形、圆形、三角形及组合形体，并拼贴成画；掌握折纸的基本技能，折出简单的玩具；学习用泥塑造出物体的基本部分和主要特征；掌握撕纸的基本技能，撕出简单的物体轮廓	能大胆地运用泥按意愿塑造；能大胆地将纸按意愿撕、剪出各种物体轮廓
大班 （5～6岁）	了解各种纸张的不同性质，知道不同性质的纸张具有不同的表现效果；对自制玩具的材料加以分类，以获得选择、收集这些材料的经验	体验综合运用不同手工材料制作作品的快乐；喜欢用手工表达自己的想法和情感	用泥塑造人物、动物等较复杂结构的形体，能表现物体的主要特征和细节，能集体分工合作塑造群像，表现某一主题或场面；能用各种纸张制作立体玩具；能用无毒、安全的废旧材料制作玩具并加以装饰	能综合运用剪、折、撕、粘、连等技能，独立设计制作玩具

表 3-7　各年龄阶段美术欣赏活动目标

年龄	认知目标	情感目标	技能目标	创造目标
小班 （3～4岁）	知道从自然景物、艺术作品中能享受到视觉艺术的美	喜欢观看、欣赏艺术作品；对美术作品、图书中的各种形象艺术感兴趣；初步体验作品中具有不同"性格"的线条；通过欣赏教师及同伴的作品培养对欣赏的兴趣	初步学会运用线条表现力度感、节奏感	初步运用动作、表情等表达自己欣赏后的感受

年龄	认知目标	情感目标	技能目标	创造目标
中班 （4~5岁）	通过欣赏作品，了解作品的主题和基本内容	能体验作品中线条、形状、色彩、质地等；通过欣赏产生与作品相一致的感受	能感受作品的色彩变化及相互关系；能感受作品中形象的鲜明性和象征性，并体验其情感；能感受作品的构成，体验作品的对称、均衡、节奏	通过欣赏，说出自己喜爱或不喜爱作品的理由，并对作品进行简单评价
大班 （5~6岁）	通过欣赏，了解作品的形状、色彩、结构等美术要素；了解作品的表现手法、艺术风格和创作意图	喜欢不同风格的美术作品	能感受作品的色调、色彩之间的变化；能感受作品中形象的象征性、寓意性；能感受作品中的形式美	在欣赏和评价他人的作品时，能讲述自己独特的观点

四、基于"核心素养"的学前儿童美术教育目标

1. "图像识读"，儿童能够学会看

图像作为人类传播与交流信息的工具之一，在历史上发挥了独特的作用，当今更是随着网络与多媒体的发展，焕发了新的生命力，在表达思想、情感和意图方面发挥着越来越大的作用，以致有人将我们所处的时代称为"读图时代"。现代人，包括成长中的少年儿童，只有具备了图像识读素养，才能从浩繁的图像中甄别和获得有益的信息，丰富自己的精神世界，满足物质生活的需求。图像识读是指对美术作品、图形、影像及其他视觉符号的观看、识别和解读。在学前儿童美术主题活动的设计中要以图像识读的能力培养为目标，为儿童能够分辨、判断、选择和解读生活中的各种视觉文化现象和信息打下坚实的基础。

2. "美术表现"，学习一种美术技能

美术表现指运用传统与现代媒材、技术和美术语言创造视觉形象进行直观的表达。例如，用照相机或手机拍摄照片或视频，用计算机软件改变和创造图像，用剪、刻、撕的方式做出一个形象，用笔在纸上描绘一幅示意图和关系图表达和呈现自己的想法，都属于美术表现。如李闽剪纸就是利用计算机处理分层，然后多层叠加，

形成了剪纸的新表现形式（见图3-2）。在儿童美术主题活动设计中，着眼于儿童通过美术学习形成一定的空间意识和造型意识，了解并能运用各类媒介、材料，表达自己的意图、思想和情感。

图 3-2　李闽剪纸

3. "审美判断"，培养儿童审美趣味

审美判断是指对美术作品和现实中的审美对象进行感知、评价、判断与表达。其前提是形成美感和建立内在的审美标准，尤其要知晓对比与协调、对称与均衡、节奏与韵律、多样与统一等和谐呼应的形式美法则。学前儿童美术教育活动设计要着眼于培养儿童的审美判断能力，让儿童学会欣赏美的事物，帮助儿童建构内心丰富的情感和对生活的敏锐感悟能力。

4. "创意实践"，关注儿童创新思维和动手实践活动

创意实践是指由创新意识主导的思维和行为。创新意识是指个人做任何事情都能够在正面价值的引导下追求创造和新意的自觉。创新也是艺术的生命源泉。美术更是一个没有唯一答案、能够包容个性的学科。学前儿童美术教育活动设计要体现美术学科独特的创造性特点，从不同地域文化和个性经验中吸收不同的创造方法，激发儿童的想象力和创造力，让儿童逐步获得创意实践素养。

5. "文化理解"，能够理解作品的文化意义

文化理解是指从文化的角度观察和理解美术作品和不同的文化现象，这一素养将帮助儿童形成文化视野，用文化的眼光观察社会和人类。看问题可以有不同的角度，如哲学的角度、历史的角度、社会的角度等。文化也是一个很重要的角度，有

人称之为文化视野。从文化的角度看事物是整合的，因为文化是跨学科的，可以将很多方面和学科整合其中。学前儿童美术教育活动设计要深入形成文化观的设计理念，这也符合儿童教育内容中整合的教育观。对于美术教育活动设计来说，我们可以通过作品"以小观大"，透过当时的作品进而感知当时的社会文化，也可以"以大观小"，通过对当时文化特征的认识，理解具体作品的意涵和作者的心境表达。

这五个方面是从美术学科五个核心素养出发提出的可以具体操作的目标。美术学科五个核心素养不是专门针对美术专业人士而设定的，而是面向所有人的。儿童时期是获得美术学科核心素养的关键期，因此，核心素养的培养必须从儿童时期抓起。在学前儿童美术教育活动中要具体地设计基于五大核心素养理念的可操作执行的设计内容和目标。[1]

第二节
学前儿童美术
教育活动的内容

学前儿童美术教育活动的内容是实现学前儿童美术教育目标的媒介，是美术教育目标能否实现的关键。

一、学前儿童美术教育活动内容设计的依据

1. 可接受性

教师在选择美术教育内容时要着眼于儿童的发展，以儿童的生活经验为基础，选择儿童熟悉的、感兴趣的、有愉快情绪体验的内容，而不是从教师的主观愿望出

---

① 吕静 . 基于绘本的幼儿美术主题活动设计研究 [D]. 济南：山东师范大学，2017.

发，片面强调美术知识的获得和技能的训练。美术教育活动要根据儿童的年龄特点由浅入深、循序渐进，活动设计既要考虑儿童已有的发展水平，引导其在该水平上自由地表现自我，又能促进其达到新的发展水平，在美术教育活动或游戏中实现自我价值的肯定与完善。过高或过低地估计儿童的发展水平，都很难实现预期的教学目标和效果。

2. 系统性

系统性是指根据学科知识体系、技能要求和学生的可接受性，采取直线式或螺旋式组织和构建的循序渐进的教学内容体系。系统化的内容有助于儿童心智结构的建构。内容的系统化指内容的安排要有序，由易到难，由简单到复杂，层层递进，逐步深化，遵循儿童的学习方式和特点，创设多样化的教育环节，在游戏、情景、故事、区角及日常活动中进行美术教学。

3. 整合性

美术活动是非常适合儿童成长和发展的学科活动，在内容的安排和选择上，不仅要考虑儿童美术能力的发展，还要考虑儿童其他领域的协调发展。

整合是指教师将学前儿童教育中同一领域不同方面的内容、不同领域的内容进行重组从而使其产生有机的联系。这种整合可以帮助儿童了解各种学习内容之间的内在联系，巩固他们对周围事物的认识和理解。

例如，教师开展小班主题活动"笔宝宝跳舞"时，让儿童在课堂一开始先欣赏一段节奏明显的轻音乐和民族舞音乐，并随教师点头、拍手、一起跳。之后介绍新朋友——"水彩笔"，设计情景，让小朋友牵手水彩笔，在"舞池里"跳起点点舞和优美滑动的民族舞蹈。这次活动就是对音乐和美术两门学科很好的整合。

4. 民族性

民族性是指教学内容要体现中华民族的美术文化特点。我国传统美术有着悠久的历史，有着与西方美术截然不同的艺术形式与表现观念。民族传统美术文化是我们每个人都应该理解和熟悉的，也是进行爱国主义教育的内容。

我国传统节日的内涵比较丰富，其中的文化和精神价值需要被我们提倡与强化。幼儿园或家长可以在重阳节、端午节、中秋节、元宵节等传统佳节多让孩子了解一些跟节日有关的文化和传统（见图3-3）。

另外，民间美术是民族传统美术的重要组成部分。我们有56个民族，各地区、各民族都有珍贵的美术遗存和独特风格的美术作品，教师教育学生热爱家乡，还应

介绍一定比例的乡土美术内容，如河北的玉田泥人（见图3-4）等。

图 3-3　幼儿园过传统节日　　　　　　图 3-4　玉田泥人

二、学前儿童美术教育活动内容

学前儿童美术教育活动内容，归纳起来主要有绘画、手工和美术欣赏三大部分。这三部分的美术教育活动既相互独立又有交叉，是学前美术学习与体验的重要活动形式。

1. 绘画教育活动的内容

绘画教育活动是儿童使用绘画工具和材料，运用点线面、色彩、构图等造型手段，创造艺术形象，来表达儿童的思想、情感的活动。绘画教育活动的内容按照绘画的工具和材料、题材、语言及形式，有不同的类别。

（1）按照绘画的工具和材料分类

按照绘画的工具和材料分类，绘画可分为彩笔画、油画棒画、色粉笔画、刮画、拓印画、喷洒画、吸附画、水墨画、彩粉画、纸版画等。

（2）按照绘画的题材分类

按照绘画的题材分类，绘画可分为常规题材画和主流题材画。

① 常规题材画。在儿童的绘画中，人物画是永久的题材。儿童从自己的身体开始，例如，最初他们画中关注的是身体的某个部位，如"美丽的小辫子""水汪汪的大眼睛""漂亮的衣服"等；然后扩大到身边的人，如"慈祥的妈妈""可爱的姑姑""奶奶带我去逛街""快乐的一家人""我的好朋友"等；最后延伸到想象世界，如"外星人""妖怪""机器人"等。儿童人物画如图3-5～图3-7所示。

图 3-5　小伙伴儿童人物画

54

图 3-6　群英会 儿童人物画　　　　　图 3-7　蛀牙 儿童人物画

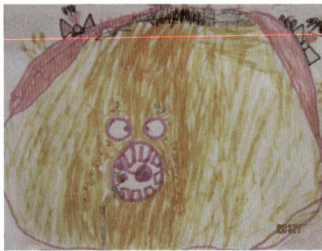

　　动物画也是儿童常常表现的题材，他们在这个题材上注入自己的认识和生活经验，发挥想象力，如"花蝴蝶""蚂蚁的家""小熊过生日"等。孩子们往往在无须诱导、鼓励的情况下自己发现有意义的题材。儿童动物画如图 3-8 和图 3-9 所示。

图 3-8　小猫 儿童动物画　　　　　　图 3-9　斑马 儿童动物画

　　叙事画大多是儿童将自己感兴趣的或对自己触动较大的事件用图画的形式表现出来，以表达自己的感情和情绪，如"第一场冬雪""暴风雨""节日就要到来""失火"等题材。当孩子们急于表达自己的时候，不要在时间和题材上限制他们。儿童叙事画如图 3-10 ~图 3-12 所示。

图 3-10　机器人的世界 儿童叙事画

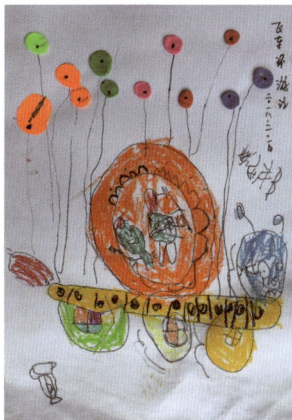

图 3-11　飞车环游记 儿童叙事画　　　　　　图 3-12　海底世界 儿童叙事画

　　② 主流题材画。主流题材画是指儿童用绘画的形式弘扬传统文化，传播正能量，采用当下比较流行的题材、重大的节日、国家的大事件等进行创作，如"儿童的节日""和平""环保""植树节""我爱家乡"等。主流题材画如图 3-13 和图 3-14 所示。

图 3-13　家乡的夏天　　　　　　　　　　图 3-14　家乡的大戏台

　　（3）绘画的语言及形式

　　① 绘画的语言。绘画，就是用点线面、色彩等语言要素，通过一定的媒介完成的视觉形象，从而表达作者的思想和情感。在绘画语言要素训练中，教师应注意训练儿童对点线面的练习。例如，通过线描装饰画的练习，训练儿童对点的大小、线的曲直、面的深浅展开练习；通过写生、观察，使儿童感受绘画语言要素的不同组合；通过不同绘画工具的练习，使儿童掌握水性颜料的性质、油性颜料的性质、各种

颜色的混合等。

② 绘画的形式。在幼儿园的美术教育活动中，教师应深入浅出，用儿童能够接受的语言引导儿童进行意识美感的再创作，重点是儿童自身感受。例如，教师应让儿童注意构图形式、简单的大小对比、对称、和谐等。

2. 手工教育活动的内容

儿童的手工教育活动是通过使用简单的工具或徒手操作，对材料进行加工创造的一种造型活动。手工教育活动，除了可以发展儿童实际操作能力，还能培养儿童耐心、细致的学习品质。

学前儿童手工教育活动按照材料的性质可分为纸工、泥工、综合材料制作等。

（1）纸工

纸工是以不同性质的纸为主要材料，运用折、剪、撕、贴等各种技能进行造型的活动。纸工活动有助于训练儿童手指肌肉及手指的灵活性，培养儿童的目测能力、空间想象能力，帮助儿童认识几何图形的特征、变化等。

学前儿童纸工教育活动的主要内容包括折纸、剪纸、撕纸和粘贴。不同年龄段纸工教育活动的内容如表3-8所示。

表3-8　不同年龄段纸工教育活动的内容

年龄段	内容
小班	玩纸、撕纸和粘贴：在玩纸、撕纸的过程中体验纸的不同特性，发现各种形状的变化，并初步撕出一些简单的形状
中班	折纸、撕纸、粘贴和少量的剪纸：学会一些简单的折叠方法，用单张纸进行简单的平面折叠、较平整地折叠简单的玩具；会进行几何图形粘贴和自然物粘贴
大班	较为复杂的纸工技能：学习用两张以上纸折成简单的组合玩具；能按轮廓或用目测的方法剪出或撕出简单的物体的外形；会用对称折叠的方法剪出或撕出简单的图形和窗花

（2）泥工

泥工是运用陶泥、纸黏土、面团等材料进行的塑造活动。泥工活动有助于儿童掌握用手和一些简单的工具塑造各种物体形象的方法，帮助儿童认识事物，形成空间概念。不同年龄段泥工教育活动的内容如表3-9所示。

表 3-9　不同年龄段泥工教育活动的内容

年龄段	内容
小班	认识泥工的简单工具和材料，知道其名称，知道泥的性质是柔软的、可塑的
中班	会塑造物体的主要特征，会使用一些简单的辅助材料表现简单的情节，并能按意愿大胆塑造
大班	使用简单的工具和辅助材料塑造某些细节部分，学会塑造人物、动物的主要特征和动作，表现主要的情节

（3）综合材料制作

综合材料制作是儿童综合运用所学美术知识和技能，使用各种不同的工具材料制作简单的玩具。综合材料制作活动可以帮助儿童认识各种材料的性质、用途，培养儿童动手、动脑，有目的、有计划地进行工作的能力。不同年龄段综合材料制作教育活动的内容如表3-10所示。

表 3-10　不同年龄段综合材料制作教育活动的内容

年龄段	内容
小班	一般不安排小班进行综合材料制作
中班	开展一些简单的综合材料制作活动，一般由老师画好图样，做成半成品，再由儿童进行组合
大班	独立地完成制作过程，并综合运用各种操作技能和工具材料表现立体的玩具，注重教育性、科学性和艺术性的结合

3. 美术欣赏教育活动的内容

儿童的美术欣赏是指儿童通过对美术作品、自然景物和周围环境中美好事物的认识和欣赏，从中受到艺术的感染，并丰富艺术联想，来提高自身对艺术美的感受能力、欣赏能力。

通过美术欣赏，儿童可以获得精神上的愉悦和审美享受。美术欣赏教育活动有助于缩短儿童从爱美到审美的距离。因此，美术欣赏教育活动对儿童有重要的意义。不同年龄段美术欣赏教育活动的内容如表3-11所示。

表 3-11　不同年龄段美术欣赏教育活动的内容

年龄段	内容
小、中班	欣赏一些能理解的美术作品、自然景物、节日装饰、环境布置等，初步培养审美能力。可欣赏周围环境中的自然景色，如桃红柳绿的春之美、银装素裹的冬之美等，也可欣赏日常生活中的玩具、学习用品、节日装饰等，从而丰富自身的知识，培养自身的美感
大班	欣赏一些可以理解的绘画、工艺美术作品，以及神话故事、科学幻想故事等题材的美术作品，并且学会评价自己和同伴的作品，以增强自身的审美能力

总之，在学前儿童美术教育活动中，教师要根据学生的具体情况进行有计划、循序渐进的安排，先确定目标，再选择内容，从而培养儿童对美术教育活动的兴趣，促进儿童手、脑、眼的协调发展。

复习与思考

1. 教育目的、教育目标、课堂目标的区别与联系是怎么样的？
2. 谈谈学前美术教育活动目标制定的依据。
3. 美术学科核心素养可分成哪几个？
4. 学前儿童美术教育活动内容设计的依据是什么？
5. 谈谈学前儿童美术教育活动的内容。

知行拓展

调查本地非物质文化遗产中与美术相关的项目，对相应的传承人进行采访，将采访资料制作成音像、图片、文字等媒体资源，并与同学进行交流。

PART 04

第四章

学前儿童美术教育活动的实施

本章学习要点:

　　了解学前儿童美术教育活动实施的理念及其具体要求。

　　掌握学前儿童美术教育活动实施的一般方法。

　　厘清教学方式、教学方法、教学模式、教学策略的概念。

第一节
学前儿童美术
教育活动实施的理念

　　学前儿童美术教育活动实施的理念是整个学前儿童美术教育过程中所要贯穿的核心思想，是教师组织和引导教学的导向。在实施过程中，教师通过运用一定的教学方法，达到预期的学前儿童美术教育的目的，实现学前儿童美术教育的价值。

　　那么，在学前儿童美术教育活动的实施中，我们应该遵循怎样的教学理念呢？

　　美国教育家杜威提出了儿童中心主义，认为教学应该围绕儿童这个中心加以组织和进行。在课堂改革中，杜威教育思想以人本主义教育的面貌出现，人本主义强调尊重自然人性。每个人具有发展自己潜力的能力，儿童也不例外，他们有着很强的好奇心和对世界的探索欲望。因此，教师应该对儿童的独立思考能力和自学能力充满信任。儿童会主动探索自己感兴趣的问题，并对自己的学习方法进行选择。美术教育活动应该营造一种充满真诚、合作、关心和理解的气氛，儿童的学习应该集中于对学习过程的体验，而学习内容则在其次。

一、兴趣是美术教育活动的第一要务

　　激发儿童内在的学习兴趣和积极性是美术教育活动得以顺利开展的保障。理想的学习行为包括两种：一种是需要教师引导，从要儿童学习，最后变成儿童要学习；另一种是儿童原本就对学习感兴趣，教师提供指导和帮助，使儿童学有所获，进而引发进一步的学习兴趣。强制和逼迫自然可以使儿童产生学习行为，但这种方式难以获得持久的学习兴趣和推动力，而且会使学习成为一种因为强迫而痛苦的事情，成为儿童的负担。在幼儿园，游戏活动是激发儿童学习兴趣的最好方式，教师应以游戏或故事为引导，引导儿童进行沉浸式学习。要了解孩子想什么、想干什么，正如这样的例子：做父母的带孩子到公园去玩，出门前和孩子达成协议，自己走，不能让爸爸妈妈抱着。可一出门孩子就吵着让大人抱，大人开始不明白孩子为什么说

话不算数，后来才明白：两三岁的孩子身高一般不到一米，大人不抱他，他就只能看见大人的腿，他要大人抱，不是走不动，不是不愿走，而是看不到有趣的东西，抱起来视野开阔，他可以看到许多风景。做父母的要理解孩子，没有爱就没有教育，没有兴趣就没有学习，教书育人在细微处，孩子成长在活动中。

二、审美是开展美术教育活动的本质

审美教育是美术教育活动的本质特点。审美教育是指教师在美术教育活动中，依据儿童的审美心理特点，引导他们发现事物中蕴含的美，激起儿童的审美热情，使儿童对美的发现和感受贯穿于观察、欣赏、创作的各个环节。

审美性是美术教育的本质特点所决定的。对儿童来说，美术教育与其他学科的学习有所不同，儿童除了通过学习获得一定的知识，增长能力，还会被带到一个美丽的天地，使情感世界发生变化，情感变得更加丰富。同时，也增强自己创造美的能力，培养自己独特的发散性思维，这便是美术教育在各种教育中的独特性与优势。所以，美术教育中的审美性应当受到特别的重视。

在培养儿童审美性方面，教师要善于启发和利用儿童的审美心理活动。审美心理过程一般分为三个阶段：审美准备阶段、审美体验阶段和审美效应阶段。

在这里，审美效应特指审美领域的效应。在实际活动中，由审美体验而来的效应可能有两个，一是审美效应，二是创造效应。当人以自身的内在情感去呼应外物时，心中会产生一种美的体验，由审美体验产生审美判断和更高的审美需要，以及更高雅的审美趣味和更丰富的情感生活。除此之外，稍有艺术创造力的人还会萌发出创造的冲动，在时间和物质材料允许的条件下可以进入创作，创作出美的作品。所以，在学前儿童美术教育活动中，教师应牢牢地把握住一点，即以美的事物和方式启发儿童的观察、想象和创造，用美鼓起儿童的活动热情并贯穿于美术教育活动的各个环节。这样做，不仅是把审美作为推动儿童从事美术活动的手段，同时也是把审美作为美术教育的目的。因为在不断地体验美和创造美的过程中，儿童的审美趣味和创造美的能力将得到提高，内在的情感世界也变得更加丰富，并可以不断地创作出生动而富有情感的好作品。

例如，教师在上课前可以跟儿童说明天要请一位特殊的朋友到教室做客，那么，这个朋友有可能就是一件手工小熊。小朋友就会想：明天来做客的是一个什么样的特殊朋友呢？这样就给小朋友们留下了心理预期，就是审美准备阶段。当教师展示这个漂亮的手工小熊时，让小朋友去欣赏它、感悟它，或是用手感觉一下，软软的，好可爱！这就是审美体验阶段。然后，教师对儿童说：想不想给小熊设计一件漂亮的衣服呢，这就进入了审美效应阶段，儿童有了审美体验，进而产生审美创造。

具体做法是要保证儿童直接观察美的对象，使儿童经常接触美的事物，这需要教师布置美的环境和提供美术作品。生动感人的语言也是很重要的，教师以语言为媒介拨动儿童的心弦，引起或加强他们对美的事物的情感共鸣，这在学前儿童美术教育活动中也是必不可少的。

另外，还要保证儿童有自由创作的时间和可利用的美术材料。只有这样，他们才能及时、顺利地将自己心中对美的感受和认识表现出来。

三、创新是美术教育活动的生命力

创造性是指教师根据美术活动本身的特点，准确把握对儿童创造潜能的认识，在美术活动过程中以创造意识、创造力和创造个性的培养为主要目标，注重为儿童营造氛围，通过多种形式丰富儿童的想象，培养儿童艺术创造的主动性。

创新是美术教育活动的生命力，而儿童与成年人的创造力是有区别的。成年人的创造力主要是指为社会、文化等方面带来某种具有质的变革意义的思想或产品的能力；儿童的创造力是指创造出对儿童个人来说是全新的、前所未有的想法或产品的能力。

教师要创设有利于激发儿童创造力的环境。首先应保证儿童的美术教育活动要经历由感知到思考，再到完成作品的完整过程，使儿童从小学会从艺术的角度去思考，而不是创造出大量千篇一律程式化的作品。

除此之外，教师要尊重儿童的感受，保证儿童以自己的方式表达自己的真实情感。也就是说，儿童有权决定自己画什么，做什么和怎么画、怎么做。要鼓励、引导、启发儿童的求新求异思维，不要墨守成规，不要自我重复或抄袭他人的作品，而是乐于追求变化，勇于探索与尝试。

教师在美术教育活动实施过程中应不断丰富儿童的经验，引导儿童去亲身体验和感受大千世界，让儿童参与到日常环境的布置活动中来，并在日常外出活动中积累审美经验。

四、发展是美术教育活动的着眼点

美术教育活动要具有发展性。教师要处理好当前需要与长远发展的关系，促进儿童身心的可持续发展。

教学最关注的问题是儿童的发展，而每个儿童都有艺术的潜能。一般来说，心智的发展随着年龄的增长而持续发展，而艺术智慧的发展并不如此，如果没有有效的教育，儿童早期的潜能很容易被压制。这样的例子有很多，那些艺术神童，很多最后都发展平平。那么，如何更好地贯彻学前儿童美术教育活动的发展性呢？

首先，教师应摒弃功利化的美术教育取向。在现实生活中，教师及家长对儿童美术教育活动的功利性思想较为常见，这使学前儿童美术教育活动偏离真正艺术教育活动所要求的特质——自由、超功利性，而且会让儿童养成一些不良品质。在学前教育阶段，对儿童艺术潜能的发展不是要造就杰出的艺术家，而是保持他们对艺术的兴趣。

其次，在心理学、教育学研究的基础上，通过科学的、系统的、循序渐进的指导，学前儿童美术教育活动才能得到更好的发展。因此，我们应该研究美术课程的基本结构，把大量美术教育活动有顺序地组织起来，寻找出学前儿童美术教育最有效的原则，提高他们的美术水平。

在课程体系方面，美国美术教育家艾斯纳的DBAE课程值得我们借鉴。他将美术课程分为美学、美术批评、美术史和美术创作，它们构成一个完整统一的美术课程框架。其中蕴含的思想是将儿童艺术活动纳入人类文化艺术，用人类文化艺术的完整性、成熟性来丰富儿童艺术活动，而不仅仅将儿童艺术视作本能的展现，这样可以实现从生物层面的艺术向文化层面艺术的过渡。

屠美如提出了"艺术综合教育"的理念，即将音乐、美术、文学三种不同的艺术形式按格式塔心理学"同形同构"和"异质同构"的原理加以组合，以期达到相互协调的整体性美感，这开拓了学前儿童美术教育的新观念和新途径。

五、实践是培养儿童艺术素养的途径

让儿童在实践中、在具体的美术教育活动中发展艺术素养，这源于杜威的"做中学"，以及皮亚杰的儿童认知发展理论。

"做中学"是杜威所提倡的学习方式，即在做事的过程中学习。虽然我们不排斥端坐在课堂里以书本讲授、阅读等方式进行学习，但在一些真实或虚拟场景中的体验性和实践性的学习，更能调动儿童的多种感官和内在情绪的参与，形成全身心深潜其中的学习状态。在"做"的过程中，教师应该有意识地渗透情感态度和价值观，关注过程与方法，帮助儿童理解知识、掌握技能，而不是只有"做"而没有"学"。

儿童在实践活动中建构他们的认知结构，从而发展他们的智力和社会行为，而活动本身就是儿童这一主体与外界事物之间的相互作用。实践活动要求学前教育以活动为主导，以活动贯穿整个教育过程，以活动促进儿童身心健康发展，以活动作为学前教育的主要内容和形式。

教师应为全体儿童提供进行美术教育活动的机会，让美术教育和其他领域互相渗透；引导儿童运用多种感官参与美术教育活动；注意避免单纯的技能、技巧训练或单纯的思想内容说教两个极端倾向。

第二节
学前儿童美术教育活动的实施策略与趋势

关于教学，有几个基本概念需要厘清，就是教学方式、教学方法、教学模式和教学策略。在这里我们引用尹少淳教授所说。[①] 以下用象棋做比喻，教学方法可以用一个个的棋子做比喻：讲授法、演示法、讨论法等教学方法就像车、马、炮、卒一样，是最具体且最灵活的单位。教学方式可以用不同的下棋方式做比喻，如象棋有不同的下法：一种是最普遍的全场下法，以"将死"对方取胜；另一种是在半场覆盖摆棋，然后翻棋后以大吃小，最后以剩子取胜。这两种方式中均有车、马、炮、卒，但其用途和作用与在其他方式中并不完全相同。教学模式是可以用下棋的方法做比喻的，如有的人下棋，一开局就是架上"当头炮"，或者"支象"，或者"上马"。一次这样做不算模式，但重复这样做就成为模式了。教学策略可以用下棋人作比，通盘运筹，左顾右盼，深思熟虑，一步想三，体现的正是策略的特征（见图4-1）。

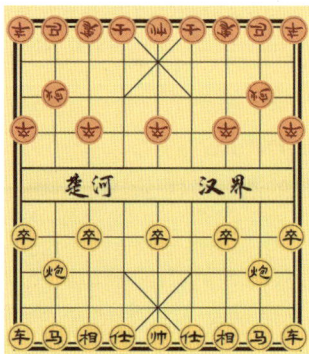

图4-1 棋局

---

① 尹少淳.尹少淳谈美术教育 [M].北京：人民美术出版社，2016：89-90.

一、学前儿童美术教育活动实施的一般方法

美术教学方法是教师和儿童为了完成美术教学目标，在教学过程中采取的师生互相作用的一系列活动方式的总称。教学方法对实现美术教育活动目标有着重要的作用，方法使用得恰当与否，直接关系到美术教育活动的效果。好的教学方法能有效地提高学前儿童美术教育活动的效果。教学方法不仅关系到儿童参与美术教育活动的积极性，还会影响儿童人格的发展。

对于美术教学方法的分类，学者们从不同的角度出发，提出了不同的看法。常锐伦在《美术学科教育学》一书中将美术教学方法分为：语言传递信息、直观形象传递信息、指导练习、欣赏活动和行为指导五大类。教师可以根据学前儿童美术教育活动的特点，以及具体的活动内容，灵活机动地运用各类教学方法，只不过在活动过程中的某一阶段以某一种方法为主，因此从分类的角度将其称为以某类为主的教学方法。[1] 学前儿童美术教育活动实施的一般方法具体如下。

1. 以语言传递信息为主的教学方法

以语言传递信息为主的教学方法是指教师以语言向儿童传递信息和指导儿童学习美术的教学方法。在学前儿童美术教育活动中，语言是教师与儿童之间进行信息、情感交流的主要媒介。以语言传递信息为主的教学方法是学前儿童美术教育活动中必须采取的教学方法，主要包括讲授法、谈话法和讨论法。

（1）讲授法

讲授法是指教师通过语言描述、说明和解释向儿童传递信息，从而使儿童获得美术知识与技能的教学方法，具体包括讲述、讲解等教学方式。

讲授法是学前儿童美术教育活动中的重要方法，在运用其他教学方法进行教学时，可有机地结合讲授法。教师运用讲授法的基本要求如下。

① 讲授的内容要简洁、易懂、准确。

② 讲授语言生动形象、富有感染力。

③ 可以适当配合稍稍夸张的语言及体态进行讲授。

（2）谈话法

谈话法是指教师根据儿童已有的知识经验，向儿童提出问题并要求儿童回答，或者儿童提出问题要求教师解答，从而使儿童获得新知识、提升经验的教学方法。

---

① 常锐伦.美术学科教育学 [M].北京：首都师范大学出版社，2002：296-298.

使用谈话法可以提高儿童的注意力、启迪儿童的思维、活跃儿童的思路。在谈话过程中，通过让儿童积极思考教师提出的问题，培养和提高其独立思考的能力，以及运用已有知识和经验去获得新知识、解决新问题的能力，同时也能促进其语言表达能力的发展。

运用谈话法时，需要注意以下几点。

① 教师要放下身段，与儿童平等对话。

② 教师提问时要对儿童的回答有一定的预判性。

③ 适时适度地追问，启发儿童思考。

（3）讨论法

讨论法是指儿童在教师的指导下，为认识、解决、探究某个问题而进行讨论，通过讨论获得知识、发展儿童思维的方法。由于小班、中班儿童年龄小，生活经验较为贫乏，语言表达还不够流畅，分析和概括的能力较差，还不能进行以语言为中介的抽象逻辑性思维训练，所以该方法一般较适合用于大班儿童。

讨论法能充分调动儿童学习的积极性和主动性。讨论的形式既可以是全班讨论，也可以是小组讨论。

讨论的时间可长可短，关键在于教师提出讨论的问题和对讨论过程的组织引导。

运用讨论法时，需要注意以下几点。

① 教师要做好讨论的准备，要有前期的知识准备。

② 教师要善于创设宽松的环境，鼓励多元的观点。

③ 教师应控制讨论过程的节奏并进行总结。

2. 以直观形象传递信息为主的教学方法

美术的特点是具有直观形象性，主要依靠视觉来进行感知。以直观形象传递信息为主的教学方法最能体现美术学科的特点，是学前儿童美术教育活动中经常采用的教学方法。这类方法包括演示法、观察比较法和随堂欣赏法，特点是具有形象性、直观性、具体性和真实性。

（1）演示法

演示法是教师在传递信息过程中，向儿童展示直观教具，示范绘画、制作等过程，以使儿童获得对事物的感性认识的一种教学方式。

学前儿童美术教育活动中的相关知识、技能，仅用语言讲述是不够的，还必须借助演示法使儿童获得直观的视觉信息。在演示的同时，教师还可配合生动的语言进行讲解。演示过程对于儿童来说具有很大的吸引力，可以激发其学习兴趣。

演示法能直观、生动地把所要画的形象或要制作的物体展示在儿童面前，使儿

童获得具体、形象、逼真的感性认识。

运用演示法时，需要注意以下几点。

① 演示的准备工作要充分。

② 演示要选择恰当的时机。

③ 演示要与讲解有机结合。

（2）观察比较法

观察比较法是指启发儿童观察事物的形状、颜色、结构以及事物间的空间位置、相互关系等，获得对事物的感性认识，是开展学前儿童美术教育活动的最基本方法。

运用观察比较法时，需要注意以下几点。

① 教师要引导儿童有目地观察比较。

② 教师要恰当地选择观察比较的对象。

③ 教师要教会儿童观察比较的方法：先大体印象后局部特征，从整体去观察物象，有层次地观察等。

（3）随堂欣赏法

随堂欣赏法和专题欣赏法的区别在于：随堂欣赏不是对作品的全面评价与欣赏，而是配合教学内容和围绕教学重点对选择的美术作品进行欣赏的活动。

运用随堂欣赏法时，需要注意以下几点。

① 随堂欣赏作品要有典型性，能够激发儿童的兴趣。

② 随堂欣赏作品的选择要符合教学需要。

③ 随堂欣赏法要与讲授法相结合。

3. 以指导练习为主的教学方法

儿童要获得美术知识与技能，必须多次反复地练习和操作。以指导练习为主的教学方法就是儿童在教师指导下进行各种形式的绘画、制作等练习，从而熟练掌握各种美术知识与技能。

现在的手工制作教学大多不是简单的复制，而是融入了创作的要求，是在制作程序和技法要求基础上的一种有创意的练习，如染纸、剪窗花，在教会儿童一些手工制作规律后，要求儿童自由地染、创新地剪，创作出与同伴不同的作品。

运用该教学方法时，需要注意以下几点。

① 教师在每次练习前要提出明确的练习要求。

② 教师的指导要有目的性。

③ 练习的方法要多样化。

4. 以欣赏活动为主的教学方法

以欣赏活动为主的教学方法是让儿童通过对美术作品、自然景物、社会生活中的美好事物的欣赏，获得美的感受，提高其表现能力和审美能力的教学方法。

欣赏活动应为儿童提供一个不受拘束、自由想象的广阔空间。儿童在感受力、知识面、想象力、创造力、语言表达能力等方面的良好发展能促进儿童自信心的建立，使他们形成积极的情感态度。

运用该教学方法时，需要注意以下几点。

① 教师要尊重儿童对美术作品的感受与反应。

② 教师要鼓励儿童用各种方式大胆地表达自己的感受。

③ 教师要增强儿童在欣赏活动中的情绪体验。

5. 以行为指导为主的教学方法

以行为指导为主的教学方法是教师利用心理学原理来塑造儿童良好的学习行为和品德行为，促进儿童美术学习和人格全面健康发展的教学方法。

运用该教学方法时，需要注意以下几点。

① 教师要牢固树立教书育人的意识。

② 教师对儿童一定要有爱心。

③ 教师要善于观察儿童的行为。

以上是学前儿童美术教学活动常用的教学方法。如果按照学前儿童美术教育活动的内容所适应的教学方法进行分类，一般可以分为两大类。

第一，学前儿童绘画和手工活动实施的一般方法：观察比较法、实际体验法、联想法、演示法、指导练习法等。

第二，学前儿童欣赏活动实施的一般方法：提问法、讲解法、观察比较法等。[①]

总而言之，教学方法是教学过程中教师的"教"与儿童的"学"两者双向活动的体现，是活动过程中教法与学法的统一体。教学方法的运用受到美术教育活动目标和内容的限制，因此教师要根据实际情况灵活、综合地运用各种教学方法。

二、学前儿童美术教育活动实施的教学策略

教学策略体现的是一种智慧、一种眼光、一种态度、一种思维，在人类活动中普遍存在，包括美术教学。

在实施教学策略的时候，教师要体现教学机智，教学机智在表现上包括对情感

---

① 李桂英，许晓春. 学前儿童艺术教育 [M]. 北京：高等教育出版社，2014：87-88.

的克制、对孩子体验的理解、对孩子的主体性尊重、对情境的自信、临场的发挥天赋，达到润物细无声的效果。

时机是教育实践的存在现象，教育实践的行动必须对应时机。时机的基本意思是实践维度上的机会，时机在教育实践中的存在，意味不是每时每刻都是教育的机会，只有在特定的时候，教育对象和环境呈现出特定的形态时，教育实践才可能是更合适的。

寻找教育时机的基本思路是分析和理解教育情境，具体包括教育对象、教育环境及其相互关系，当一个孩子被其他孩子欺负时，教育的时机在此时就可能出现了，勇敢、公正地进行人身安全保护，这样的教育时机就可以得到比较得体的实施，在教育实践中一个非常不好的问题就是没有在合适的时机进行教育，如同硬把饭塞到不饥饿的孩子嘴里，这样的教育实践，难免会受到抵制或者对孩子产生摧残效果。为了寻找时机就需要理解每个孩子，特别是在成长经历中理解孩子，这是非常重要的。当然，学会熟练到近乎本能地理解教育情境也是非常重要的，不同的教育情境代表着孩子的不同状态，也代表着不同的环境配置，还代表着事情的不同发展状态。

教学机智是有效教学策略的近乎本能的存在状态，让有效教育策略的产生尽可能变成自然的反应，才会真正成为教学机智。教育实践对策略的要求经常也是非常紧迫的。一方面，这种紧迫性是因为孩子的很多问题没有时间等待，一旦等待过长，孩子就可能受到永久性伤害；另一方面，这种紧迫性是因为特定的教育情境在实践上会有变化，如果教育实践策略产生过慢，就会出现已经进行的教育情境过时的问题，及时应对是教育问题对教育实践策略的一个要求，这就要求教育实践者在策略上尽可能不要有过长的反应时间，遇到问题就能找到合理的策略才是高水平教育实践者的一个基本特征，这里所说的教学机智就是这样的一种即时智慧状态，这意味着教育实践策略的产生应该尽可能成为教育实践者的天性。[①]

在日常情境中，我们常常将教学策略与教学方法混用，有时候所谈的教学策略实际上指的是教学方法。造成这种现象的原因首先是我们没有真正理解教学策略的含义，其次是教学策略越接近微观层面，与教学方法的关系就越难以清楚地加以区分。实际上，教学方法是教学策略中不可或缺的因素，教学方法依据一定的教学目标被智慧地加以组织并综合运用，才进入教学策略的层面。

教学策略有以下特点。

---

① 余清臣. 教育实践的哲学 [M]. 北京：北京师范大学出版社，2018：297-298.

1. 全局性

我们首先必须树立教学的全局观，在教学时应该充分考虑相关的因素，包括教学对象、教学内容、教学环境、教学资源，甚至教师的能力和特点，并据此对教学程序和方法加以谋划。其次，还需要将各种教学程序和方法的作用放在全局中加以认识和运用，关注其辩证性、综合性，避免单一地选择和运用方法。最后，制定策略时，不应该仅仅考虑特定知识和技能的教学目标，还应该考虑具体教学目标的上位教育目标，思考这些知识与技能对儿童人格发展所起的积极的或消极的影响。

2. 前瞻性

前瞻性与全局性如影随形，没有前瞻性就不会有全局性。教学策略的前瞻性表现为对教学效果的预见性，就像一个高明的棋手在下棋时需要预见对手可能的反应，并计划好后面的应对之策。想一步走一步的棋手，只能是拙劣的棋手，自然也是一个难以取胜的棋手。

3. 组合性

教学策略由多个方面组成。具体而言，要达成一个教学目标，需要从多个方面和角度进行思考，选择不同的教学方法集合于教学策略。因为教学环境、教学任务和教学对象具有复杂性、多变性，教师必须组合多种方法和手段才能获得理想的效果。

4. 灵活性

教学对象是活跃和多变的人，加上其他影响教学的复杂因素的存在，导致教学成为一种复杂多变的行为。在教学中，教师不可能采用守株待兔的方式，以不变应万变，也没有一种方法可以"包打天下"。面对不同的教学情境、教学任务和教学对象，教师可以利用教学策略所具有的组合性特点，以灵活和智慧的态度，选择和制定不同的教学策略。

教学策略的选择和制定的终点依然是特定的目标，策略之下是具体的方法，通过具体的方法实现策略，进而达成目标。

例如，目标是让儿童喜欢美术，那么其策略可以是：

① 教师提高自身的人格魅力；

② 儿童获得充分的自由，产生一种轻松感；

③ 让儿童学有所获，产生成就感；

④ 提供良好的学习环境，甚至可以到校园或校外开展美术教育活动。

分别针对这些策略，教师需要进一步思考：

① 如何提高教师人格魅力的一系列方法；

② 如何帮助儿童获得充分自由的一系列方法；

③ 如何让儿童学有所获的一系列方法；

④ 提供什么样的学习环境的一系列方法。

思维由此向下延伸，策略因此向方法逼近，操作性变得更加凸显。例如，针对第二项策略——儿童获得充分的自由，产生一种轻松感，具体的方法可以是：

① 让儿童自由地发言和制作；

② 不过分强调制作的效果；

③ 和蔼而宽容地对待儿童；

④ 语言幽默；

⑤ 允许儿童在教室里自由走动；

⑥ 儿童可以根据自己的喜好和能力自定学习任务。

诸如此类的方法还有很多。总之，一个美术教师到了自觉地思考教学策略问题的时候，就表明他已经达到了非常高的"段位"，开始用"柔性"的智慧而非"硬性"的知识与技能进行教学了。①

三、学前儿童美术教育活动实施的一般过程

作为一名幼儿园教师，将美术教育融入五大领域中，这是趋势之一。例如，儿童可以将自己或家人的故事画出来；可以使用材料制作数学课堂上用的图表或制作不同的图形；可以运用他们的美术才能画出生物在不同生长期的示意图或设计制作一张宣传个人卫生在幼儿园的重要性的图片……儿童上幼儿园时随时可以接受美术教育，除了在幼儿园里，在日常生活中接触到什么事，如周围有什么类型的建筑、动物园里有哪些动物等，这些都可以加入自己的美术教育活动中。

对于一次具体的美术教育活动的实施过程，尹少淳教授用了一个贴切的比喻，他说活动的实施过程颇类似于书法的运笔过程。书法运笔包括起、行、收三个步骤（见图4-2），对应着美术教育活动的开始、中间和结束三个阶段。

"起"的主要任务是情境营造和导入。如何进行情境营造和导入，教师们有着丰富的创造，但其手段归纳起来无非是单独或综合运用了语言（描述设疑、猜谜、讨论等）、音响（音乐、声响等）、图像（平面视觉作品）、光照（布光）、视频、实物（摆放、置景）、装扮（角色扮演）、表情、行为（模仿、游戏）等因素，其任务是营

---

① 尹少淳.尹少淳谈美术教育 [M].北京：人民美术出版社，2016：91-92.

造一个能够帮助儿童"身临其境"进行体验式的学习情境，并智慧、自然地将儿童带入对新知识和技能的学习中。

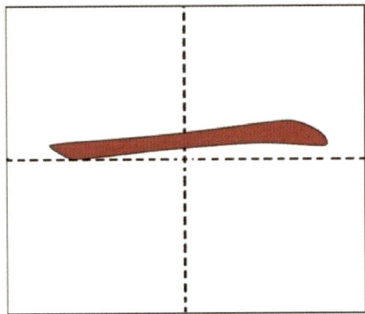

图 4-2　横的写法

"行"的主要任务是根据目标，引导儿童完成接受、理解和掌握新知识和技能的过程。其中目标应该始终被教师所清晰地意识。所谓被意识，指的是教师在心里要明确目标的指向性和达成度。在"行"的过程中，教师不可能平均地使用时间和精力，因此在教学中需要分清重点和难点。而事实上，许多教师并未真正理解什么是重点和难点，而且对此表现得非常随意，不假思索地就指派了"重点"和"难点"。教师应该这样来理解教学目标、教学重点和教学难点之间的关系，即在教学目标之下确定教学重点，在教学重点之下确定教学难点，从而形成思考的逻辑链条。

教学行为必须有推进感，但在推进教学行为的过程中，会存在以下三种情况。

第一种是纯然的直线，从上课伊始心无旁骛，直奔目标。这种推进虽然快捷、直截了当，但是丰富的过程被忽略了，使过程的容量和魅力被降低。

第二种是直线与横线相结合，在关键点上有所展开，左顾右盼，但却适可而止，恰到好处，能放能收，没有降低推进感。

第三种也是直线与横线的结合，但是横线太长，反映一种过度的拓展，既影响了对目标的关注，又降低了推进感。

"收"是教学行为的最后阶段，其中重要的任务是评价、交流和展示。这种行为其实是为了做到首尾呼应，形成教学行为的完整性。

至此，一个完整的教育活动实施过程就展现出来了。当然，在"收"的过程中，教师还要对教学留有余地，让儿童尽情地发挥和延展。

四、信息化手段是美术教育活动实施的趋势

信息技术的发展及其在教学中的运用正在引起一场教学变革，它正在改变教学环境和教学形态及师生关系，为个别化教学、个性化学习及远程学习提供了有益的

平台。信息化的主要特征是开放性、个性化、网络化、国际化。众所周知，传统的教学是以课堂为主、教师为主、课本为主，虽然以杜威为代表的现代教育派批判传统教育，提出以儿童为中心，以儿童兴趣为主，以儿童的活动为主的主张，但是在当时的技术条件下，教学仍然离不开课堂，离不开教师，离不开课本。在信息化时代情况就大不相同了，信息无处不在。儿童可以通过各种媒体获得大量信息，现在两岁的儿童就会摆弄平板电脑，从而获取各种知识。

当前，许多教师把使用计算机制作课件作为应用信息技术改进教学的方法，实际上制作课件是信息技术最初步的运用，还远远没有发挥信息化的真正功能。当前，智慧校园正在建立和运用，这为全校师生家长互相沟通、互相了解、互相支持创造条件，并提供大数据。

教师上课使用课件要适当。课件固然有它的优势，能够把事物生动地展示给儿童，可以把宏观的东西缩小，把微观的事物放大，把抽象的符号变为具体的事物，让儿童可以直观地感知，可以通过画面、动漫引起儿童的兴趣，但是如果运用不当便会成为讲义搬家，仍然会陷入教师的独家表演。儿童与课件是一种人与机的关系，只有教师参与其中才体现出人与人的交流。课件往往有以下几个方面的局限性。

第一，它会束缚教师的思维。课堂教学千变万化，儿童在学习过程中会产生不可预见的情况，而课件一旦制作完成往往具有固定性，遇到课堂中的变化时难以被及时调整，缺乏灵活性。

第二，课件缺乏情感交流。例如，课件里有一个圆，儿童感知的就是一个圆。如果教师亲自在黑板上一笔画出一个圆，儿童就会感到惊喜，会有一种与教师情感上的交流。

第三，课件压缩了儿童思考的时间。一个图像出现在课件上，儿童的感知往往一带而过，如果教师在黑板上把这个图像用简笔画的形式画出来，儿童会跟随教师绘画的过程进行思考。

因此，教师要根据信息技术的特点，选择教师无法表达或能够帮助教师更有效表达的内容。教师虽然已经不是唯一的知识载体，但也应该在课堂上展示自己的知识魅力和人格魅力。

在信息化时代，教师的作用不是减弱了，而是加强了。教师的作用就在于遵循教育规律和儿童认知规律，灵活、巧妙地运用现代化信息技术，使学生在学习上获得成功。[①]

---

① 顾明远 . 中国教育路在何方：顾明远教育漫谈 [M]. 北京：人民教育出版社，2016：66-67.

复习与思考

1. 学前儿童美术教育活动实施的理念有哪些？
2. 学前儿童美术教育活动实施的一般方法有哪些？
3. 什么是教学策略，它有哪些特点？
4. 如何在学前儿童美术教育活动中运用信息化手段？

知行拓展

1. 有人说一个完整的教学活动实施过程如同人生，你怎么看？以小组为单位开展讨论。

2. 清代学者沈宗骞说："学者，规矩而已，规矩尽而变化生。"由此，怎样理解美术教育活动中教学方法的学与用？以小组为单位开展讨论。

3. 将以上任务的讨论过程整理成包含文字、图片、音视频的多媒体资源。

PART 05

第五章

学前儿童美术教育活动指导与案例分析

本章学习要点：

掌握学前儿童绘画活动指导的注意事项。

掌握学前儿童手工活动指导的注意事项。

掌握学前儿童美术欣赏活动指导的注意事项。

掌握学前儿童美术教育与其他教育的整合活动指导的注意事项。

第一节
学前儿童绘画活动
指导与案例分析

学前儿童绘画教育活动是指儿童在教师的教育和引导下，使用笔、纸、绘画颜料等绘画工具和材料，运用线条、色彩、造型、构图等艺术语言，将其生活体验与思想情感通过加工和改造转化为具体、生动、可视的视觉形象，发展其审美创造能力的活动。[①]

儿童绘画的发展存在共性特征，但是也存在较大的个体差异，教师要根据儿童自身的特点，把握好不同阶段特征，对儿童进行适当的指导，绝不能制订相同的目标，要求儿童超越发展的阶段。教师应谦虚地看待儿童的画，并努力用儿童的思维去理解他们的作品。

一、学前儿童绘画活动的指导

1. 在游戏中学习，激发儿童绘画兴趣

人们常说兴趣是最好的老师，儿童对绘画的兴趣直接影响并作用于绘画过程中的感知、表现表达及想象创造等多个环节。可以说，兴趣是儿童绘画活动的前提。

那么，根据儿童的年龄特点、发展需要，如何让儿童在玩味中感受美，顺应儿童的天性，挖掘儿童艺术潜能，使儿童获取经验提升能力呢？

最有效的指导方法就是"游戏美术"。"游戏"可以让儿童在尽情的"玩味"中，积极地发现美、感受美、创造美，通过对美的充分体验和享受，获得精神快感。所以，以"游戏"为切入点，对儿童进行美术教育，开发创造潜能，是非常适宜有效的，如图5-1所示。

① 边霞.幼儿园美术教育与活动设计 [M].北京：高等教育出版社，2009：80.

图 5-1　游戏美术

　　"儿童好游戏是天然的倾向，攀爬、翻跟斗、追逐打闹嬉戏等游戏形式比较简单，随时随地都能进行，深受学前儿童喜欢，他们对此还乐此不疲、兴致颇高，常常在活动室里面自发开展这样的游戏。然而，很多幼儿园出于对幼儿的安全考虑，往往不允许幼儿在活动室内追逐、打闹，而是要求儿童在活动室内只能安安静静地走、不大声喧哗。可是，处于此时的儿童精力充沛，喜欢运动而不喜欢安静。只要老师照看不严格，幼儿就会进行这样的游戏，有时候玩得忘乎所以，声音大、打闹的人多了，活动室就会乱套，老师往往会对儿童进行批评，甚至采取小惩罚，如此一来，课堂的气氛虽然好了，但是死气沉沉的课堂氛围不易艺术灵感的产生，从而不利于孩子对艺术学习的兴趣。"①

2. 多元化信息灌注

　　儿童绘画是儿童看世界的方法，是儿童宣泄感情的有效途径。无论是在绘画的内容上，还是表达的方式方法上，都应互相渗透，互相借鉴，使儿童的美术信息得到综合，开发其创造性思维。

　　学前儿童绘画教育的内容可以分为物体画、情节画、意愿画、装饰画等，教师可以结合儿童的身心发展，安排教学计划和课程内容，从而使儿童更系统地、循序渐进地接受绘画教育。

　　不但内容的安排上要多样化，在表现手法上也要多样化，可以用绘画、粘贴、拓印、喷洒、流淌等多种手法；也可以在表现形式上进行多元化的综合，如绘画与手工结合，绘画与综合材料制作结合，或引入现当代绘画艺术的观念等，让儿童进

---

① 北京市教育科学研究所.陈鹤琴教育文集（上卷）[M].北京：北京出版社，1983：207.

行综合练习，如图5-2所示。

图 5-2 儿童综合绘画作品

3. 不忘审美教育根本，重视技能培养

美术教育是审美教育，是情感教育，然而，缺乏基本艺术知识和技能的学前儿童美术教育，是不能成为真正的美术教育的。

如果一味任由儿童涂鸦画画，儿童无法掌握基本的技法，其创造能力同样难以得到发展。甚至当儿童有了绘画的意图，却苦于不能掌握技法要领，而不能完成自己的设想，最终会很灰心，逐渐就失去创造思维。

教师要摆正技能培养与儿童创造性培养之间的关系。重视技能，忽略创造性培养，或不谈技能，只求创造的教育观念都是片面的，都会严重制约和阻碍儿童美术能力的发展。

二、学前儿童绘画活动案例分析

案例1：春色满园（小班）
——直线与曲线

【活动意图】

小班儿童绘画活动的设计侧重于简单、散点式的装饰。该阶段儿童尚处在涂鸦中后期，逐步尝试将涂鸦符号进行细化，进而对图形和线条进行组合，不断重复同一种图像，表现物体简单的特征。因此，利用儿童该阶段的特点，鼓励儿童大胆画画表现春意，尝试运用各种工具、材料进行涂鸦创作。将麻绳作为手中画笔，沾上颜料在纸上随意印压，观察麻绳产生的肌理效果。儿童对美术材料使用

的经验越丰富，越有可能激发更加新奇的想法。

小班儿童经常凭主观直觉印象来描绘物体的粗略形象。作画没有明确的目的，往往由图形联想到自己经验中的某些事物。因此，在活动中，教师为儿童创设一个绘画的情境，儿童在练习画各种线时，教师事先引导儿童欣赏春天的图片，儿童在情境的驱动下，可逐渐有目的地进行绘画。

【活动目标】

（1）初步感知画面中线条和色块的搭配，感受春天花朵鲜艳的美。

（2）尝试用卫生纸搓圆、点画的方法表现花朵，感受颜料在纸上的特殊变化。

【活动准备】

PPT、墨汁、颜料、棉签、麻绳、纸、油画棒、胶棒、昆虫贴纸。

【活动重点】

感受大自然中的线，体验直线与曲线带来的不同感受。

【活动难点】

通过对吴冠中作品《纵横》（见图5-3）美术语言的分析，感受形式美的魅力，获得简单的涂鸦能力。

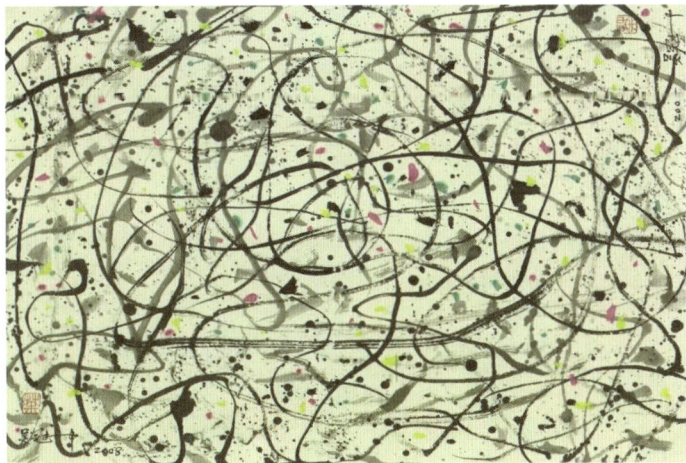

图 5-3 《纵横》，吴冠中

【活动过程】

（1）欣赏桃花，感受春天美的气息。

让儿童观赏桃花，欣赏桃花的构成和色彩。教师出示桃花图片：这几幅图的花朵是什么颜色的？它的形状是什么样的？花朵长在什么地方？

小结：桃花有粉色的、红色的、黄色的、粉绿色的，这些花远远地看过去就像一个一个圆点。美丽的鲜花开在树枝上。

教师：你们看这些树干、树枝是什么样的？

小结：这些树干是粗粗的，树枝是细细的，有直的、有弯的。

（2）欣赏吴冠中的作品，共同探索绘画语言。

① 教师出示吴冠中作品《纵横》：从这幅画上，你能观察到什么？画中是怎样的线和点呢？

小结：长长的，像一根根的线，下面的树枝是粗粗的，上面的树枝是细细的；花是五颜六色的点。

② 简单介绍画家吴冠中，加深儿童对作品的理解。

这幅作品是著名画家吴冠中的画，他对大自然特别喜爱——小鸟的鸣叫、小花的摇曳、小雨的缠绵都能激发他的灵感。他常喜欢用流淌的线条和点来表达对大自然的感受、记录大自然的奇妙，这幅画就是他对春天的特殊感受。

（3）讲解绘画步骤，演示材料的用法。

第一步：先画出长长的树枝，用麻绳蘸上黑黑的墨汁，然后把麻绳放在纸上按压，利用麻绳的粗细、不同的摆放位置，把树枝慢慢地"变"出来。

第二步：枝上的鲜花越开越多。用一团团卫生纸搓成球状并粘贴在树枝上，再用水粉笔点上鲜艳的颜色。

（4）儿童操作，教师巡回指导。

在儿童自由绘画过程中，鼓励儿童大胆尝试用不同材料进行涂鸦创作，画好作品后晾干。

引导儿童用碎纸片、油画棒、手指点画等不同方式表现花朵。

作品快完成时，可发给儿童蜜蜂和蝴蝶贴纸。

（5）作品展示与欣赏。

教师：春天太神奇了，将大地披上了美丽的外衣，小蜜蜂和蝴蝶都来了，我们一起去找一找美丽的花朵吧。

【活动延伸】

在区角活动中继续绘制直线与曲线，布置"直线与曲线的组合"展览。

【案例分析】

《纵横》作品中的点、线、色彩具有直观性，便于小班儿童观察。教师引导

儿童充分地感受桃花的造型、色彩，为儿童之后运用简单的图形表现画面做了铺垫。由于受到小班儿童美术能力发展的限制，为了增强儿童表现颜色的兴趣，教师引导儿童进行涂染。涂染是小班儿童表现物体的一种基本方法，儿童通过涂染可以逐步掌握图形的表现方法。教师还可以引导儿童用碎纸片、手指点画等方式表现花朵。幼儿完成作品后，在画上贴上蝴蝶、蜜蜂等贴纸，能使画面更加生动。教师可以通过角色扮演的形式来促进儿童对美的事物的感受能力和表现能力。

"直线与曲线"儿童操作体验活动评价如表5-1所示。教师可以结合第六章表6-3进行综合设计，对儿童操作体验活动进行量化评价，第五章案例均可参考，并举一反三。

表5-1 "直线与曲线"儿童操作体验活动评价

姓名： 日期： 得分：

1. 直线	2. 细线

给教师开展此项活动的提示：

1．在左侧格子中，用线绳蘸墨水或颜料印出一根直线。（1.5分）

2．在右侧格子中，用线绳蘸墨水或颜料印出一根曲线。（1.5分）

案例2：青花古韵（中班）
——点线面

【活动意图】

我国民间艺术就在儿童的身边，易感易得，儿童有一定的审美敏感性，是好奇、积极的学习者。儿童有明显的审美偏爱，对于美术作品，他们喜欢色彩丰富的、夸张的作品。教师要增加艺术知识的传授和艺术鉴赏的指导，但审美是个性化发展的，不能强求一致性。

青花瓷是一种彩绘装饰瓷，造型优美，色泽淡雅，素有"永不凋谢的青花"之称，是我国最富有民族特色的瓷器。中班美术活动"青花古韵"从欣赏传统的青花瓷切入，通过环境创设、用音乐渲染气氛、欣赏传统青花瓷等手段，营造出一种浓厚的艺术氛围，引导儿童在纸上装饰青花图案，绘制具有民间工艺特色的青花瓷，从中感受青花瓷独特的简约之美，并激发儿童对传统民间艺术的热爱之情。

【活动目标】

（1）欣赏青花瓷的特点，了解青花瓷的寓意。

（2）运用各种花纹和图案对青花瓷进行装饰，感受青花瓷的美。

【活动准备】

背景音乐《青花瓷》、PPT、青花瓷实物、蓝色记号笔、黑色记号笔、牛皮纸、白色花瓶卡纸。

【活动重点】

欣赏青花瓷的图片和素材，并说出其特点。

【活动难点】

运用点线面画出青花瓷，学会突出主体，主次分明，营造丰富多彩的视觉效果。

【活动过程】

（1）欣赏瓷器导入活动，初步感知青花瓷的美。

教师出示青花瓷图片并提问：有哪些青花瓷的器物？为什么叫青花瓷？

小结：在我们中国，蓝色也叫青色，用青色画出的纹样叫"青花"，在白底上画有青花纹样的瓷器，就叫"青花瓷"。青花瓷是中国独有的艺术品，在世界上非常著名，我们一起通过短片了解。

欣赏短片《东方国瓷》，了解青花瓷的来历和青花瓷在瓷器史上的开创性。

（2）引导儿童用语言表达青花瓷的特点，了解纹样的寓意。

教师：青花瓷美不美？哪里美？它们有哪些形状？（儿童讨论）

小结：色釉美、纹样美。青花瓷的形状是各种各样的，有瓶子、罐子、壶、碗等，有的是上宽下窄，有的是上窄下宽。

教师：青花瓷上用了各种花纹和图案进行装饰，你们仔细看一下，有哪些纹样？（儿童讨论）

小结：瓷器上主要描绘了山水人物、动物、植物、房屋等图案，还有各种花纹，如蕉叶纹、云朵纹、海水纹、缠枝纹等连续不断的花纹等。

教师：小朋友知道大的图案主要装饰哪里？小的纹样装饰哪里？

小结：大的图案装饰在主要部位，小的连续的花纹装饰在瓷器的边缘、瓶口和底部。

教师：你知道人们为什么要在瓷器上绘制这些图案吗？这些图案表达的什么寓意？

小结：鱼的图案代表丰收和富裕，年年有余；龙凤呈祥寓意吉祥富贵，幸福美满；喜鹊登梅寓意家里有喜，寓意长寿和生生不息。

（3）讲解作画步骤，共同装饰青花瓷。

① 教师出示白卡纸，剪出瓶子的轮廓贴到牛皮纸上。

② 用蓝色记号笔画出花瓶的纹样与图案，可以画青花瓷上的图案，也可以画自己喜欢的或是想象的图案。

③ 用黑色记号笔在牛皮纸上画出装饰纹样，如柳条枝、梅花枝、题字、桌面等，以烘托瓷器。

④ 引导儿童用超轻黏土装饰画面背景，提高儿童的创造力。

（4）儿童进行创作，教师巡回指导。

教师：小朋友想不想设计制作一个青花瓷器，请你们来当小工匠，进行装饰吧。

鼓励儿童用各种图案和花纹进行装饰，注意花纹的连续性。

指导儿童添画背景色，可以采用多种绘画技法，可以先用粉笔涂，再用手涂抹。

（5）展示作品（见图5-4），相互交流。

图5-4　青花瓷

播放背景音乐《青花瓷》，教师和儿童一起把作品展示在展示板上。引导儿童介绍自己的作品。

教师：每一个青花瓷器都有一个好听的名字，我手上这个叫清末青花，你们也给自己的青花瓷起个名字，说说你的图案表达了什么含义。

【活动延伸】

在区角活动中继续绘制青花瓷器，画面进行组合的形式，布置"大美青花瓷"展览。

【案例分析】

青花瓷被誉为东方国瓷，是我国传统文化的代表。让儿童感受青花瓷的美，热爱中国传统文化，是本次活动的设计初衷，但是，如何让博大精深的传统文化变得浅显易懂，让儿童欣赏、感受、理解，确实需要教师反复推敲，本次活动的目标定位是以欣赏青花瓷的美为主，引导儿童尝试用绘画的形式进行表达，提高儿童的审美趣味，培养儿童热爱传统文化的情感。中班儿童对环境、生活和艺术中的美，喜爱并有初步的感受能力，能积极主动地参加艺术活动，大胆地表现自己的感情和体验。青花瓷这种传统的艺术形式也融入我们现代人的生活，茶具、餐具、摆件随处可见，它是贴近儿童生活的。中班儿童生活经验更加丰富，理解水平进一步增强，线条、构图等艺术表现力更有张力。因此，中班儿童能较好地

感受青花瓷艺术美，包括器型美、颜色美、纹样美；理解青花瓷的人文美，如青花瓷的来历、纹样的寓意等。所以，美术活动"青花古韵"符合中班儿童年龄特点和认知经验发展水平。

案例3：京剧脸谱（大班）
——线与面的对称

【活动意图】

让孩子初步接触京剧，了解我国的传统文化，激发孩子喜爱京剧、了解国学、热爱祖国的情感。此次活动中，给儿童欣赏京剧片段，让他们更直观地感受京剧艺术的魅力。此次活动不仅让儿童对京剧脸谱艺术的特点有所了解，也能让儿童对对称、夸张等美术表现方式有所了解与尝试，如图5-5所示。

图5-5　画脸谱

【活动目标】

（1）通过观察，了解京剧脸谱不同颜色所代表的人物性格特征。

（2）在欣赏京剧脸谱和面具的基础上，学习用对称的方法装饰脸谱。

（3）佩戴自己装饰的脸谱，通过表演，感受国粹京剧的魅力，提升自豪感。

【活动准备】

各种京剧脸谱的实物或图片、京剧视频一段、水粉颜料、勾线笔、油画棒等。

【活动重点】

了解京剧脸谱鲜艳的颜色和脸谱不同颜色代表不同类型的人，以及脸谱的对

称性特点。

【活动难点】

能根据人物特点选择颜色，了解脸谱颜色分布的对称性。

【活动过程】

（1）引导儿童欣赏京剧脸谱的实物或图片，引出话题。

教师出示实物或图片，引导讨论不同颜色的京剧脸谱所代表的人物性格特征。

教师：我们一起欣赏《说唱脸谱》，谁来说一说你认识的脸谱，它代表什么样的性格。

（2）教师和儿童共同讨论如何装饰脸谱。

教师：你想设计一个脸谱吗？红脸还是黑脸？上面有什么图案？图案代表什么意思？

（3）引导儿童思考用对称的方法来装饰自己的脸谱。

引导儿童感知"对称"。

教师：你想怎样装饰你的脸谱？用什么样的颜色来装饰？

（4）教师出示京剧脸谱范例，引导儿童讨论绘画步骤。

引导儿童讨论先画出对称的图案、再涂上色彩。

（5）儿童装饰京剧脸谱，教师巡回指导。

（6）儿童佩戴脸谱，展示作品，播放《说唱脸谱》，感受京韵。

【活动延伸】

在美工区布置儿童的作品，举办小型的"京剧脸谱装饰展"。

【案例分析】

在认识脸谱这一环节中，教师让儿童欣赏了一组京剧人物脸谱，激发了儿童学习的兴趣。教师灵活地将音乐活动与美术相结合，在儿童心目中形成影像记忆。在学习声音和模仿动作的过程中，不仅锻炼了儿童的语言模仿能力和肢体的协调能力，而且给予了儿童创作的空间。另外，还让儿童了解京剧脸谱是根据性格和人物类型来选用色彩的，让儿童深刻感受每张脸谱的内涵。

在绘画脸谱时，由于前面的铺垫，再加上环境的创设，儿童对于对称也有了一定的认识，因此调动了儿童的积极性，大部分儿童能画出对称图案，基本能完成设定的活动目标。

第二节
学前儿童手工活动
指导与案例分析

手工活动是幼儿园的美术教育活动内容之一。让儿童积极主动地参与手工制作活动，不仅可以培养儿童的动手操作能力，还可以培养儿童的想象力，帮助儿童树立自信心。但是，在实际教学过程中，一些教师指导策略不当，致使幼儿园手工制作活动效率低，手工活动不能发挥应有的作用。

一、学前儿童手工活动的指导

对学前儿童手工活动的指导要以激发儿童的兴趣为前提，以培养儿童的能力为目的，以保持儿童的热情为方向，以树立儿童的信心为根本。

1. 帮助儿童熟悉工具材料的性质及使用方法

如何使用工具和材料是制作的关键，教师应根据儿童的年龄特点让他们有选择地掌握一些工具和材料的使用方法，例如，剪刀是裁剪用的工具，教师要引导儿童学会使用剪刀（见图5-6），同时认识剪贴材料，如纸、树叶、布等。只有让儿童初步掌握工具和材料的使用方法，才能帮助儿童掌握技能，从而帮助儿童实现制作的意图。

图 5-6　儿童在使用剪刀

2. 指导儿童进行循序渐进的练习，掌握技能

手工作品需要一定的技能才能完成，而技能是通过练习获得的，因此，教师可以根据儿童手工制作的特点，让他们通过多样的方式循序渐进地巩固技能练习，教师则由易到难、由简单到复杂地对儿童进行指导。

3. 适时适度指导，引导儿童实现自己的制作目的

观察是做好引导的前提，在儿童创作的过程中，教师必须关注儿童在活动中的表现和反映，观察儿童的需要。例如，在大班的"鹅卵石绘画"活动中，有的儿童用颜料将鹅卵石画好了，但是不知道怎样将它立起来，这时候教师如果注意到这个细节，就可以给儿童几个大小不同的废旧瓶盖或几块陶泥，帮助他完成作品的固定和摆放。

在手工制作时，有的儿童制作意图不明确，这时候教师就可以启发式提问：如"你想做什么？""你正在做什么？"等。但是，有的儿童即便有了明确的意图，也不一定能实现。为了避免让儿童产生挫败感，对手工制作活动失去信心，教师应及时帮助并给予指导，让儿童实现自己的制作意图，体验成功感（见图5-7）。例如，在染纸活动中，当儿童打开折叠的湿纸遇到困难时，教师可以适当帮助，并教会他们打开湿纸的方法，让儿童完成自己的作品。如果因为打不开湿纸而前功尽弃的话，儿童所体验到的就是失败感，就会对活动失去兴趣。

图 5-7　儿童手工制作活动

4. 利用多样的材料与创作形式，丰富儿童的创造活动

"多样的材料"是指凡是儿童喜欢的材料都可以成为儿童的创作材料，如从儿童常用的油画棒、水彩笔、水粉颜料等，到收集的蛋壳、毛线、饮料瓶、旧纸盒及各

种水果蔬菜等。例如，折纸手工制作活动需要不同颜色的纸张，叠手绢手工制作活动需要各种图案的手绢，捏泥人手工活动需要各种颜色的橡皮泥……异彩纷呈的手工制作活动离不开各种各样的手工制作材料。如果儿童手工制作活动所使用的材料单一，那么儿童玩几次之后，就再也不喜欢玩了。

"多样的创作形式"是指水粉画、线描画、撕贴画、各种废旧材料作画等，只要是儿童喜欢的形式，同时又有操作性的，教师都可以让儿童尝试，创造出自己的作品。例如，制作贺卡不仅需要儿童动手剪纸，还需要儿童在剪好的贺卡上面画上漂亮的图案。又如制作笔筒，首先，可以让儿童利用手中的卡纸剪好笔筒的底部和边框；然后，让儿童用胶水把笔筒的底和边粘连起来；最后，让儿童在笔筒上面画自己喜爱的图案（见图5-8）。创作形式的多样性可以培养儿童各种各样的能力，促进儿童的全面发展。

图5-8　儿童绘画、手工结合图例

5. 多样的活动参与形式，创设自由宽松的环境

（1）教师主导的师幼互动式：通过教师和儿童之间的相互作用，在活动中教师引导儿童进行美术创作，最大限度地发挥儿童的自主性。在这个过程中，教师应该处理好儿童是主体，教师是主导的关系，让儿童做真正的"主人"。

（2）小组合作式：几个儿童可以自由地组合成一个小的团体，一起合作作画，发挥各自的想象力，各尽所能、取长补短。

（3）区域自由式：在区域活动中，儿童可以选择自己喜欢的美术活动。教师将集体活动中用过的作画材料或儿童自发从家中带来的一些废旧材料投放在区域活动角中，让儿童自发地选择，自由地创作。让儿童根据自己的兴趣、爱好，自由地选择区域中的材料、内容，满足不同儿童的个体需求，教师可担任旁观者、合作者、引导者的角色。儿童非常喜欢这种创作方式，他们在区域活动角中或一个人或几个人组成合作伙伴，自由、快乐地完成创作活动。儿童手工活动不是完全孤立的教学活动，如何更好地与其他领域的教学活动有效地整合起来，更好地促进儿童创造性的发展，值得教师进一步去研究。

二、学前儿童手工活动案例分析

案例1：爸爸的新发型（小班）
——泥工

【活动意图】

小班儿童的手工活动处于无目的的活动阶段。由于这个阶段的儿童手部小肌肉发育不够成熟，认识能力也有限，所以手工活动应选择那些形象鲜明、具体生动、喜闻乐见的事物，这样才能引起儿童的有意注意。教师联想到儿童最熟悉的人——我的爸爸。

"艺术的表面是形象，艺术的背后是情感。"美术活动是儿童情感的必要表达方式，本次活动可以结合父亲节，感受爸爸的爱，了解爸爸的辛苦，懂得关爱爸爸，培养爱爸爸的情感，使儿童按自己的兴趣有感而发；同时通过简单的泥工制作，在认识颜色、掌握泥工基本技能（压扁、团圆、搓长等）、锻炼双手协调能力方面都对儿童有帮助。

【活动目标】

（1）能双手较协调地搓、揉超轻黏土。

（2）会用红、黄、蓝、绿、橙几个基本色彩设计发型并粘贴到正确的位置。

【活动准备】

PPT课件、发型图（短发、长直发、短卷发等）、彩色黏土、各种脸型的纸、记号笔。

【活动重点】

了解几种常见的发型，愿意用语言表达自己对发型的认识。

【活动难点】

学习用搓、团、压、拉等方法表现爸爸的发型并进行装饰，感受手工制作的乐趣。

【活动过程】

（1）认识发型，引起儿童的兴趣。

做游戏"找五官"。

教师：伸出我们的小手，我说什么，你们做什么。（儿童跟着教师边念儿歌边做游戏）

小手小手拍拍，手指伸出来，眼睛在哪里？（儿童指出自己的五官位置，眼睛，鼻子、耳朵、嘴、头发等）

教师：你的头发是什么样的？我的头发是什么样的？（儿童讨论）

小结：每个人的头发都不一样，有长的、有短的，还有扎辫子的。

（2）鼓励儿童描述爸爸的五官和发型。

教师：谁愿意说说，你的爸爸长什么样子呢？老师帮你们变魔法，变出你们的爸爸。

教师：爸爸的脸型是什么形状的？（椭圆形"像一个大鸡蛋"，教师在各种脸型的纸中选出最接近的）

教师：爸爸的眉毛是什么样的？（粗粗的、细细的、弯弯的、平平的）

教师：爸爸的眼睛是大大的，还是小小的？

教师：爸爸的鼻子是什么样的？（扁扁的、尖尖的、高高的）

教师：爸爸的嘴巴是什么样的？笑起来是什么样的？（大大的嘴巴，笑起来像弯弯的月牙；还有两个半圆形的大耳朵）

教师：咦，爸爸的五官出来了，还少了些什么呢？（儿童：头发）

教师：今天我们给爸爸设计头发。

（3）教师示范讲解如何制作。

教师：爸爸的头发是什么样子的？（直直的、卷卷的、波浪的）

教师出示4张有着圆圆脸型的纸。

第一幅图，老师要设计直短发。选择黄色大块黏土先揉一揉，再搓一搓，形成长圆柱状，然后根据头顶的形状拉抻黏土并粘贴压平，用梳子从下往上梳开，形成了向上的直短发肌理效果。（鼓励儿童说出头发的特征，知道头发是很多、很密的）

第二幅图，老师要设计卷发。老师：谁的爸爸和上一位同学爸爸发型不一样？你的爸爸是什么发型？儿童：是卷卷的头发。可选择不同颜色的黏土，放在手心里，两手掌相对揉一揉，搓一搓，搓成细长条状，然后将长条状黏土从里向外卷曲粘贴到头部上，形成卷发。

第三幅图，老师准备了橙色、绿色、蓝色的小球形黏土，将小球形黏土压平，依次粘贴到头顶。

第四幅图，老师准备的是水滴形黏土，将水滴形黏土压平，依次粘贴到头顶，看看是什么效果吧！

（4）儿童制作，教师巡回指导。

在动手前，教师说一下制作要求：做手工时小嘴巴不能动，不能误食超轻黏土。

小朋友选择自己喜欢的颜色，用搓、揉、压、卷等方法设计爸爸的头发。教师在儿童的探索活动中，观察了解儿童的制作情况，并进行个别指导，鼓励儿童大胆制作，做出与众不同的发型。

（5）儿童作品展示，相互交流。

儿童将作品（见图5-9）插入展台板上，相互欣赏交流。

图 5-9 爸爸的新发型

【活动延伸】

儿童可以选择不同的材料设计各种发型，如皱纹纸。一起动手为你的爸爸设计出好看的发型吧！

【案例分析】

头发是儿童熟知的事物，能给儿童很直观的感受，因此吸引了儿童的注意力。选取儿童常见的事物作为表现内容，这样有利于儿童的表达。教师通过引导儿童塑造一些简单的形体，使其在玩泥过程中体验到泥工活动的乐趣。在制作过程中，用搓、团、压、拉等方法来表现自己爸爸的发型特点，锻炼幼儿小肌肉动作的不断发展，完成一幅爸爸的新发型作品，整个活动富有趣味性。

案例 2：放烟花（中班）
——纸工

【活动意图】

一年一度的春节即将来临。大家都知道，燃放烟花爆竹是我国民间的传统习俗，也是人们表达喜悦心情、营造欢乐氛围的节庆活动。中班儿童已经学会使用一些简单的工具，因此为中班儿童设计的废旧材料可以比小班儿童的制作材料更复杂。本次活动利用废旧卷纸筒做成烟花筒，让儿童撕或剪出烟花，并培养儿童掌握正确的粘贴方法，要求粘贴得干净、平整、牢固、美观。

在制作烟花的过程中，教师要向儿童渗透，冬季干燥，容易发生火灾，培养儿童的防火意识，要让儿童知道燃放烟花爆竹的安全常识。

【活动目标】

（1）运用剪、撕、贴等技能设计烟花。

（2）了解放烟花是我国节日的习俗，体验"放烟花"的快乐。

【活动准备】

气球一个、卷纸筒、剪刀、胶带、胶棒、彩色花纹纸、五彩纸屑（撕）。

【活动重点】

知道生活中无用的卷纸筒经过装饰可以用于科学小实验。

【活动难点】

运用剪、撕、贴等各种技能对卷纸筒进行装饰，体验变废为宝的乐趣。

【活动过程】

（1）谈话导入，引发儿童的兴趣。

教师出示卷纸筒：这是一个卷纸筒，你们觉得用废旧的卷纸筒可以做什么？（儿童讨论）

教师：卫生纸每家都有，用完以后，卷纸筒别扔，重新装饰一下，和老师一起，让它们华丽变身吧！

（2）欣赏热闹庆典，感受烟花的特点。

教师：小朋友，你们在哪里见过烟花？回忆一下第一次见烟花的场景。（儿童讨论）

小结：燃放烟花是我国民间的传统习俗，春节是我国特有的节日，在这个节日里，有很多庆祝的方式，燃放烟花爆竹便是其中一项，很多人认为燃放烟花爆竹是对来年的美好祝福。但由于燃放烟花爆竹存在一定的安全隐患且烟花爆竹燃放后污染环境，而且燃放后的碎屑物不好清理，所以城市的很多区域禁止燃放烟花爆竹。小朋友，让我们自己制作一个既环保又有趣的烟花吧！

教师出示图片：烟花是什么形状的？（烟花有绒球形、扇子形、蝴蝶形造型各不相同）

教师出示图片：这些烟花有什么颜色的？（有红色的、绿色的、黄色的，五光十色，有的烟花有一种颜色，有的烟花有两种或两种以上的颜色）

（3）欣赏装饰后的卷纸筒，感受图案的多样性。

教师出示实物：这些卷纸筒上有什么图案？（圆点、各种线条）这些图案画在什么地方？（将整个卷纸筒贴上彩纸，再在上面画各种几何图案）

教师出示实物：这些卷纸筒上有什么图案？（福字图案、卡通人物图案等）

教师出示实物：这些卷纸筒上的画和前面的有什么不同？（儿童讨论）

小结：除了各种花朵图案、几何图案、福字图案、卡通人物图案装饰卷纸筒以外，我们还可以用手工剪纸的形式进行粘贴装饰。让我们一起动手试一试吧！

（4）教师和儿童共同操作，教师指导。

① 将气球口打结扎紧，剪掉顶端的一小部分，使气球成为一个有弹性的小口袋，然后将气球套在卷纸筒上，接近二分之一的地方，用宽胶带将气球的边缘贴牢。

② 用图案纸、记号笔等装饰卷纸筒的表面。

将图案纸剪出与卷纸筒相同的宽度，将剪好的图案纸卷贴在卷纸筒合适的地方（用胶棒涂抹图案纸的背面，要涂一部分，粘贴一部分），并开始添画活动（鼓励儿童大胆想象与创作，帮助卷纸筒华丽大变身）。

③ 儿童用剪子剪或用手撕碎屑，每个纸筒里要放至少3大勺五彩纸屑。将五彩纸屑倒入封口的卷纸筒中。

④ 儿童和老师一起拉动卷纸筒下的气球扎口，然后听到"嘭！"儿童一脸兴奋的样子。（落地的纸屑要收到垃圾桶里）

（5）儿童相互交流。

这真的很有趣！五彩纸屑烟花是送给节日的最好礼物。因为制作简单，儿童可以制作多个，然后和朋友们一起分享。一、二、三，发射！

【活动延伸】

家园共育：家长可以和孩子一起用绘画的形式表现美丽的烟花，让孩子体验到合作的快乐。

【案例分析】

废旧材料以其方便、实用、经济、可塑性强等特点成为美术活动中不可或缺的材料。教师可以通过对废旧材料的创意设计，引发儿童探索、创造的兴趣和欲望。本次活动中，儿童进行创意设计的载体是卷纸筒。看似普通、无用的卷纸筒，经过简单的制作就可以变成有趣的烟花筒，让儿童了解到我国的传统民俗，体验到放烟花的快乐。

活动中，教师引导儿童由浅入深地欣赏各种烟花筒。让儿童知道除了可以用各种图案装饰卷纸筒外，还可以用手工剪纸的形式进行粘贴装饰。手工制作环节，教师详细讲解粘贴的方法，使中班儿童掌握正确的粘贴方法。本次活动让儿童认识到，我们身边的很多废旧材料都可以通过创意设计而变得生动有趣！

案例3：皮影戏（大班）
——综合材料制作

【活动意图】

皮影戏是我国非物质文化遗产的宝贵财富，是一种古老的传统民间艺术形式。滦州皮影起源于河北滦州，是中国皮影戏三大流派中北方皮影的代表之一。它集说、唱、演于一体，具有浓厚的艺术内涵和文化价值。通过开展皮影戏活动，儿童的语言、认知、社会交流等能力得到了提高，各方面都得到了发展，儿童对皮影戏有了进一步的了解和认知，对传统文化也有了进一步的喜爱。表演区里分成观众和表演两个部分，培养儿童相互协商相互合作的能力。传统游戏是中华传统文化的重要组成部分之一，新时代的教师应当传承文化，多组织生动又有趣的传统游戏活动，激发儿童对传统艺术的喜爱（见图5-10）。

图 5-10 快乐皮影戏

【活动目标】

（1）探索皮影的特点，初步尝试制作简单的皮影。

（2）在活动中，通过看、说、做，培养儿童的观察、探索、动手、合作的能力。

【活动准备】

皮影若干、屏风、素描纸、水彩笔、分脚钉、子母扣、操控棒、剪刀等。

【活动重点】

了解皮影分解的结构特点，明白比例要一致，比例差距不可过大。

【活动难点】

了解皮影人物的画法，在身体结构的基础上，将观察到的花纹画出来。

【活动过程】

（1）谈话导入并欣赏传统的皮影。

教师播放皮影戏《三打白骨精》片段，展示《三打白骨精》的幕后表演操作。

教师：小朋友，知道这是什么表演吗？喜欢吗？觉得有什么不一样的？（教师引导儿童从灯光照射、影子、幕后表演方面进行观察）

小结：这叫皮影戏，也叫影子戏，是我国的传统民间戏剧，以剪影来表演故事，还配有打击乐器和弦乐，有浓厚的乡土气息。

教师：看了这段表演，你们喜欢它们的动作吗？你看到它们是怎么做的吗？

（儿童讨论）

小结：它们动作很快，像飞一样；白骨精飞过来，孙悟空翻过去，金箍棒举得高高的。

教师：你们还听到什么？孙悟空和白骨精的动作随着音乐有变化吗？（儿童讨论）

小结：音乐很急。声音越来越大时，它们的动作也越来越快。

（2）欣赏皮影的艺术特点，感受皮影的形态美。

教师：皮影上有什么图案？（儿童讨论）

小结：图案使用的颜料大多是大红、大绿、杏黄等，色彩鲜艳明快、清雅大方，有好多花朵、点、波浪等图案，这些图案丰富多彩，有着浓厚的中华民族的文化色彩。

教师：它们的身体有几部分呢？（儿童讨论）

小结：影人一般分头、躯干、四肢等几部分，均为侧影，头部附有盔帽，身体、四肢皆着服饰。部分连接处有骨眼（如果要全身动，就需要安装6个以上的骨眼）

（3）体验制作皮影。

① 教师绘制皮影制作过程并引导。（皮影由几个部分组成？怎么连接的？皮影怎么动起来的？）

小结：将头、躯干、四肢各部分做好后，用水彩笔涂色，用分脚钉将各部分连接起来，最后要用操控棒把头、四肢支撑起来。

② 教师介绍材料，并提出制作要求。

工具材料有剪刀、分脚钉、子母扣、铅笔、水彩笔、白卡纸、操控棒等，以及现成的皮影头部、躯干、四肢等部件的样板。教师先向儿童详细介绍各种材料，重点介绍分脚钉，它是皮影各部分的连接材料。（注意分脚钉不要扎到手）

③ 儿童体验制作皮影，教师指导。

儿童按照自己的兴趣，自主选择材料制作。（引导儿童各个部分都要有，才是一个完整的皮影）

（4）交流、分享、体验表演皮影戏的乐趣。

儿童分小组轮流展示、操作皮影，进行表演，感受皮影戏的魅力。

【活动延伸】

将制作好的皮影投放在表演区，方便儿童继续探索皮影戏的表演。

【案例分析】

本次活动从儿童学习与发展的特点出发，注重儿童的切身体验，有效支持儿童感受、体验皮影艺术的美。活动环节设置合理，从给儿童观看民间艺人表演，到引导儿童欣赏各种皮影的美，再到儿童体验制作皮影，层层递进，儿童通过先欣赏再制作皮影，初步了解皮影在色彩、结构等方面的特点，为后续制作环节提供支持。本次活动给予儿童充分的条件和机会，从不同角度感受皮影戏的魅力，丰富儿童的美感经验。

此外，教师充分尊重儿童的兴趣，儿童参与度高，能用语言、动作、表情自主表达表现自己对皮影的理解；体验制作皮影后，儿童相互交流，从皮影的肢体连接、色彩等方面发表自己的意见，大胆地表达自己的想法。

第三节
学前儿童美术欣赏
活动指导与案例分析

一、学前儿童美术欣赏活动的指导

在美术欣赏教育活动中，教师应为儿童创设一个富有美感的环境，给他们提供适合其年龄特征的美术作品。这些作品的选择应该是有组织的、系统的，以使儿童的欣赏经验系统化，同时，教师也要有目的地、有计划地引导儿童感知、理解美术作品的内容和形式。在学前儿童美术欣赏活动中，教师应该注意以下事项。

1. 欣赏作品应多元化、经典化

艺术来源于生活，但不是有了生活就会有艺术，这是两个概念。我们从生活中学习艺术，但是生活人人有，却不是人人都懂艺术。陈丹青曾讲过：艺术从哪里学，艺术就是从艺术中学，从经典中学。所以，在学前儿童美术欣赏活动中，教师要挑选经典的作品、展览，或精心挑选环境，如欣赏河边的晨曦、林荫小路等。而且所挑选的艺术门类要多元化，做到"追随经典，不忘当下"，艺术也需要与时俱进。

2. 情景再现，唤起儿童的生活体验

生活中处处存在美，关键在于有没有去发现、去提升，所以教师在选择欣赏作品时，应尊重儿童的生活经验，关注儿童的兴趣和需要。当所选择的欣赏作品从内容上比较贴近儿童的生活经验时，可以从唤起儿童自身的经验入手，展开欣赏活动。

美术欣赏涉及对美术作品形式的感受、意义的领会，作品背后还涉及人类文明的许多领域。丰富的经验是从事艺术创作的原材料，也是儿童进行欣赏活动的基础。教师可以通过引导观察、启发性提问，或角色扮演、讲故事等再现情景，引导儿童对作品进行感知。

3. 分析并学习作品中的美术语言

除了注重欣赏作品的选择和儿童体验，教师还要引导儿童分析作品中的形式美感、运用的材料及技法等，让儿童对材料的感知有初步的视觉印象，形成审美体验。例如，欣赏毕加索的作品《镜中少女》时，可以给孩子们分析，为什么毕加索画中人物的造型是这样的，特点是什么；油画的笔触肌理是怎样的，在颜色的运用上有哪些规律等。图5-11所示为儿童临摹《镜中少女》作品。

图 5-11 儿童临摹《镜中少女》作品

4. 尊重儿童对作品欣赏的主体感受

欣赏活动就其本身状态而言，更突出地表现出它的体验性，而不是认识性。儿童在欣赏具体的对象时，可能还说不出为什么美，美在哪里，但却感受到美，体验到美，而获得一种情感上的满足。伟大的美术作品就像是一个人，它在不同的时候、不同的情绪中，看上去是不一样的。我们不应用一种固定的眼光来欣赏它们，也不应该试图穷尽对它的研究。而儿童有着独特的欣赏视角，他们不满足于

看到的世界，而是借题发挥，抒发自己的情感。教师应充分肯定儿童独特的想法，让儿童大胆表达，而不应用自己对作品的理解去束缚儿童的想象。

二、学前儿童美术欣赏活动案例分析

案例1：《天空中的黄金》（小班）
——米罗作品欣赏

【活动意图】

美术欣赏活动旨在培养儿童敏锐的观察力和创造力。教师应该帮助儿童积累丰富的感知经验，来发展儿童的创造力和表达能力。抽象作品的夸张和变形与儿童作品的表达方式相似，它的符号、色彩便于儿童的理解和模仿。教师尝试将抽象画家米罗的作品《天空中的黄金》介绍给儿童，使儿童对抽象画有初步的感知经验。

【活动目标】

（1）欣赏米罗作品《天空中的黄金》（见图5-12），感受作品的大和小的相对性并发现色块造型。

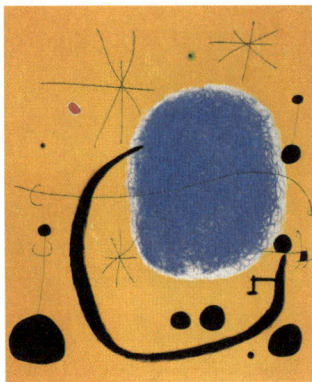

图5-12　《天空中的黄金》，米罗

（2）能用动作及表情表达自己对作品的感受，大胆猜想米罗画中的故事。

（3）能尝试用线条和色块图形创作自己的想象画。

【活动准备】

米罗作品《天空中的黄金》、有缺失部位的图案卡、水粉颜料、水粉笔。

【活动重点】

在感知活动中大胆表达自己对米罗作品的猜想，并在创意活动中使用画笔勾画色块。

【活动难点】

沿着色块的轮廓进行涂色。

【活动过程】

（1）欣赏作品。

引导儿童欣赏画面的内容，仔细观察画面中出现的各种色彩以及它们的形状。

教师：你在画面中看到了哪些颜色？（蓝色、黑色、黄色、白色、红色、绿色）

教师：它们各自都是什么样子的？（蓝色的大球、黑色的点、黑色的线）

教师：画面上有线条吗？它们是什么样子的？（画中有线，有长的、有短的，有粗有细）

（2）游戏"猜想"。

教师：你觉得画面中的蓝色像什么？（像块毛巾，软软的；像地球，上面长了许多毛毛；像海浪）黑色的地方像什么？（有的像月亮、星星，有的像音符、小盘子，还好像有个人在跳舞）

教师：这些线条像什么？（细的线像风筝线，像小蛇；粗的线像毛毛虫，像弯弯的小路）

教师：画面中还有一些点，它们像什么？（像月亮、石头、音符、星星、雪花、小人、大嘴巴等）

（3）引导儿童感知画面中色彩的搭配。

观察不同色彩面积的大小，感知它们的不同。

教师：画面中哪种颜色多，哪种颜色少？哪种颜色最明显？（蓝色、黄色、黑色最多；红色、白色、绿色最少。蓝色最明显，因为蓝色画在了画面的中间，又是圆形，所以看上去特别醒目）

观察画面中彩色的点是堆在一起的，还是分散的？（分散的，有大有小）

（4）"猜画家"。

教师：猜猜这幅作品的作者是谁？（米罗）

教师引导儿童寻找米罗作品中的"星星"标志，帮助儿童巩固对米罗作品特征的辨别。

（5）儿童创作"找一找活动"。

请小朋友们用画笔将"色宝宝"找出来，按红、黄、蓝、黑、绿的色彩顺序

勾画色块。

观察"色宝宝"的造型，猜想它是谁。为"色宝宝"添画其缺失的部位（如为"兔宝宝"添画耳朵，为"熊猫宝宝"添画眼睛等）

（6）作品展示。

启发儿童给自己的新作品起名字，并引导他们讲一讲自己画中的故事。

【活动延伸】

亲子活动：家长和儿童一起讨论这幅画，并谈谈对这幅画的感受。

【案例分析】

在感知方面，儿童从以前的色彩过渡到了色块，从无形过渡到了点、线、形等符号。此次活动中，寻找米罗作品的风格对培养儿童敏锐的感知能力有着重要的作用。

在创意涂鸦中，虽然大部分儿童还处于涂鸦期，但是可喜的是，他们的作品中已经出现了有意创作的色块，而色块的产生为此次活动目标的完成奠定了必不可少的基础。

在欣赏活动中，由于儿童观赏作品的角度不同，作品在儿童头脑中所形成的意境也就不同。教师将感知的活动重点定为"在感知活动中大胆表达自己对米罗作品的猜想，并在创意活动中使用画笔勾画色块"，鼓励儿童发现别人没有发现的东西，通过激活儿童的发散思维，让米罗作品的意境帮助每一个儿童都开拓出不同的想象空间。

案例 2：青绿山水（中班）
——中国山水画作品欣赏

【活动意图】

虎年春晚，《只此青绿》一舞惊艳了全国，孩子们对此也兴趣浓厚。隐藏在舞蹈的背后是我国十大名画之一的《千里江山图》。此画是青绿山水派的典型代表，运用大量叠画晕染的技巧表现我国千里江山绿荫繁茂的美景。中班儿童开始接触古诗词，愿意亲近中国经典文化，愿意和别人分享、交流自己喜爱的艺术作品和美感体验，能用不同的表现手法表达自己的感受和想象。本次活动中教师将通过带领儿童欣赏水墨名画《千里江山图》，以纸巾叠画晕染技能为依托，引导儿童大胆表现自己对青绿山水的印象。

【活动目标】

（1）通过欣赏，感受青绿山水的意境和春天山脉连绵、重叠、茂密而充满生机的景象。

（2）运用纸巾堆叠的效果，制造山脉的空间肌理感，锻炼儿童的动手能力。

【活动准备】

PPT、白胶、纸巾、国画颜料、毛笔、记号笔。

【活动重点】

欣赏王希孟《千里江山图》，感受青绿山水画的特点和意境。

【活动难点】

运用纸巾叠画晕染的方法，表现自己对青绿山水的印象。

【活动过程】

（1）欣赏舞蹈《只此青绿》。

① 重现春晚舞蹈《只此青绿》，激发儿童的活动兴趣。

② 引出《千里江山图》，教师简单介绍。

教师小结：这是北宋时期大画家王希孟的《千里江山图》，颜色上继承了传统的青绿法，具有一定的装饰性，被称为"青绿山水"。

（2）欣赏山水画《千里江山图》。

① 教师出示图，从整体欣赏。

教师：小朋友们，这幅图和你们平时看到的画有什么不同？

小结：画面呈长卷式，画面对景物的刻画非常细腻，烟波浩瀚的江河、层峦起伏的群山，构成了一幅美妙的江南山水图。

② 教师出示图，从局部欣赏。

局部观察山脉。（形态：高低错落、连绵起伏、重重叠叠；颜色：用了哪些颜色？这些颜色想要表现什么？）

局部观察天空。

教师：天空中有什么？为什么把小鸟画得这么小？（近大远小，表现远的事物就画得相对小一些，就像远处的山，看上去小小的）

局部观察船、人、小桥、楼阁等小景。

小结：有了这些小景，山水风景就有了生活的气息。

（3）绘制《千里江山图》。

教师：欣赏了这么美的《千里江山图》，今天我们也来一起画一画？（鼓励儿童大胆创作）

介绍纸巾的作画方法和材料。（教师和儿童共同操作叠画和点染的创作过程）

教师：谁来说一说作品是怎么画的？

小结：白乳胶涂一涂，纸巾撕一撕，小山摆一摆，颜色点一点，小景添一添。

教师：纸巾撕成什么形状？为什么要撕成三角形？小山怎么摆？颜色怎么点？（小山要摆出前后遮挡的关系，颜色要涂成青绿渐变色）

（4）作品展示。

展示儿童作品（见图5-13），看看谁画的青绿山水最震撼。

图 5-13　青绿山水

【活动延伸】

亲子活动：家长可以协助儿童制作青绿山水的服装，在幼儿园的舞台上表演《只此青绿》，培养儿童的合作能力。

【案例分析】

让儿童从小就大量接触艺术品，并有意识地指导他们从中感受生命力的种种模式，这是审美感知教育的一种有效方法。通过欣赏名画，儿童的审美感知、审美趣味、审美创作等心理能力都能达到高度活跃的程度并能协调发展。它能够帮助儿童的审美感知经验向综合的方向转化，逐渐形成儿童特有的审美心理结构。教师在名画欣赏中对儿童的引导十分重要，可以通过"你看到的山脉是怎样的？"

引导儿童感知美术作品所表现的内容（高低错落、连绵起伏、重重叠叠的山峰）；通过"你看到的小景是怎样的？"引导儿童感知美术作品的情感（让山水有了生活气息）；通过色彩、遮挡关系、线条、形状，引导儿童感知美术作品的形式。这些环节在学前儿童美术欣赏过程中是十分必要的。

<h3 style="text-align:center">案例3：美丽的荷花（大班）</h3>
<h3 style="text-align:center">——中国花鸟画作品欣赏</h3>

【活动意图】

欣赏荷花的图片，让儿童了解到很多画家都喜欢以荷花为题材进行创作。欣赏画家的相关作品，让儿童说出自己的感受，了解荷花等植物的形象，体会国画中线、面的运用，感受中国花鸟画独特的表现方式（见图5-14）。

图5-14 《荷花》，齐白石

【活动目标】

（1）欣赏齐白石的《荷花》，感受作品中墨的深浅、线条的粗细。

（2）结合音乐中重音和轻柔的音来表达墨色深浅，用音的绵长和短促来表达细长线和粗短线的艺术美。

（3）鼓励儿童与艺术作品对话，培养儿童细心的观察力和丰富的想象力，以及对艺术作品的解释和评判能力。

【活动准备】

荷花的真实视频和图片、轻音乐《荷花颂》、齐白石国画作品《荷花》。

【活动重点】

感知墨色深浅与线条的粗细变化，结合音乐体会艺术的美。

【活动难点】

对画面展开丰富想象，表达自己对艺术作品的理解。

【活动过程】

（1）播放荷花视频，出示荷花真实图片，引出话题。

（2）出示齐白石国画作品《荷花》，引导儿童欣赏画面的内容，仔细观察画面中出现的墨色变化和线条的粗细长短，同时播放轻音乐《荷花颂》。

教师：美丽的荷花是小朋友们熟悉的植物，大大的叶子像一把小伞，荷花开的时候，散发出阵阵清香，引来小蜻蜓、小蜜蜂翩翩起舞。好多国画大师也非常喜欢画荷花，比如这幅《荷花》，就是齐白石老人画的。

教师：小朋友们仔细观察，墨色有哪些变化？（深浅不一）线条又有哪些变化？（长短粗细）

（3）把音乐中重音和轻柔的音与墨色深浅联系起来，用音的绵长和短促来表达细长线和粗短线来表达艺术美，鼓励小朋友进行讨论。

教师：从音乐里你能感受到画中的荷花在微风中摇摆，小蜜蜂在飞来飞去吗？哪里证明小蜜蜂在飞？（翅膀虚虚的，好像在颤动）

（4）闭上眼睛，想象手里拿着画笔，随着音乐来作画。

（5）鼓励儿童对这幅画表达自己的理解。鼓励儿童表达喜欢与不喜欢，并说出理由。

【活动延伸】

亲子活动：家长和儿童一起讨论这幅画，并给这幅画起一个喜欢的名字。

【案例分析】

视频对于儿童来说有莫大的吸引力，能够激发儿童欣赏的兴趣，在视觉和听觉的共同感受中为接下来欣赏齐白石的作品《荷花》奠定了良好的基础。儿童结合自己的生活经验、欣赏经验和绘画经验来对作品的内涵做出自己的判断，获得

最直接的美感体验。教师在整个活动中既是组织者，又是儿童发展的指导者，对于欣赏活动中所遇到的有关知识要及时地对儿童进行解释和指导，以帮助儿童在现有的知识、认识和领悟水平上有所提升。

美术欣赏活动中少不了欣赏者与作品进行对话互动。在对话过程中教师与儿童之间、师生与美术作品之间应该是一种平等的双向交流关系。当儿童在欣赏观察作品的过程中出现问题时，教师要及时给予儿童适当的提示，让儿童能够与作品进行对话互动。当然，教师要重视自己的提问方式，注重儿童的主体性，让儿童能够主动地与作品进行互动分析。案例运用了特殊的对话分析法，即通过音乐，把自己想象成画家来画画。这是儿童与画家沟通的特殊方式，也是感受艺术美的一种手段。

总之，在学前美术教育的指导中，我们应该打破艺术范畴之间的界限，让艺术的基本语素进行相互混合并且重组，从而进入一个学前儿童美术教育的新天地。

第四节
学前儿童美术教育与其他教育的整合活动指导与案例分析

一、学前儿童美术教育与其他教育的整合活动的指导

《纲要》中指出：各领域的内容要有机联系，相互渗透，注意综合性、趣味性、

活动性，寓教育于生活、游戏之中。《指南》中也明确指出："关注幼儿学习与发展的整体性。儿童的发展是一个整体，要注重领域之间、目标之间的相互渗透和整合，促进幼儿身心全面协调发展。"因此，美术学科与其他领域或学科的相互整合，可以消除各学科之间彼此孤立、互不关联的局面，更加注重儿童发展的完整性、整体性，从而使儿童获得更大的发展空间。

所谓整合，是指把不同类型、不同性质的事物组合在一起，形成一个整体。幼儿园教育活动的整合主要反映在活动目标、活动内容以及活动方法、形式及手段等方面。

第一，活动目标具有不同领域的关联性。教师在制定活动目标时要使目标内容的各部分组成一个有机的整体，美术教育活动目标与其他领域活动目标的整合，强调的是儿童在与周围环境相互作用过程中，运用各种感官获得与生活紧密联系的，是能满足儿童发展需要的关于情感、态度、能力、认知、技能的体验与分享，是所整合的领域在知识技能、情感态度、探索创造等方面具有内在互通性和一致性的目标。

第二，活动内容具有不同领域的渗透性。一是美术学科内的整合，美术方面的内容有关于绘画、手工、美术欣赏等，它们之间有一定的关联性。例如，在"小蝌蚪找妈妈"美术教育活动中，教师在儿童通过欣赏小青蛙成长过程的图片和视频基础上，在纸上画池塘作为背景，再将作为装饰的折纸青蛙贴在纸上。这个美术教育活动中，整合了美术的绘画、手工、欣赏等不同的内容。二是不同活动领域的整合，即突破相对的领域划分的界线，实现跨领域间的内容整合。例如，美术教育活动注重儿童的审美体验，广播体操活动关注儿童的运动体验，当美术教育活动与体育活动整合时，可以在美术教育活动中通过简笔画的形式表现运动时人物的动态造型。

第三，活动方法、形式及手段具有多样性。《纲要》中指出：幼儿园应与家庭、社区密切合作。音乐活动中感受旋律、科学领域中观察与实验、语言领域中欣赏文学作品、社会领域中的人际交往等活动形式可使美术教育活动更加生动有趣，促使儿童运用各种感官参与活动，从而提高活动的有效性。为最大化地实现与其他领域整合的美术教育活动的价值，教师可利用各种教育资源，如带儿童进行参观、调查、游戏等活动，让儿童在亲身体验的过程中感受生活、了解社会，从而为美术表现和创作积累更丰富的素材。

1. 美术教育活动与音乐教育活动的整合

美术教育和音乐教育都是儿童艺术教育的重要内容。美术教育活动与音乐教育活动的整合可以使儿童在一定的艺术氛围感染下，调动其积极向上的情感，对培养

儿童的审美情趣、提高儿童的审美创造力具有重要的作用。

2. 美术教育活动与科学教育活动的整合

美术教育活动注重通过观察和想象，将客观对象的特征和内心的想法用画笔表现出来；科学教育活动则注重通过对现象和问题的设想、验证来得出结论。将两者整合，可以让科学教育活动更有趣味，让美术教育活动更具科学性。例如，在"有趣的叶子"造型活动中，组织儿童收集落叶，然后让儿童根据叶子颜色、造型的不同，创造出不同的动物和人物等造型。

3. 美术教育活动与语言教育活动的整合

在儿童的成长过程中，语言的学习与发展可以有效地帮助他们理解美术的内容，而美术符号的学习与使用也有助于儿童更好地表情达意，使其获得更为愉悦的审美感受。

故事、谜语和儿歌等都是幼儿园语言教育活动中重要的文学形式，也是儿童喜欢的文学形式。教师用故事、谜语、儿歌等形式导入美术活动，能引起儿童参与美术教育活动的兴趣，有助于儿童从故事的情节、人物与儿歌、谜语有节奏的语言中把握将要表现的对象。例如，《蚂蚁和西瓜》是一本极富有表现力的故事书，它讲述了一群蚂蚁是如何将一块被野餐的游客忘在地上的西瓜分割、搬运、带回蚂蚁窝的故事，儿童将轻松、幽默的题材用绘画的语言表现出来，同时也被蚂蚁的勤劳、乐观、团结合作的精神所感染，如图5-15所示。

图 5-15 蚂蚁和西瓜

在美术教育活动中，教师可以提供让儿童解说自己的作品、描述欣赏作品后的感受、评价同伴作品等机会。如果把创作过程看作是儿童情感抒发的过程，那么解说自己的作品、描述欣赏作品后的感受、评价同伴作品则是一个用语言再现自己的构思、引导儿童审视艺术作品和自己创作作品的过程，以激活其心理活动、社会经验和自然知识，并通过语言建构出新的经验，同时学会用准确的语言表达自己的想法、感受和观点。例如，在自画像活动中，儿童将自己对艺术家们表现的不同风格的自画像进行比较，大胆说出自己的感受。同时，儿童在绘画过程中仔细观察自己的五官与同伴的不同之处，然后画出自画像。

4. 美术教育活动与健康教育活动的整合

美术教育活动与健康教育活动相融合，在儿童的发展中具有重要的价值与作用。健康知识是促进儿童身体健康、增强体质的主要手段，也是获得感受美、体验美的一种途径。将健康内容融入美术教育活动，可以丰富儿童美术教育活动的内容，使儿童掌握与健康相关的知识，同时促进儿童身心的健康发展。将美术内容融入健康教育活动中，可以使健康教育活动的形式更为直观、生动，便于儿童理解。

5. 美术教育活动与社会教育活动的整合

将社会内容融入儿童美术教育活动中，可以加深儿童对社会环境的认知，同时可以提高儿童的合作能力，使其建立良好的人际关系。例如，儿童可以在小组交流中共同进行绘画情节的构思，并尝试根据自己的特点和能力进行分工（绘画能力强的小朋友负责创作、色彩感较强的小朋友负责涂色、语言表达能力较强的小朋友负责介绍小组作品）。而将美术内容融入社会教育活动，可以为儿童提供表现节日、风俗等的机会，并在美术创作表现传统文化内容中，开拓儿童对社会环境的认识，激发儿童爱家乡、爱祖国的情感。

二、学前儿童美术教育与其他教育的整合活动案例分析

案例1：《数鸭子》（中班）
——美术教育活动与音乐教育活动的整合

【活动意图】

每个孩子对歌曲的理解、感受和想象不同，加上歌曲本身蕴含着丰富的美术意境，所以，儿童笔下的小鸭子形态各异、千姿百态：有池塘边柳树下的、有水里嬉戏的、有掉队的，等等。把音乐带进美术活动的过程，可以给儿童插上想象

的翅膀，并通过直观感受引导他们创造性的想象，给儿童以美的享受，进一步促进儿童对美的感受和体验。

【活动目标】

（1）在播放歌曲《数鸭子》时，用动作表现鸭子走路和游水时的基本姿态。

（2）结合音乐用绘画表现"门前大桥下游过一群鸭"的情景，体验绘画的快乐。

（3）与艺术作品对话，培养细心的观察力和丰富的想象力以及对艺术作品的解释和评判能力。

【活动准备】

鸭子的真实视频和图片、歌曲《数鸭子》、鸭妈妈头饰一个、小鸭子头饰若干、油画棒、水彩纸。

【活动重点】

描绘出不同鸭子的动态，结合音乐体会艺术的美。

【活动难点】

对画面展开丰富的想象，表达自己对艺术作品的理解。

【活动过程】

（1）播放歌曲《数鸭子》，引出话题。

游戏环节，听一听谁来了。

要求儿童能用较为短促的声音表现鸭子"嘎嘎"的叫声，并表达出愉悦的心情。

（2）儿童用动作表现鸭子的不同姿态。

教师：小鸭子在鸭妈妈的带领下一路向前，它们到哪里去呢？（教师出示图片：河边、柳树下、小桥流水等）原来，它们要去河里，一路上，小鸭子是怎么走到河的呢？

教师引导儿童自由模仿鸭子走路的姿势，掌握鸭子走路的基本动作。

教师：小鸭子和妈妈来到了河边，它们要游水。你们知道鸭子是怎样游水的吗？（请儿童模仿动作）

教师和儿童一起戴上头饰，跟着音乐做动作。

（3）儿童用绘画表现小鸭子。

儿童观看《数鸭子》儿歌视频。

儿童用绘画形式创作视频中鸭子走路、游水等各种各样的姿势。

分享与交流儿童的作品。

【活动延伸】

儿童尝试用手工制作的方法来表现《数鸭子》儿歌的主题内容。

【案例分析】

《数鸭子》是一首叙事歌曲,"门前大桥下,游过一群鸭,快来快来数一数,二四六七八",缓慢与急促的旋律等,均表现了小鸭子在水中活动的过程。活动开始,教师播放歌曲,并出示河边、柳树、小鸭子等图片,通过这种视听结合的欣赏,帮助儿童记忆、理解、想象。

这是一个以音乐活动为主要内容,将美术融入其中的教育活动,教师让儿童在学习歌曲的基础上引导儿童用各种动作表现鸭子的各种姿态,并用绘画的形式帮助儿童表现小鸭子在水里嬉戏的场景。所以,当音乐走进美术,音乐以其明快的旋律改变了美术活动时的沉闷气氛。而美术则以其清晰的画面,使抽象的音乐语言增强了形象性。因此,让音乐走进美术活动,或让美术走进音乐活动,既有利于创设教学的审美氛围,又有利于儿童愉悦身心、激发灵感、发展思维。

案例2:风车转转转(大班)
——美术教育活动与科学教育活动的整合

【设计意图】

美术是记录、表现儿童科学发现和科学探索过程的载体。儿童在艺术表现的过程中,对事物形象的创造性把握和想象能够促进儿童的科学发展。因此,在儿童的科学教育活动中融入绘画、手工等活动,可以使儿童从不同层面对探究的事物进行表现。本次活动将手工与科学相结合,在探索的过程中制作漂亮的风车。

【活动目标】

(1)了解风车的组织结构。

(2)自由拆解折纸作品,探索学习风车的折法,培养观察能力。

(3)通过玩风车,感知风车转动快慢的多种原因(风的大小、跑的速度)。

【活动准备】

制作风车用的同样大小的纸4张、按钉、剪刀、小棍、双面胶等。

【活动重点】

探索风车的折法,培养观察能力。

【活动难点】

通过玩风车，感知风车转动快慢的原因。

【活动过程】

（1）体验"风"，激发儿童兴趣。

教师带领儿童到校园内观察风的存在，例如，树叶摆动，秋千摇摆。引导儿童用身体感知风，例如，头发飘动，脸上有风，听到风声。引导儿童以不同的动作（走、跑）感知、区别风的大小。

（2）了解风车的结构。

教师出示自制的风车，儿童观察风车的形状、结构及特点。

教师：怎样才能使风车转得快？（儿童结合自己的生活经验讨论）

教师：想不想自己学着制作风车呢？我们一起来试一试吧，做好了再到外面去玩，好吗？

（3）制作风车。

儿童分组观察和探索风车的制作方法。

（4）教师重点讲解制作方法。

先将正方形纸沿一条对角线对折，再沿另一条对角线对折。沿折痕，将四个对角线剪开约三分之二。交错向中心折，超出中点 1 厘米，但不要有折痕（要留有弧度）。四个角交错折好后，用胶水粘好。用图钉按住，插入小棍，风车完成。

（5）儿童制作，教师巡回指导。

（6）玩风车。

儿童在校园内玩风车。

比一比：谁的风车转得快？

小结：风车转动的快慢与风的大小、跑的速度有关。

【活动延伸】

儿童用不同形状、质地、颜色的纸制作风车。引导儿童感知风叶是对称的、平衡的。

【案例分析】

风车（见图 5-16）是儿童比较喜欢的一个玩具，也是让儿童感知风的最直接工具。本次活动利用折纸、剪纸等美术手工课的制作方法与感知风车转动的快慢相结合，体现了科学与美术、操作技能的整合。活动过程中，教师以风车为载体，

通过手工制作以及猜想、讨论、验证等过程，进一步引导儿童感受风的存在以及风车转动和风之间的关系。该活动从美术领域入手，通过玩风车，让儿童在愉悦的互动活动中体验科学、增进情感。

图 5-16　风车

案例 3：飘动的树叶（中班）
——美术教育活动与语言教育活动的整合

【活动意图】

本次活动利用图画书丰富儿童美术表现的方法。图画书是用图画和文字共同叙述一个完整故事的书，图文交融是它的特征，图画书中的画面呈现着不同的表现方法，如油画棒处理的、粘贴的、印染的、拓印的等。日常美术活动中，儿童较多地用油画棒、记号笔、蜡笔、水彩笔等材料进行表现。阅读图画书的过程不仅发展了儿童的读书能力，还让儿童欣赏到插画家们是如何根据主题内容选用不同绘画技法的，使儿童对这些技法产生好奇，丰富了儿童的创作表现方法。图画书《风中的树叶》利用树叶的形状，对树叶进行想象添画、拼贴的创意与巧思，组合成一个个可爱的故事内容。

【活动目标】

（1）感受图画书中不同形状树叶的特点，并尝试对树叶进行想象添画。

（2）尝试在卡纸上刻画，并拼贴成装饰画，体验装饰画的乐趣。

【活动准备】

风干的树叶、水粉颜料、水、卡纸、装饰绘画的工具等。

【活动重点】

采用科学的方法观察树叶的大小、组成、外部形态特征。

【活动难点】

运用绘画与拼贴的形式对树叶进行想象添画。

【活动过程】

（1）欣赏绘本，引起儿童的兴趣。

教师播放绘本《风中的树叶》课件，在一根柳树枝上，长着十片各不相同的柳叶（见图5-17）。秋天来了，秋风一吹，树叶纷纷离开了柳树枝，它们飘到了哪里，变成了什么？

图 5-17　风中的树叶

（2）探索树叶的"变身"特点。

教师：风中的树叶飘落到什么地方？变成了什么？

小结：原来飘落的柳叶可以有这么多用处，树叶变成了小船、小鱼以及小船的风帆。

教师：你们有没有发现变成的东西和柳叶之间有什么关系呢？

小结：变成的东西与柳叶的形状很相似。

（3）儿童创作，教师指导。

教师：我们收集了各种不同形状的树叶，你想把它变成什么呢？（儿童讨论）

教师：今天我们用粘贴与绘画的形式来进行树叶变变变。

教师讲解制作步骤；鼓励儿童选择形状不同的树叶组合并合理布局；启发儿童根据树叶形状，大胆想象添画。

（4）展示作品，相互交流。

儿童展示作品，交流各自的作品中把树叶变成了什么。例如，变成了游动的金鱼、可爱的刺猬等，如图5-18所示。

图 5-18 可爱的刺猬

【活动延伸】

亲子活动：秋天来了，小朋友可以和爸爸妈妈一起收集各种形状、颜色的树叶，利用点、线、面的绘画语言进行装饰，细细地品味大自然的美。

【案例分析】

本活动以图画书《风中的树叶》为载体，在目标、内容上进行了美术和语言的整合。在美术方面，儿童通过欣赏图画书，对柳叶有了联想，尝试用树叶贴画的形式进行表现。树叶贴画是儿童喜欢的一种画画游戏，粘贴与添画的时候，选用不同的树叶颜色、形状、大小，能创造出各种各样的动物与人物造型。在造型活动中，教师提前让儿童准备各种树叶，有的将叶子变成熊猫、金鱼、孔雀等动物造型，有的将叶子拼成人物造型。通过拼贴活动，儿童了解了各种树叶不同的形状以及落叶的现象，深化了对树叶的认识。在语言方面儿童一方面要叙述故事内容，另一方面要用语言表述自己所画的内容。图画书正是迎合了儿童天马行空的想象天性，引领着儿童进入想象的故事世界。想象力是通过直接、间接的体验获得的，体验越丰富，想象力也越丰富。

案例4：甜蜜果盘（小班）
——美术教育活动与健康教育活动的整合

【活动意图】

将健康知识渗透在美术教育活动中，可以使儿童在愉快的、生动的、有趣的美术活动中自然地学习健康方面的知识，收到良好的学习效果。在本次活动中，

教师在引导儿童观察各种圆形的水果、色彩以及剖面结构的基础上，通过看一看、摸一摸、尝一尝，让儿童初步了解绘画中点的元素，并用美术工具和材料进行表现表达。与此同时，宣讲多吃蔬菜、水果营养均衡等健康知识。

【活动目标】

（1）知道多吃水果有利于身体健康，认识彩色的圆形和圆形组合的图形。

（2）尝试用线条和图案表现各种圆形水果，体验纸盘装饰画的快乐。

【活动准备】

课件、油画棒、纸盘子、水粉颜料、超轻黏土。

【活动重点】

感受果盘中各种水果的色彩美。

【活动难点】

观察瓦西里·康定斯基的作品，用不同大小的圆表现水果拼盘。

【活动过程】

（1）图片导入，激发儿童的学习兴趣。

教师出示图片，提问：这幅拼盘里有什么？

教师引导儿童说出图片内容以及水果的颜色、形状，并提示水果、蔬菜有各种营养，多吃水果蔬菜会使我们身体更棒。

（2）欣赏画家笔下的抽象艺术。

① 教师出示图片，提问：画面中有什么？是什么形状的？（各种颜色，全是圆，大圆套着小圆）

小结：这是俄罗斯艺术家瓦西里·康定斯基的作品，他将几何与颜色的碰撞通过线条、色彩、空间和运动来传达他的感性意识。

② "找一找"游戏。教师课前准备不同大小的彩色圆形，然后贴在教室的各个角落，在课堂中互动，让学生寻找教室里的圆形。

③ 教师出示图片：观察康定斯基的画和旁边的水果有什么相似的地方？为什么会有相似的地方？（色彩相似，都是水果的颜色，都是圆形的）

教师出示图片：图中的水果是什么形状、颜色？（不同深浅的橙子）

教师出示图片：这幅图中的水果是什么形状、颜色？（不同深浅的葡萄）

教师出示图片：图中这么多水果，我们如何用点去画它们呢？

小结：引导儿童感知各种图形、点和线条，以及不同大小的圆形。例如，白

色的圆圈是萝卜，橙色的圆圈是橙子，紫色的圆圈是葡萄，绿色的圆圈是猕猴桃；还可以有其他形状：红红的方块是火龙果，红红的椭圆是小番茄，黄黄的三角是菠萝，紫紫的波浪是紫甘蓝等。

（3）学生创作，教师巡回指导。

教师：今天我们也来当"小厨师"，做一份美味的水果拼盘吧。

引导儿童根据自己的喜好将各种水果用线条或图形画在纸盘上，并用色彩添色。（主要引导儿童用大小不同的圆）

画完以后，可以用超轻黏土装饰自己的食物。（运用团圆、搓长等技能制作青豆和沙拉）

儿童绘画时，教师倾听儿童绘画过程中的自言自语，了解图形代表的含义。

（4）展示作品，相互交流。

儿童展示作品，交流各自的作品，介绍自己的美味拼盘。

【活动延伸】

儿童可以选择一种最喜欢的水果来进行设计，并向幼儿园宣传（可用绘画、编儿歌、歌曲等形式）；也可以在自然角或种植园地进行实验，并准备收获。

【案例分析】

对于儿童来说，水果是他们所熟悉的，也是他们较喜欢的，本次活动中教师为儿童提供宽松、自由的时间和空间，让小班儿童通过鉴赏俄罗斯艺术家瓦西里·康定斯基的抽象艺术作品，认识彩色的圆形和圆形组合的图形，最后让儿童运用圆形的组合来进行创作。作品展示环节，儿童沉浸在有趣的情景中，教师将健康知识自然地融入美术活动，让孩子们了解到，水果有营养，能让身体变得健康，少生病。

案例 5：快乐端午，你我共享（大班）
——美术教育活动与社会教育活动的整合

【活动意图】

重要的节日和纪念日是对学前儿童进行社会教育的宝贵资源和重要机会，也是向儿童分享不同风俗习惯的好时机。教师利用端午节对儿童进行优秀的传统文化教育和多元化文化教育。这些文化教育为儿童提供了宝贵的艺术创作机会。本次活动通过在端午节对儿童讲述我国民间"包粽子""赛龙舟"的由来，鼓励儿

童用绘画的形式表现赛龙舟的热闹场面，并培养儿童在创作过程中分工、合作的能力。

【活动目标】

（1）有目的地营造龙舟和安排画面，体会共同努力、整齐划一才能赢得比赛的快乐。

（2）能够自主地运用线条、色彩、构图等绘画技能，大胆地表现激烈的赛龙舟场景。

（3）小组合作完成端午节创设，体验端午节文化气息。

【活动准备】

赛龙舟视频、《屈原的故事》PPT 课件、纸、笔、水粉颜料。

【活动重点】

了解龙舟的外形特征及侧面人的画法，表现赛龙舟的场景。

【活动难点】

对画面展开丰富想象，表达自己对端午节的理解。

【活动过程】

（1）欣赏谈论。

播放赛龙舟视频，再现情景，体会赛龙舟的团结一致、努力拼搏的精神。

教师：他们在干什么？你是怎样看出这是龙舟比赛的？人们划龙舟的动作表情是怎样的？

小结：人们在划龙舟的时候，只有团结一致、动作整齐划一才能划得更快。他们的船桨抬得一样高，他们的身体是侧面的，动作都一致，所以这艘船一定划得很快。

（2）操作表现。

观察龙舟外形特征，引导儿童了解龙舟的龙头和侧面人的画法。（龙头：龙嘴的牙齿呈锯齿状，龙眼又大又圆，龙角有分叉。侧面人：头部可以是侧面或正面的，身体只画一侧的手，手部动作画出划桨的姿势）

启发儿童大胆设计不同的龙舟，装饰龙舟外形。（龙舟上用了哪些线条和图案？）

鼓励儿童利用夸张的线条、多彩的颜色在相像的基础上创作出龙舟比赛的场景。

（3）共同创造。

小组合作，运用手印画，进行拍印活动。

关注同伴拍印的位置，相互补充与调整，共同拍印成一条龙舟。

（4）分享交流。

观赏画面，再现划龙舟情景。

体会我们都是划龙舟的人，只有共同努力才能赢得比赛。

【活动延伸】

除了赛龙舟，缝香包、包粽子也是风俗的传统纪念仪式。教师出示端午粽子，分发给儿童品尝，并制作香喷喷的粽子，感受端午节的传统纪念意义（见图5-19）。

图5-19 快乐端午

【案例分析】

本次活动围绕我国的传统节日端午节来设计，对儿童进行传统文化教育。课程的结论是"人们在划龙舟的时候，只有团结一致、动作整齐划一才能划得更快"。活动前半部分让儿童自己充分发挥想象力，利用绘画语言表现龙舟。活动后半部分以手印画的绘画形式，将五彩缤纷的手掌印组合成一条大型龙舟，儿童便在分组交流中共同进行了绘画情节的构思。

本活动虽然是一个美术活动，但是教师从大班儿童的特点出发，整合了社会性行为的培养。在大班儿童社会化的发展中，虽然合作的需要越来越多，但是合作并非一件容易的事。儿童的合作能力是在与同伴的磨合中逐步建立的。这就需要教师利用具体的情景进行对应的引导，开展相关的教学活动。在端午节活动中，教师安排儿童以合作形式来完成作品，通过实际操作，儿童体会到小组作品只有大家默契配合才能完成。

复习与思考

1. 学前儿童绘画活动指导的注意事项有哪些？
2. 学前儿童手工活动指导的注意事项有哪些？
3. 学前儿童美术欣赏活动指导的注意事项有哪些？
4. 如何看待学前儿童美术教育活动开展的形式内容的多元化，请阐述你的观点。

知行拓展

以7～8人为一组，分工合作，撰写幼儿园（大班、中班、小班）综合美术教学案例、制作教具和PPT，并进行试讲。将完成任务的整个过程记录下来，整理成包括文字、图片、音视频的多媒体资源。

PART 06

第六章

学前儿童美术教育评价

本章学习要点：

形成学前儿童美术教育评价的完整认识。

掌握观察等评价方法的运用。

学会通过教师评价与儿童评价等多种途径开展学前儿童美术教育的评价。

教育评价是指在一定教育价值观的指导下，依据确立的教育目标，通过使用一定的技术和方法，对所实施的各种教育活动的过程和结果进行科学的价值判定。

"当代教育评价之父"泰勒提出了以教育目标为核心的教育评价理论，改变了以传统考试为基本手段的教学测量方法。自20世纪70年代以来，许多教育家提出对教育目标进行评价的思考，强调评价对个体发展的建构作用，使教育评价真正成为全面考查教育效果的重要手段。

第一节
关于学前儿童美术教育评价的阐述

什么是评价？其实我们任何人都会身处在评价和被评价之中，可以说，我们的生活、学习到处充满了评价，并且深受这些评价的影响，学前教育工作者以及学前儿童也不例外，评价是教育实践中重要的工具，较好地做出评价是学前教育工作者最重要的职责之一，而且它可以使儿童从学习中受益。

近年来，如何开展有效的美术教育评价越来越受到人们的重视，多元化的评价成为人们的共识。大家对美术教育的评价不再只是停留在技艺的层面，而是进入美术课堂教学的多个方面，采用多样的方法，更全面和有效地开展评价。

学前儿童美术教育评价是收集有关儿童美术能力的发展、美术的学习和行为、学习的过程等相关信息，以此做出判断的过程。这种判断对儿童和教师及家庭都起到重要的作用。评价的目的如表6-1所示。

表 6-1　评价的目的

不同层面	评价目的
教师	确定儿童的美术技巧、能力、兴趣、学习风格和需求；制定美术课程教案并制定教学目标；对教室重新进行环境布置；选择美术材料；决定如何开展美术学习活动；告知家长和家庭有关儿童的美术发展情况和成绩；监督美术教学过程，提高教学水平；科学地进行教学分组或满足儿童个性化的需求。
儿童	确定儿童了解什么；确定儿童需要什么样的帮助；确定儿童的美术兴趣和学习风格；决定合适的分组；选择合适的课程，以满足儿童不同的需求。
家庭	与父母沟通，把儿童的美术学习情况告知他们；把学校里的活动同家里的活动及经历联系起来；确保父母了解课程情况，并融入儿童的教育中。

上表中，明确表述了客观真实评价的目的，也就是说，评价的目的是支持儿童学习。那么，我们如何能够做到对儿童客观真实的评价呢？

一、树立人才多样化的观念

不能用一把尺子去衡量和要求每个儿童，所以教师要因材施教，给每个儿童提供适合的教育，这才是好的教育，才是公平的教育。要平等地、公正地对待每个儿童，坚信他们将来都能成才，教师不能偏爱某个儿童。同时，儿童的发展不是直线性的，是有曲折的。因此，任何时候对每个儿童都应一视同仁。

对儿童阶段性的评价要关注其相对前一阶段发展水平的进步情况，注重保护儿童的自尊心和自信心。自尊心是要通过教师和家长对儿童从小尊重而培养起来的，自尊心又是和自信心联系在一起的，有了自尊心就会建立起自信心，反过来，有了自信心就会促进自尊心的确立。因此，对儿童来说，自尊心和自信心是一种巨大的教育力量，有了它儿童就能够自己教育自己。教师要重视这方面，从小培养儿童的自尊心和自信心。[1]例如，对于美术能力水平较弱、个性又比较敏感的儿童来说，教师一味横向地将其与其他儿童或某一标准做比较，儿童很容易产生心理负担和自卑感，从而对美术失去兴趣和信心。针对不同的儿童应尽可能从纵向维度评价，发现其进步的地方加以鼓励，用欣赏的态度和积极正面的评价面对每一个儿童，灵活运用评价尺度，把握好学前儿童美术学习过程和结果之间的关系。

---

① 顾明远.中国教育路在何方：顾明远教育漫谈 [M]. 北京：人民教育出版社，2016：66-67.

二、保护儿童美术创作中的"童真"

学前儿童美术教育评价应考虑儿童的年龄特征、生理及心理特点，以及儿童的思维方式与成年人之间的差距。儿童因其年龄特点，还没有对外部世界建立起系统、完整的认知经验，心理意识往往以自我为中心，他们常常通过移情把自身的内心情感投射到其所观察的客体上，使不具生命力的大千世界充满活力，创造出色彩斑斓、充满奇妙的审美意境。被"人格化"的审美创造往往会使儿童全身心投入，沉浸其中，忘我地欣赏着被自己灌注了情感或思想的对象，体验创作过程带来的愉悦（见图6-1）。这种成人世界中匪夷所思、"幼稚"的行为，却是儿童参与美术活动的典型特征，因此对在成年人身上再难以找寻的"童真"和艺术创造力，应给予肯定和鼓励。有时候，教师为了鼓励儿童在美术创作中自由发挥，免受外界因素的干扰和影响，可以既不点评，也不拿某位学生的作品让其他儿童看，以免打断儿童的思路。教师成人化的示范作品也会阻碍儿童想象力和创造力的发挥。

图6-1 我做完了

三、开展客观真实的评价

一些泛泛的教学总结和成绩评定无益于教育目标的达成，不利于促进儿童心智健全成长。具体而言，学前儿童美术教育活动应适合儿童的年龄特点，满足儿童恰当的需求。实际操作中满足不了这种需求或高于儿童接受能力的教育活动都是无价值的或无效的活动。

在学前儿童美术教育活动实施过程中，针对活动的方案设计、内容安排、方法选择、活动过程以及活动结果，教师应该掌握一定的评价方法，有目的地做好观察

记录，积累可供评价的信息。

教育活动评价可分为标准评价和非标准评价。标准评价即通过标准试卷的形式开展，一般我国的幼儿园美术教育活动评价中较少使用；非标准评价则在幼儿园美术教育活动评价中运用得较多，如观察、访谈、档案等。通过对各环节的一系列评价和反思，查找和总结与预定的目标存在的差距，指导教育活动的改进，实现学前儿童美术教育活动的价值，做到评价的客观真实。

总之，客观真实的评价应具有如下特点。

（1）运用不同的方式评判儿童的成绩，以及他们知道什么、能做什么，考虑儿童的文化环境和其他特殊需求。

（2）贯穿整个学年，通过儿童的作业、资料夹、档案袋、班级日志和教师的观察记录，对儿童真实的学习情况进行评价。

（3）结合课程，对儿童正在学习的和做的事情进行评价；与儿童、父母、其他教师开展合作，开展多方评价，目标是以儿童为中心进行评价。

（4）全面评价儿童，而不仅仅局限于特定的技能，评价是学习过程的一部分。[①]

第二节
观察是客观有效评价的最佳途径

观察是使用最广泛的评价途径之一，是了解儿童真实情况的手段；是认识儿童行为很好的方式。通过观察了解儿童知道什么、能做什么，特别是在更加自然的环境中进行观察，如教室、操场和家庭。

---

① ［美］乔治·S.莫里森.学前教育：从蒙台梭利到瑞吉欧 [M].祝莉丽，周佳，高波，译.11 版.北京：中国人民大学出版社，2014.

一、观察的目的

教师通过观察，能够达到如下目的。

（1）确定儿童在认知、语言、情感和身体上的发展状态。

（2）了解儿童的兴趣和学习风格。

（3）制订教学计划。幼儿园的教学实践需要根据日常的、正在进行的活动不断进行规划。观察可以提供有用的、真实且翔实的信息，这样的信息使教师能够有目的地为活动制订计划，而不是在信息很少或者没有的情况下做出决策。满足儿童个体的需求是教和学过程中重要的组成部分。

二、观察的优势

观察的优势体现在以下5个方面。

（1）观察使教师能够收集到其他途径无法得到的信息。儿童许多行为的原因和结果只能通过观察来进行评估，而不能通过正式的标准化测验、提问，或父母与儿童之间的面谈进行。

（2）观察非常适合于了解处于游戏环境中的儿童。观察能为教师提供机会了解儿童在游戏群体中的行为，注意他如何与同伴进行合作性的交流。在游戏时观察儿童，能够让教师充分了解儿童的发展水平、社交技能，以及儿童在游戏环境中学到的和没有学到的内容。

（3）观察可以使教师抓到发生在儿童身上的关键行为事件。关键行为事件是通过儿童在幼儿园的关键的表现最好或最差的事件进行分析，对儿童进行评价。关键事件法针对性比较强，对评估优秀和劣等表现十分有效；缺点是对关键事件的把握和分析可能存在某些偏差。

（4）观察能够为判断儿童身心发展程度提供信息基础。很多美术学习技能是按照一定顺序发展的，例如，手工活动中撕纸和剪纸，可以判断儿童大肌肉和小肌肉群的发展。通过观察，教师可以判定儿童的能力是否处于成长和发展的正常范围内。

（5）观察为儿童动态发展评价提供有力保障。每天、每周、每个月对儿童行为和学习情况的记录，为每名儿童的成绩和发展的积累性评价提供了数据。

在与家长沟通中，教师将观察到的情况如实向家长报告，与家长一起决定如何帮助儿童从认知上、社会意识上，情感上和身体上得到发展。

三、观察的步骤

有意识的、系统性的观察包含以下四个步骤。

步骤一：制订观察计划。

制订观察计划是观察过程中重要的组成部分。在观察之前，教师所要做的每件事都需要进行详细规划。制订计划时，最好确立观察对象、观察内容、观察地点、观察时间以及怎样观察的问题。

设定观察目标同样是制订观察计划过程的重要部分。设定目标能够让教师思考自己为什么要观察，进而指导将要观察的内容。观察目标可能包括：观察课堂环境布置的有效性、交往互动、儿童学习活动可以改进之处等。设定的观察目标不要过多，这样可以让你的精力集中于观察目标。

步骤二：进行观察。

在观察时，教师必须客观明确，尽可能彻底地观察。观察的方式包括做笔记、使用列表或记分单、简单描画室内或室外环境、录像等。为确保观察、记录的信息真实全面，可采用自由的事件记录法和预定的行为目录法。

事件记录法类似于教学日志和会议记录等形式，可按时间顺序将美术教育活动实施时发生的事件逐一记录下来。运用事件记录法要注意区分事实记录与解释记录，前者是客观情况的记述，后者是评价者当时的主观分析与解释。

行为目录法是将预定观察的事项列成详细的表格，观察者只需将现场发生的事项逐条核对标记。

两种方法都是具体记录教育现象的客观载体，为评价者提供事实依据。

步骤三：解释数据。

解释观察的数据可以发挥很多重要作用。解释数据是用教师的专业知识解释所看到的情况，这不仅有助于教师对儿童学习的期待——正常成长和发展产生的行为，以及认识到那些不恰当的成长发展和学习所表现出的行为，还为实施或修改活动和课程提供了方向。

解释数据还包括对所观察到的情况做出总结，根据观察到的情况为将来所要采取的行动提出建议。

步骤四：应用观察结果。

应用观察结果意味着教师要使用自己观察的结果来进行判断，并采取一定的行动。

总之，观察是在特定教育环境中有目的、系统性地观看儿童的行为。观察的目的是用来收集信息、提出建议、开发课程、规划教学、选择活动和学习策略，为评价儿童的成长发展和学习打下基础。所以说，观察是学前儿童美术教育评价非常重要的方式。

第三节
美术教育评价的其他方式

是否促进了儿童审美意识的培养和身心发展，是学前儿童美术活动的评价关键。为此，《纲要》倡导过程化、多元化的评价观念。只有采取可行有效的方法，才能够深入细致地了解真实的教学情况，获取第一手资料，为实现教育价值判断提供客观依据。除了观察，美术教育评价还可采用更多的方式。

一、数据分析与描述评价相结合

在学前儿童美术教育活动中，教师可以建立儿童美术学习档案，对每次美术活动中每个儿童的表现及完成情况进行记录并给予评定，通过分析记录数据的变化，判断每个儿童的美术学习发展情况和班级总体发展水平。

数据分析有助于教师调整和改进教学方法和策略，反思施教过程中的不足，以及与预定目标的差距，切合实际地制定下一阶段的教学目标；但对于儿童来讲，数据分析结果并不一定能真实反映其对美术学习的心理变化。

另外，针对不同儿童的发展情况，可以采用描述评价的方法。以开放包容的视角来观察审视儿童在学前儿童美术教育活动中的成长，关心儿童内心诉求，肯定其在美术活动中的积极态度，观察其在活动中的愉悦心情和获得的成就感来做正向评价。多用赏识、肯定的语言鼓励儿童在美术活动中释放天性，减少其与其他儿童的横向比较，促进其在美术学习过程中质的飞跃，同时达到更高层次量的变化，使儿童得到全面发展。

由此可见，在学前儿童美术教育活动中，数据分析与描述评价应有机结合，互为补充。

二、教师评价与儿童评价相结合

教师不仅是指教师本人，也可包括幼儿园的管理者及听评课的其他教师。通过

对儿童发展进行多方面的评价，更全面地审视学前儿童美术教育活动的目标是否达成，也可提出建设性的意见，这有助于教师改进教学方法，调整教学策略。

教育评价关注的对象是儿童发展，因此，组织儿童自我评价也很必要。儿童自我评价是儿童通过教师引导和经验积累逐渐发展起来的一种潜力。因儿童思维能力所限，他们所做的评价主要表现为依从性评价，是在教师的启发下表达倾向性的感受。正确运用儿童自我评价能够使儿童体验成就感，增强自信心，培养进取精神和表达能力。

三、过程评价与结果评价相结合

过程是指美术活动从构思到完成作品的整个阶段，其中既有内部的心理活动，又有外部的行为表现。这两方面在实际活动中是融为一体的。评价学前儿童美术活动的过程，要观察和记录儿童在美术教育活动中的行为表现，然后整理、分析，从而得出结论。

美术作品是学前儿童美术活动的结果，它清晰地反映了学前儿童美术能力的水平和特点。作品是静态的，可以长时间反复分析一幅作品或将不同作品放在一起对照比较，因此作品分析是一种简单易行的评价方法。

在学前儿童美术教育活动评价中，既要看过程评价，也要看结果评价，偏向任何一方都会造成偏颇。

另外，在学前儿童美术教育活动中，因个体差异的存在，每次教学活动都不会使每个儿童达到同样的标准和水平。如果只是以静态的横向比较方法来评价儿童，就会陷入简单被动的局面，不利于全体儿童的全面成长。

《纲要》明确指出，对儿童发展状况的评估，要承认和关注儿童的个别差异，避免用划一的标准评价不同的儿童，在儿童面前慎用横向的比较；以发展的眼光看待儿童，既要了解其现有水平，更要关注其发展的速度、特点和倾向等。因此，既要让儿童人人积极参与美术教育活动，又要允许每个儿童在原有基础上获得不同程度的发展，以欣赏的态度积极地评价每个儿童，尽可能地找出其进步的地方加以鼓励。

具体来讲，对于学前儿童美术教育活动进行的方案设计，可以通过调查、访谈等方式进行；对于活动实施过程的信息，可以通过观察、记录的方式进行统计。总之，对儿童的评价应该是具体的，而不是泛泛的表扬。只有这样，儿童才能体会到自己的长处和优势。所以，教师要不断转变美术评价的方式和方法，从儿童的个体纵向发展方面去评价儿童的美术学习，关注儿童的每一次活动过程与结果，激发其保持优势、克服不足之处的动机和行为。

第四节
美术教育评价的对象

一、对教师的评价

对学前儿童美术教育活动中的教师评价，就是通过对教师组织美术教学的过程及儿童接受信息的程度，对从事美术教育活动中教师教育行为进行的客观评价。对教师的评价大致可以从师德、学识素养、教学能力、教学特色等方面进行综合评价。

（1）对教师师德的评价。教师要热爱教育、热爱学生，把热爱学生建立在相信学生、尊重学生的基础上，了解学生的需要和困难，满腔热情地帮助学生学习，公平对待每一个学生，不把学生分成三六九等，尊重学生的人格。不侮辱、不讽刺学生。

加强教师对教育事业的崇高理想教育，把教育事业看作关系到国家兴盛、民族兴亡的事业，关系到家庭幸福、孩子的前途，教师要提高思想品德和文化修养，增强奉献精神和创新精神，对教育工作要精益求精。

（2）教师应该是能上课、会上课的艺术型、现代型、有学识的教师。学前艺术教育应针对儿童的身心特点与成长规律，以专业设计的游戏活动为艺术课程的载体，以培养儿童美好心灵和审美意识为目标。

（3）教师应具有把握实施美术教育目标的能力、选择恰当的美术教育内容的能力、组织美术教育活动的能力、创设美术教育活动环境的能力、指导儿童进行美术创作和表现的能力和评价学前儿童美术活动结果的能力。

（4）教师在教学活动中应具有创新性，能够因地制宜、结合实际，有效地开发可用的美术资源与教材，形成教学特色。

教育活动的评价应多元化进行，参与者可以是教师本人、同事、教育管理者及

家长。不同角度的评价更能反映客观性，避免教师主观性的干扰。

表6-2所示为学前儿童美术教育活动教师评价参照表。

表 6-2　学前儿童美术教育活动教师评价参照表

评价内容	
一级指标	二级指标
师德	具有敬业精神，热爱学生，公平公正地对待每一位学生
	能够和其他教师团结合作
	言谈举止符合教师身份
学识素养	教态亲切得体、有活力，符合儿童特点
	谈吐自然，语言标准、清晰、流畅
	板书设计合理，示范能力强，范画制作精良
	引用例证规范，表意准确
	教学环境布置优美，适合教学开展
教学能力	教学目标符合儿童特点，条理清楚、具体可行
	教学内容的选择符合儿童年龄特点
	教学过程中教学环节有节奏，时间分配合理，教学有推进感
	教学理念以儿童为中心且儿童参与度高、参与面广
	采用的教学方法灵活、实用，信息化手段运用得恰到好处
	对儿童的评价客观、真实
教学特色	具有创新精神
	能够有效地开发可用的美术资源与教材

对教师评价的目的是为教师修订和改进现有的美术教育活动计划提供客观依据，从而提高教师的教育水平。对教师的评价离不开对儿童的评价，两者是相关联的，并不是割裂开来的，我们在实施中应互相参考。毕竟教学评价是为了儿童的有效学习。

二、对儿童的评价

对美术教育活动中的儿童进行综合评价，主要目的是"了解儿童发展的需要，以便提供更加适宜的帮助和指导"；能够"全面了解儿童的发展状况，防止片面性，尤其要避免只重知识技能的掌握，忽略情感、社会性和实际能力的倾向"。

幼儿园教育的主体是3～6岁的儿童。在美术教育活动过程中，儿童会调动全部心理能量，倾注全部热情和智慧，逐步在与美术媒介的互相作用中，建构起自己的审美心理结构。学前儿童美术作品的内容与形式因儿童年龄不同、构建审美结构不同而有差异。

对学前儿童美术教育活动的评价可以从活动过程和活动结果两个维度来进行。有必要指出的是，因儿童身心发展的特点，关注活动中的表现比只关注活动的结果更有积极意义。

1. 学前儿童美术活动过程的评价

学前儿童美术活动过程评价可以从构思、主动性、兴趣、专注性、独立性、创造性、熟练性、自我感觉、习惯性等方面来进行（见表6-3）。

2. 学前儿童美术活动结果的评价

对美术活动结果的评判，即对学前儿童美术作品的评价。可以参考美术教育工作者潘元石著作《幼儿画教学艺术》中提到的观点，从以下五个方面来评价学前儿童美术作品。

（1）作品的表现要符合儿童的身心发展，绘画能力要配合他的身心发展，两者才得以平衡发展。

（2）作品要表达儿童的内心意向，并能宣泄个人情感。例如，将自己内心的恐惧、喜悦等内心感受通过绘画明确而强烈地表现出来，使作品更具生命力。

（3）作品要能发挥儿童的个性，要有自我的表现。绘画对儿童而言，是一种按照自己的个性，表现自我、主张自我的手段。因此，只要是属于儿童自己的感受，对儿童本身来说，都是有意义的，而且是值得重视的。

（4）作品要能表现出活用绘画材料的特性。各种美术材料都有其不同的用法和不同的风格、特性，儿童能够把握其特性，充分地活用它，才描绘出生动的画面。

表6-3 学前儿童美术活动过程评价要素

评价等级划分	构思	主动性	兴趣	专注性	独立性	创造性	熟练性	自我感觉	习惯性	
									活动顺序	工具材料使用
A	事先构思出主题和主要内容,动手之后围绕构思进行创造	由自身兴趣、愿望支配,自主进行美术活动	主动从事美术活动,对美术活动倾注极大热情,完全沉浸在活动之中	能较长时间持续从事自己选定的活动,不受外界影响,有时甚至第二天接着做	自己决定活动任务,解决问题,有拒绝别人干涉,独立完成任务	别出心裁地构思,利用材料进行造型	操作工具的姿势正确,轻松,操作动作连贯、迅速、准确,一次完成动作,作品质量好	自己认为很成功,主动请别人欣赏自己的作品,并讲解作品的内容和含义,能慷慨地将作品赠人	有顺序、有步骤地完成作品	保持工具材料的固定位置,用时取出,用后放回
B	预想出局部内容,完成一项后再做新计划	由特定材料引发开始美术活动	欣然从命,愉快地从事活动,在做的过程中会自然地流露出愉快之情	能在同龄儿童一般可维持的时间内持续从事活动,中途偶有离开的现象发生,但还会主动回来,直到活动完成	主动请教他人,考虑他人建议,然后自己完成任务	重新组织以前学过的造型式样,方法与技能进行造型	操作工具的姿势正确,操作平稳,动作欠准确,中途修改,作品质量较好	对自己的作品感觉满意,但不主动展示,听到别人的称赞感到愉快,希望保留作品	弄错步骤,发现后主动纠正,完成作品	大致保持原位置,错放后能找到

续表

评价等级划分	评价因素								习惯性	
	构思	主动性	兴趣	专注性	独立性	创造性	熟练性	自我感觉	活动顺序	工具材料使用
C	动手后构思，由动作痕迹出发，想到什么做什么	看到别人从事美术活动，自己跟着做	对美术活动迟疑不前，在活动中企图离开或张望别人在做什么	需要鼓励才能把活动完成	模仿他人完成自己的作品	重复以前学过的造型式样、方法与技能进行造型	操作工具的姿势正确但笨拙，操作动作迟缓、准确性差、有失误不知修改、作品显得粗糙	认为不大成功，能接受别人的看法，希望将作品交给老师	想到什么就做什么，作品、作品有缺陷	一片混乱，用后乱放，取时找不到
D	只有动作活动，没有形象创造，美术活动中表现为在纸上随意涂抹或反复捏泥、撕纸	在他人要求下开始美术活动	拒绝参加美术活动	不能把活动进行完，中途改变活动内容	接受并在他人的帮助下完成作品	只按老师当时传授的造型式样、方法与技能进行造型	操作工具的姿势笨拙有误，只有重复性活动，不能完成作品	感到沮丧，对别人的反应无动于衷或抵触，对作品去向不关心或毁掉作品	只完成局部作品	不会取放，拿到什么用什么

（5）作品要和画纸大小相称，才会令人感觉舒适。例如，儿童在大画纸的角落描画出小的形象，或把整个形象描绘得连画纸上下左右的空白都没有的话，是不会令人感到舒适的。

学前儿童美术教育的评价还有很多工作需要做，还需要在实践中展开长时间的探索。一个经过仔细规划且公正有效的评价计划，可以使教师能够真正看到儿童的能力有多大，他们的成长速度有多快。

复习与思考

1. 试述学前儿童美术教育的评价。
2. 为什么说观察是客观有效评价的最佳途径？
3. 对学前儿童美术活动中教师的评价有哪几个方面？
4. 学前儿童美术活动过程的评价，可以从哪几个方面进行？
5. 如何对学前儿童美术活动的结果进行评价？

知行拓展

1. 以"如何在一次学前儿童美术教育活动中运用系统性的观察"为主题，专访两三名幼儿园教师，并将采访资料整理成包含文字、图片、音视频的多媒体资源。

2. 鲍勃·彼得森在《反思派》一书中提到："一切形式的评价应该只有一个目的，那就是提升学生的学习效果。"如何理解这句话呢？请以小组为单位进行讨论，并将讨论的完整过程整理成包含文字、图片、音视频的多媒体资源。

附录一

幼儿园美术
教育活动说课

　　"说课"是我国教学改革中涌现出来的进行教学研究的有效形式，20世纪80年代河南省新乡市首推，当时主要是指授课教师在充分备课的基础上讲述自己的教学设计及其理论依据，然后由听众评说，确定改进意见，再由教师修改、完善教学设计。

说课的概念

　　说课是指教师以教育教学理论为指导，在精心备课的基础上，于授课之前面对领导、同行或教学研究人员，主要用口头语言和相关辅助手段讲解具体课题的活动设想及其理论依据的一种教研活动，它是教师将教材理解、教法及学法设计转化为"具体活动"的一种课前预演，也是督促教师进行业务学习和教育教学研究、提高业务水平的重要途径，还是评估教学水平的有效手段。说课一般应包括教材分析、教学目标、教学重点、教学难点、教学疑点、教学手段、教学方法、教学程序、教学用具、板书设计、练习设计、作业布置等内容。

说课的性质

　　（1）说课是课堂教学研究活动中的一个基础环节，是备课的理性延伸，是对备课情况从实施的理论依托上做简要的剖析、说明。

　　（2）说课是介于备课和上课之间的一种集体教学研究活动，是集体备课的高级形式，其面对的往往是同组的教师，有交流和切磋的成分。说课是在备课前提下的教学改进和优化活动，是上课前的一种更周密的科学准备过程。

　　（3）说课是以说为特定形式的，故要求说课者应具备一定的口头表达能力。

说课与授课的异同

　　说课与授课既有相同点，又有不同之处。

　　其相同点在于两者都是同一活动的教材。课前说课中的内容都会在上课时得到充分体现和展示。不同点在于：第一，目的不同。授课的目的是将教材内容转化为儿童的理解，进而培养儿童能力，进行品行教育，即"使儿童学会"；说课的目的则是向听者介绍教学活动的活动设想，"使听者听懂"。第二，内容不同。授课的主要内容在于让儿童理解哪些内容，关键在于"教什么"和"怎么教"。说课则不仅要讲清上述的主要内容，而且要讲清"为什么这样教"。第三，对象不同。授课的对象是儿童。说课的对象是有一定教学经验的领导、同行或教学研究人员。第四，方法不同。授课是教师与儿童的双边活动，说课则以教师自己的解说为主。第五，灵活性不同。说课比上课更具灵活性，不受时空、教学进度、教材、年级人数的影响。

幼儿园美术教育活动说课是指教师以幼教基础理论和美术学科学习、认知规律为指导，以《纲要》为依据，结合具体的教材内容及儿童的实际情况，主要用口头语言表述对美术教育活动的具体分析、设计及其理论依据的过程。简而言之，就是说清教什么、怎么教、为什么这么教。[①]

幼儿园说课，要处理好说课和备课、说课和上课的区别。说课是备课的前提，备课是说课的依据；上课面对的是学生，而说课面对的是领导或同行。

说课的基本格式即说课的基本框架，包括说教材、说准备、说学法、说教法、说过程和说教学特色。

一、说教材

说课者在认真研读幼儿园美术教育活动课程标准和教材基础上，系统阐述选定的教学内容在教学单元乃至整个教材中的地位和作用，以及与其他教学内容的联系等，围绕课程标准对教学内容的要求，将目标化解到具体的教学环节中，确定教学重难点及课时安排。说课者需要尽量阐述自己对教材的理解和感悟，充分展示自己对教材的宏观把控能力和驾驭分配能力。

说教材包括以下四个方面内容。

（1）教材内容分析。研读课标，分析教材的编写思路和特点，简述教学内容在本教材中的地位、作用和意义，以及与主题内其他教材的联系。

（2）说活动目标。活动目标是教育活动的起点，也是教育活动的终点。不只是宏观阐述知识技能、过程方法、价值观三维目标，还要在课程标准指导下，就学习内容的教学目标要求，从认知性学习目标、技能性学习目标和体验性学习目标等方面进行分层化解，阐述依托内容载体实现这些目标要求的途径和方法。确定的目标越明确，越具体，反映出教师备课越充分。教学活动安排越科学，操作性就越强，也越能提高教学水平。

（3）说重点、难点。分析教材的重点、难点，以及确定重难点的依据和突破方法。

（4）说课时安排。根据教材特点和学情说时间分配及其依据。

二、说准备

活动准备包括活动前和活动中的准备，可以从知识经验准备和物质准备两方面着手。

---

① 但菲，赵小华，刘晓娟. 幼儿园说课、听课与评课 [M]. 北京：北京师范大学出版社，2012：101.

活动前的准备包括家长工作、社区协调、环境创设、资料收集、幼儿园活动等，活动中的准备即有关玩具、教具等材料的准备，包括儿童用书、教学挂图等。知识经验准备是指儿童美术绘画知识、生活经验技能，以及家长配合、社区协调等方面的准备。物质准备包括活动前的场地、器材和玩具的准备与布置。活动准备是为让儿童通过与环境、材料的相互作用来获得发展的。因此，活动准备必须与儿童的能力、兴趣、需求等相适应。

三、说学法

在介绍说学法之前，首先要进行学情分析，分析儿童的年龄特点、心理特征、认知规律、学习特点和已有的知识和经验，及其与教材的关系。它是教师组织教学活动的依据，是儿童学习新知识的基础。学情分析是幼儿园教师说课时最容易忽视的。说学情是为优化教学设计提供参考，应重点关注儿童已有的知识经验、学习方法和技巧，为儿童个性发展和群体提高提供保障。

学生是教学主体，学法就是激发儿童的学习兴趣、明确学习知识的方法。

说学法主要解决儿童"怎样学"和"为什么这样学"的问题。说课者必须说明如何根据教学内容、围绕教学目标指导儿童学习，教给他们什么样的学习方法，培养儿童哪些能力，如何调动儿童积极思维，激发其学习兴趣等。说课活动中虽然没有儿童，看不到教师与儿童、儿童与儿童之间的多边活动，但一定要体现以儿童为主体，充分发挥他们的积极主动性。

说学法具体要说清以下两大问题。

（1）针对本教材特点及教学目的，儿童宜采用怎样的学习方法来学习它，这种学法的特点怎样？如何在课堂上操作？

（2）在教学中，教师要如何进行学法指导，使儿童在学会过程中达到会学？学法指导是否体现了儿童的生理、心理和学习规律？根据教学的重点、难点，分析儿童在学习过程中可能遇到的障碍及其原因，针对这些障碍加强对儿童的指导。指导儿童掌握基本知识和基本技能，面向全体儿童，使不同层次的儿童在各自原有的基础上均达到有效的提升。

为体现"充分发挥儿童的主动性，能运用各种感官，动手动脑，探究问题"的教育观念，教师应积极创造条件让儿童参加探究活动，不仅能够让儿童提高认识，积累经验，还能锻炼儿童能力，升华儿童情感。儿童阶段常用的学法有分享式学习法、体验式学习法、观察学习法、情景表演法、多种感官参与法等。

四、说教法

幼儿园美术教育活动的教法，是指在美术教育活动中，为了达到活动目标，教师所采用的指导方式。

教学方法是教师有效地传递信息、指导儿童的途径。说教法主要说明在本次活动中将采用的教学方法和运用的教学手段，以及这样做的原因主要解决教师"怎样教"和"为什么这样教"的问题。

教师应根据所选课题内容的特点、教学目标和学情，说选用的教学方法、手段及其依据。教师需要根据教材、学生、教学媒体、教学风格、授课时间等对各种教法和学法进行最优化的组合；要着重说明自己独创的做法，特别是培养儿童创新精神和实践能力的具体做法。说教法时注意要根据教材的特点、儿童的实际、教师的特长及教学设备情况等，来说明选择某种方法或手段的依据。

教育方法的采用应考虑儿童的年龄特征、实际水平和美术学科本身的特点等。对于喜好新鲜事物的儿童来说，教师采用灵活多变的教学方法能更好地激起他们对美术活动的兴趣和热爱。针对 3 ~ 6 岁儿童所呈现出来的心理特征、认知规律、学习特点和思维模式，常见的教法包括游戏情境法、观察引导法、物象分析法、小组合作法、探究发现法、过程指导法等多种方法。

五、说过程

说过程是说课的重点，是能够真正体现教师独具匠心的教学安排。教学过程应该体现从开始、展开到结束的整个过程。

要把教学过程说得详细、具体，但并不等同于课堂教学实录。对于重点环节，诸如运用什么教学方法突破重难点要细说，一般环节的内容则可少说。尽量避免流水账式的说法。说过程的方法，可以是把整个环节的安排先说出来，再逐环节叙述，也可以是把一个环节的内容说完后，再依次说下个环节的内容。环节之间尽量用恰当的过渡语，使整个说课内容浑然一体。

说过程容易出现的问题如下。

（1）过于简单。

（2）只讲清"做什么"，没讲清"怎么做""为什么"。

（3）不能很好地将表格式流程转换为陈述性流程。

六、说教学特色

教学特色即教学亮点。要有亮点、与众不同，就要多角度挖掘选材、教学方法等，使教学效果达到最佳。

总之，要说好课，就要做到以下几点。

（1）内容依据教材、大纲，符合儿童实际。

（2）重点突出，层次分明，内容具体。

（3）说理透彻，理论与实践相结合。

（4）语言准确、简练、科学。

此外，说课的教师要有热情，有创造性，有风度，能控制好节奏。

说课案例1：幼儿园大班美术活动"背太阳"说课稿

各位领导、各位老师：大家好！

今天我说课的内容是幼儿园大班美术活动教材《背太阳》。

（一）说教材

（1）教材内容分析

《背太阳》选自一篇优美的文学作品，故事以拟人化的手法将人人熟知的太阳作为主人公，把房子、大树等比作地球上的朋友，为了让太阳工作得轻松一点，朋友们决定轮流出来背太阳。故事虽简单，却充满了童趣，将这一美丽的童话故事通过儿童之手画诸笔端，是一件充满治愈性美感的事情。在儿童绘画创作中，技能水平肯定会有高有低，但是故事通过儿童的大脑去创作，再经过他们的手和画笔表现出来，一定充满童趣。所以我想用这篇富有情趣的童话故事《背太阳》作为贯穿始终的线索，激发儿童大胆地表现美、创作美。

（2）活动目标

《纲要》在艺术教育的目标上强调，要让儿童喜欢参加艺术活动，并能大胆地表现自己的情感和体验。对于大班的儿童来说，美的形式对激发他们的审美体验具有重要作用。根据《纲要》要点和儿童的现有发展水平，我制订了本次活动的目标。

① 初步学习运用重叠的方法来表现前后关系。在构图上，用连成一片的房子、郁郁葱葱的树林、手拉手的云朵等衬托一个半圆形的大大的太阳，形成大与小、多与少的对比，给人以平衡之美。

② 鼓励儿童在愉悦的情绪下按自己的想象大胆创作，发展其初步的创新能力，培养其绘画兴趣。

③ 通过感知故事内容大胆想象，激情创作，启迪智慧，体验美好，培养互相关心、团结互助的高尚品质。

（3）重点、难点

活动重点：学习运用重叠的方法来表现前后关系，用大小、多少的对比体现平衡的美感。

活动难点：鼓励儿童大胆想象和创作，培养互相关心、团结互助的思想品质。

（二）说准备

物质材料是实现活动目标的载体，活动材料应有利于引发、支持儿童活动的需要，恰当地选择工具将会提高儿童学习的兴趣，促使他们更主动地投入创作。为更好地达到教学目标，我做了以下准备。

① 准备常用的水彩笔和蜡笔。

② 为便于儿童表现大面积的色块，尝试多种作画方法达成美术创作中的形式美，为儿童准备了记号笔和多种颜色的水粉颜料及大号的水粉笔，可以用记号笔描线，蜡笔勾边，也可以采用油水分离画法。

（三）说学法

（1）学情分析

本班儿童活泼好动，对外界充满了好奇，绘画兴趣浓厚，想象力、学习力比较强，喜欢用自己独特的"美术语言"表达自己的想法和感觉，对于事物的主要特征能够细致地观察和把握，但在表现方法和情感感知上还有所欠缺，在此基础上开展《背太阳》美术教学活动，能够为儿童提供欣赏、想象的机会，通过观察和想象，培养儿童对美术欣赏活动的兴趣，激发儿童的创造力和想象力，体验欣赏作品的快乐。

（2）学法

在整个学习活动中，始终以儿童为主体，教师只是支持者、合作者、引导者，真正发挥了儿童的能动性和创造性。儿童通过欣赏、探索、尝试和动手操作，创作出完美的故事。

要让儿童能主动、积极地参与探索活动，选择方法很重要。根据教材内容和儿童的年龄特点，我在学法指导时紧紧围绕活动目标，创造适宜的条件，让儿童

在认知能力、动手能力上得到了提高。主要运用的学法如下。

① 观察学习法。通过欣赏、观察教师提供的范例，刺激儿童的视觉，激发其创作的欲望，提高儿童对事物的分析能力、想象思维的发展。

② 体验式学习法。让儿童通过倾听《背太阳》的故事分析太阳、树木、云朵、小动物等的构图，了解各种事物的特征及轮廓描绘的过程，体验绘画的故事性、情景性和构图技巧、绘画原理，从而提升审美品位，陶冶情操。

③ 交流讨论法。教师通过提问引出话题，让儿童充分发挥想象力，互相交流讨论，鼓励儿童大胆地表达自己的感受和想法。

④ 分享式学习法。让儿童在展示自己的作品过程中真正体验绘画带来的快乐，让儿童在表现、交流中分享探索绘画的过程和结果。

（四）说教法

创设宽松自由的环境，从兴趣出发，引导儿童自主参与和选择，这是《纲要》中再三强调的。在本次活动中，我始终坚持这一理念，给儿童创设宽松的环境与自我表现的空间，允许他们自由表现，常加以激励和引导性启发，从而激发儿童创作的热情，并根据儿童的需要适宜地给予指导和帮助。为了让儿童在活动中更好地掌握好教材的重点和难点，根据儿童的学习特点，我采用的教法主要有以下几种。

（1）观察引导法

通过讲解谈话，把实物或教具展示给儿童看，让他们有直接的感受。本次活动中我采用了故事性主题引入："太阳辛苦了，地球上的朋友们商量着怎么让它工作得轻松一点。"让儿童与日常生活经验产生联系，从而引出后面的演示讨论，引发儿童的学习兴趣。

（2）游戏情境法

在活动中适时加入儿童表演，可以使儿童沉浸于情景之中，极大地增强儿童的快乐体验。儿童在对故事充分认知、激情创作之后进行角色表演，不仅使儿童在欣赏自己作品的同时体验成功的喜悦，而且使团结互助的情感得到逐步深化与升华，让儿童真实体会到社会群体力量的光辉。

（3）物象分析法

物象分析法是在观察的基础上，对事物进行描述性的分析，帮助儿童在事物与画面之间架起一座桥梁，建立起自己独特的造型符号。在此过程中教师要善于

引导和鼓励儿童用自己理解的形象进行表述。如老师讲了《背太阳》的故事后，引导儿童想一想、说一说，你想象的太阳是什么样的？他们发出的光芒是什么样的？为什么是这样？鼓励儿童把看到的、想到的变成物象说出来，然后再画出来。孩子们感受不同，创造的符号也千差万别，使其作品充满个性、栩栩如生。

（4）小组合作法

在绘画和角色表演的过程中，让每个儿童都动起来，有教师儿童之间互动、儿童之间的互动、儿童与材料的互动，培养儿童合作学习的意识和能力。

（五）说过程

（1）主题引入

为了更好地把握儿童对内容所产生的强烈的情感体验，满足儿童运用更好的方法大胆表现自己体验的要求，我设置了这样的主题引入："太阳辛苦了，地球上的朋友们商量着怎么让它工作得轻松一点。"从而引出后面的演示讨论，许多房子、许多大树、许多花草都来背太阳，使这种情感体验逐步深化与升华，并能贯穿于整个美术活动的全过程。

（2）提问设计

在感受物体重叠关系时，在制作课件时我用了简单的动画效果，视觉效果较好。在教学实践中，为了使设问内容与情景巧妙结合，在引导观察房子间重叠关系时，我设计了这样一组提问："一幢房子背得动太阳吗？"提示儿童应有许多房子才能背得动太阳。演示二三幢房子后又问："咦！这幢房子怎么造了一半就来背太阳了？"引导儿童观察并发现这幢房子被别的房子挡住了，所以只能看见一半，从而告诉儿童重叠的表现方法。当许多房子终于将太阳背起的画面出现后，孩子们的喜悦是不言而喻的。

有了以上的观察感受，下面的尝试就变得简单了。用大树作为相关绘画经验的迁移为孩子在后面的创作打下了基础。同样教师在示范讲解时所用的设问都是围绕着文学作品情节的展开而设计的。

（3）活动拓展

在引导创作时，我用"一年有几天？"的问题激励儿童想象各种动植物每天轮流背太阳的情景，拓展创作思路。如果说，在欣赏与讨论环节教师面对的是儿童整体的话，那么在指导创作中教师面对的则是不同层次水平的儿童个体。教师必须用敏锐的眼光及时捕捉儿童创作过程中可能产生的新奇的构想或预设外生成

的问题，并通过语言这一媒介将信息整理反馈给儿童，使儿童充满激情地投入创作。

另外，在儿童创作完绘画作品后，我又激励他们进行角色表演，让孩子亲身体验故事的情境，升华互帮互助的美好情感。教儿童一种方法，不仅为了能够让儿童大胆地去表现，去学习，更重要的是要让儿童从中得到道德情感的提升。

（六）说教学特色

审美教育的根本在于儿童情感的培养、个性的陶冶。"背太阳"这个活动旨在让儿童体验关心他人、帮助他人的快乐。在活动结束后的评价中，教师不应单纯功利性地评价谁的房子画得好，谁的小花画得美，而应从请来了哪些动植物来背太阳这个角度进行评价：第一天房子背太阳，第二天请了谁背太阳？……在不断介绍儿童创作内容的过程中使儿童产生美好的感受。这样一来，将重叠与省略这一枯燥乏味的技能训练融会在优美感人的文学作品的意境中。这样儿童最后得到的体验是"勤劳工作的太阳得到了地球上许许多多朋友的关心和帮助"，而不是仅仅学会了重叠和省略。

俗话说："画无成法，教无定法。"那种"为追求技能而技能至上"的做法在幼儿园的美术活动中是应该避免的。

说课案例2：幼儿园中班美术活动"各种各样的鱼"说课稿

各位领导、各位老师：大家好！

今天我说课的内容是幼儿园中班的美术活动教材《各种各样的鱼》。

（一）说教材

（1）教材内容分析

本次活动属于儿童绘画活动中的线描画。线描画是用线条的变化来描绘对象及其形体结构的绘画方式。线描画的绘画工具比较简单，可以用勾线笔、铅笔、油画棒、钢笔等，利用点、线、面来进行绘画。

我班儿童大多处于形象期的学前中期，在绘画活动中的表现是：有初步的构思能力，但基本属于先动笔后构思或者边动笔边构思；绘画内容容易发生转移；因有前期简笔画的训练基础，有简单的掌控线条的能力。

儿童进行线描画的练习，可以培养其精细绘画和手眼协调的能力，激发绘画

兴趣，提高专注力。儿童在欣赏、发现、感受线条美的同时，大胆进行创作，不仅能将儿童零碎的经验加以提炼，而且与《纲要》中提倡的"教育生活化、生活教育化"的理念相吻合，同时在中班开展线描画，能引导儿童通过"观察—想象—发现—表现—创造"系列活动，有意识地锻炼和培养自己的观察力、想象力，促进个性的发展。由此我设计了本次活动。

（2）活动目标

儿童通过本次活动产生对动物的兴趣，加深对大自然的热爱；初步学习用多种形式来表现事物，开发创新能力，因此，我制订了本次活动的目标。

① 初步学习用线条的形状变化和疏密排列等多种形式来表现和装饰鱼。

② 鼓励儿童在愉悦的情绪下按自己的想象大胆创作，发展初步的创新能力，培养绘画兴趣。

③ 向儿童进行热爱自然、尊重生命、人与自然和谐相处的环保教育。

（3）重点、难点

活动重点：学习用线条的形状变化和疏密排列来装饰鱼。

活动难点：鼓励儿童大胆想象和创作。

（二）说准备

活动准备是为具体活动目标服务的，同时，儿童是通过与环境、材料的相互作用来获得发展的。为使活动呈现出趣味性、综合性和活动性，寓教育于实际操作和游戏中，我做了以下准备。

① 多媒体课件《海底世界》。

② 画好的线描画作品、其他小朋友画的线描画鱼。

③ 用于欣赏的教师作品。

④ 白纸、铅笔。

（三）说学法

（1）学情分析

本班儿童绘画兴趣浓厚，从平日美术活动中儿童的表现看，部分儿童动手能力较差，依赖成人的指导。教师在活动中特别是评价儿童作品时应着重培养孩子的自信心，让他们有快乐的体验。中班儿童处于形象期的学前中期，有初步的构思能力和简单的线条掌控能力，良好的绘画习惯也有待于继续培养和养成。

（2）学法

① 多种感官参与法。儿童在活动中通过眼看（观察）、耳听（倾听）、脑想（想象），学一学、说一说（尝试）、做一做（练习）等多种方法来获得知识体验。重点是引导儿童注意观察、大胆想象、勇于动手的能力。《纲要》提出儿童美术教育的价值在于：激发情趣、激活兴趣；培养儿童的创新意识；赋予儿童满足感和成就感。在《纲要》理念指导下的儿童绘画教育更加强调精神创造的意义；强调艺术活动对儿童心理发展的影响。本次活动设计中，我通过幻灯片的展示，让儿童充分调动眼、耳、口、手、大脑等多种感官感受到鱼宝宝身上线条的纹样美、图案美。让儿童去感受，去体验自由表达和创造带来的快乐。多种感官参与的活动会给儿童创造更大的发展空间，留下更为深刻的印象。

② 体验式学习法。针对中班儿童的年龄特点，我采用了体验式学习法，通过游戏活动，使每个儿童都有实际体验，获得愉快感、轻松感与成就感。在游戏中，儿童边游戏边观察，充分体现《纲要》中提出的"幼儿艺术活动的能力是在大胆表现的过程中发展起来的"的精神实质。

（四）说教法

选用适当的教学方法能起到事半功倍的效果。依据《纲要》的精神和本班儿童的年龄特点，我采用了以下教学方法。

（1）多媒体教学法

借助多媒体手段进行观察欣赏演示，则更为简洁、生动，容易吸引儿童的注意。本次活动设计中，我通过幻灯片的展示，让儿童感受到鱼宝宝身上线条的纹样美、图案美。

（2）观察比较法

观察比较法即运用观察、比较进行教学的方法。通过观察，儿童既形成了准确的形体印象，又把握了局部的细节特点。而在观察中进行比较，则能让儿童更加直观地感受不同的创作手法带来的不同效果。本次活动中，为了让儿童直接感受点、线、面的疏密变化和规律性对装饰效果的影响，我采用了观察比较的方法，让儿童在观察比较三幅特征明显的线描画作品中，发现装饰过于繁杂、无规律，装饰手法单一、缺少变化都不能给人带来美的享受，从而有效地突破了本次活动的重难点。

（3）欣赏评价法

欣赏评价法指的是将儿童不同特点的作品进行对比评价，肯定各自的特点。

在本次活动的最后环节，我采用了欣赏评价法，在欣赏的同时围绕以下两个问题展开点评。

问题一："你最喜欢哪个鱼宝宝？为什么？"。使儿童在审美的同时自然地习得经验，为下次经验迁移做准备。

问题二："你是用怎样的线条和图案来装饰鱼宝宝的？"让儿童用语言将自己的装饰意图表达出来，达到分享和交流的目的。在这一环节，教师和同伴的欣赏与评价能让儿童体验到活动带来的愉悦感和成就感。

（4）个别指导法

幼儿美术活动虽然游戏性很强，又非常自由，但它并不是单纯的娱乐或消遣，老师在把握儿童现有水平和个体特点的前提下，对个别儿童适时、适当的指导才能出成果，为儿童创造更多获得成功的机会。

（五）说过程

活动共有以下五个环节。

（1）观看多媒体课件

初步感知和欣赏海底世界各种各样的鱼的花纹，引导儿童说出鱼儿身上花纹的特点。然后请儿童讲讲自己最喜欢哪条鱼，它是什么形状的？身体各部位的名称及身上的花纹是什么样的？特别是对形状怪异的鱼，启发儿童尽可能讲得详细一点。

（2）欣赏课件

先欣赏小朋友的作品，引导儿童说说他们的画用了哪些线条装饰，并进行比较。再欣赏教师的作品，让儿童学习装饰鱼宝宝的基本方法。我逐个展示各种点、线、面（即根据儿童回答展示各种线形和点形装饰），既增强了趣味性，又有效地发挥了教育的功效。（欣赏儿童绘画作品）请儿童互相说一说，这些鱼的形状及装饰的线条，说一说它们是什么样的，有什么样的花纹。然后示范并讲解几种鱼的画法，（欣赏教师的作品）请儿童说说其中都用了什么线条来画各种各样的鱼。教师在儿童最喜欢的鱼身上示范画出各种形状的线条，并重点讲解如何处理线条的疏密关系。请儿童来装饰几条鱼宝宝。引导儿童讨论，你准备画一条什么样的鱼？

（3）引导幼儿观察比较

通过比较，了解点、线、面的疏密变化和规律性对装饰效果的影响。为了帮

助儿童理解线描画抽象的形式美的构成规律，我选择了三幅特征鲜明的线描画作品（图一：装饰过于繁杂、无规律；图二：装饰手法单一、缺少变化；图三：疏密变化恰当、有一定规律）。儿童通过观察比较，在教师追问"这两个鱼宝宝美吗？为什么？"的过程中交流、探索、发现，从而掌握线描画的基本规律，为接下来的创作提供支撑。

（4）儿童创作，教师指导要点

① 鼓励儿童大胆想象出各种奇形怪状的鱼，看谁想的和别人不一样。

② 启发儿童用不同的花纹装饰鱼，并注意线条的疏密变化。

③ 帮助儿童变化各种线条花纹。

（5）观赏评析作品

请儿童自由讲述自己所画的鱼。请个别儿童谈谈自己喜欢哪一条鱼，为什么？

教师小结：今天，小朋友帮助鱼妈妈找回了鱼宝宝，并且鱼宝宝身上的花纹都非常漂亮，线条的疏密也很好，鱼妈妈谢谢你们了，现在我来当鱼妈妈，小朋友来当鱼宝宝，我们一起游到大海里去做游戏吧。

（六）说教学特色

整个活动我以儿童的兴趣为出发点，在活动设计中，我既给予儿童技法上的帮助，又给予儿童充分的创造空间。活动中，我始终作为儿童的支持者、引导者和合作者；充分尊重每个儿童的创造，肯定、接纳他们独特的审美观和表达方式，让儿童在特别宽松、开放、愉悦的环境中感受美、表现美。根据对本次活动教法与学法的选择与教学程序的设计，活动的重难点一定会得到突破。但是由于孩子存在个体差异，所以，我在活动中还将根据孩子的基础和能力水平给予相应的指导，使孩子在原有的水平上得到最大限度的提高。

附录二
美术鉴赏素养的培养

一、美术鉴赏概述

美术鉴赏是运用感知、经验和知识对美术作品与美术现象进行感受、体验、欣赏和鉴别的情感活动与思维活动。人们在对美术作品鉴赏的行为中，通过自身的知识储备和对美术作品的理解，经过联想、想象、分析、情感认同等一系列思维运作，从而对美术作品做出审美评价，获得审美享受。

美术鉴赏不仅有对美术作品直观的感性认识，还有对其表现技巧、形式语言、艺术倾向、风格流派等方面进行理性分析和综合比较，所以这一情感活动带有很强的理性色彩。它主要通过对具体美术作品的解读和赏析，揭示美术作品的艺术特色和文化内涵。

鉴赏能力的高低通常与鉴赏者的综合审美水平与文化素养紧密相连。鉴赏能力能够通过后天的培养与学习逐渐提高，以美术鉴赏为基础的审美教育可以开拓人的艺术视野、增长知识、优化情感结构、提升人文素质。

二、美术鉴赏活动开展的基本条件

美术鉴赏活动的开展首先具备两方面的条件，其一是鉴赏的客体，也就是美术作品，其二是鉴赏的主体，也就是鉴赏者。满足了这两个条件就可以形成美术鉴赏活动，其中作为鉴赏主体的人起着积极主动的作用，而且需要拥有一定的鉴赏能力，也就是能够对美术作品有解读的能力，这样才会是一种圆满的美术鉴赏活动。当然，还有其他影响美术鉴赏活动顺利完成的许多方面，如环境、展示空间、灯光、地点、时间等因素。

三、美术鉴赏的意义

美术鉴赏的过程是审美主体与审美客体之间的精神碰撞，在碰撞中产生和谐统一。审美主体对社会生活的认识和审美经验的积累，以及个人生活经历的丰富程度，会对美术鉴赏活动产生非常重要的作用和影响。只有具备一定文化涵养、审美能力和长期日积月累的生活感受等客观现实基础，才可能产生丰富的想象力和艺术感染力，才可能用艺术的直觉去领悟作品的深刻含义。

美术鉴赏不仅对从事美术创作的创作者有意义，对社会生活中的每一个人也意义非凡，因为一个人的审美能力的高低不仅体现其审美水平及文化艺术修养的高低，而且能够让人从中体验艺术的魅力，陶冶情操，开拓思维，培养想象力与创造力。

四、美术鉴赏力的培养和提高

美术鉴赏能力的提高并非一朝一夕就能够实现的，需要鉴赏者在日常生活中主观地加强这方面能力的培养，是一个日积月累的过程。专门从事美术创作或美术史论相关专业的专业人员需要进行系统的学习，对美术作品、流派风格、艺术语言等进行深入的研究。普通的艺术爱好者则不必进行全面的学习，只需要培养自己的爱好，收集这方面的相关资料与书籍，多与专业人员请教、交流，了解中国与其他国家的美术简史，对于特别感兴趣的作品或艺术家进行较为深入的研究，由点及面，循序渐进。同时，不断加强自身的文化素养，加深生活阅历，提高审美修养。

做到以上几个方面，再加上自己对于美术鉴赏的兴趣，不断在美术鉴赏过程中积累与归纳，日后一定会越来越精于此道。

五、美术鉴赏的审美心理

1. 注意

在美术鉴赏中，首先要有审美主体对审美客体的关注与欣赏，也就是审美客体能够引起审美主体的注意。有了注意，才可能引起审美欣赏中的一系列审美活动。

2. 感知

对美术作品的感知是美术鉴赏的首要功能，没有对美术作品的感知，便不能获得美的享受，也不能受到某种教育。具有欣赏美的感知能力是美术鉴赏的前提条件，是人们获得美感的根本所在。

审美主体从美术作品中获得的愉悦或美的享受主要源于美术作品的艺术形式和内容。人们在欣赏音乐时产生的愉悦源于音乐的节奏、韵律和内容等，人们在欣赏美术作品时产生的美感则主要源于作品的表现形式、形象特点、艺术语言等。所以，感知在美术鉴赏中不可或缺，并影响着审美主体对美术作品的判断和理解。

3. 联想

美术鉴赏中的联想分为三个层面：其一，由一件美术作品联想到另外一件或另外几件美术作品；其二，由此种美术作品联想到其他形式的美术作品；其三，由此美术作品中的形象联想到与之相关的早已形成的美术作品和自身主观意象化的还未

形成的美术作品。

联想在美术欣赏中十分重要，这也能够体现审美主体的知识储备、审美能力及创造力，由一件美术作品联想到其他美术作品，这个联想过程自然包含对同类型美术作品的横向对比，对比的过程就是美术鉴赏的过程。而由此作品中的艺术形象联想到其他作品中的艺术形象，培养了审美主体的想象力。联想到未曾出现过的形象，则培养了审美主体的创造性思维。

4. 想象

不管是艺术创作还是美术鉴赏，想象在这些环节中都至关重要。由于任何美术作品或艺术品都不是平铺直叙的，其中会有许多类似于象征、暗喻、引导等作用的形象或符号。例如，"仁者乐山，智者乐水"。

任何好的美术作品都会给观者留有想象的空间和余地，人们通过观察画面中现有的物体和形象能够想象到大于现有形象数倍的物象与空间，从而获得美的享受与愉悦。

5. 理解

理解是逐步认识事物之间的联系直至认识其本质、规律的一种思维活动。不同审美主体对同一美术作品有不同的理解，理解程度与理解水平的高低也制约着审美主体的审美眼光。美术作品不仅具有感性的形象，而且有内在的寓意。所以，美术欣赏必然是情感体验与欣赏判断的结合，是感性因素与理想因素的结合。

6. 情感

情感在审美活动中至关重要，一件美术作品的好坏除了品质的高低，情感的传达也是衡量一件美术作品好坏的关键。

一件美术作品倾注了创作者大量的心血，蕴含着创作者饱满的情绪，审美主体也能够从中体会到创作者的情感变化。若审美主体感受到的情感与创作者所要传达的情感达到了高度的统一与契合，这便是从美术创作到美术鉴赏整个美术活动的成功。例如，罗中立笔下的父亲形象，让人感受到我国农民身上所具有的温厚、善良、勤劳和淳朴的美，这种美具有一种感人至深的力量。

美术作品的目的就应该是传达情感，而不仅仅是展现技法与形式，技法的高超与形式的多样终究胜不过情感的传达，创作者与审美主体能够达到情感的沟通与共鸣才是美术鉴赏最本质与最有价值的部分。

六、美术鉴赏的一般规律

1. 充分揣摩作品内涵

充分揣摩作品内涵体现在审美主体的主观能动性上面。审美主体要鉴赏一件美术作品，想要把它分析得到位且透彻，就要打开自己的鉴赏思维，运用自己的知识储备，通过对比分析、比较研究、联想与想象、情感共鸣来充分地认知作品，这样才有可能做到对作品进行比较充分且正确的鉴赏。

2. 身临其境感受作品

走进作品中，通过各种角色感受作品的力量。例如，分析艺术家潘鹤的雕塑作品《艰苦的岁月》，我们可以走进作品，进行细致地描述。吹笛子的是一位老红军。他坐在石头上，赤着脚，身上的衣服都破了，腰里挂着驳壳枪，帽子上的红色五角星十分鲜艳。他颧骨很高，额上的皱纹很深，浓浓的眉毛下面，一双眼睛特别有神。一位十来岁的小红军偎依在他的身旁，右手托着下巴，侧着耳朵倾听。小红军也赤着脚，衣服也很破，搂着一支跟他差不多高的步枪。通过这些，我们能够感受到：这一老一小都来到了人民的军队。战斗的岁月非常艰苦，可是他们充满了胜利的信心，相信一定能够彻底打垮敌人，使穷苦人都翻身做主人，过上幸福的生活。小红军听着笛声，出神地望着远方，他看到了未来，看到了希望。

3. 理性分析寻找规律

欣赏美术作品时应注意到规律性的内容，如绘画中的构图、颜色的搭配、画面的分割，雕塑中的造型、塑造手法的运用，书法中的线条、字的结构、整体气韵等普遍艺术规律，循序渐进地学习，慢慢地关注联想、想象和情感传达，从而对美术鉴赏有自己更高层次的理解。

总之，通过对美术作品的把握，掌握美术鉴赏中规律性的东西，把美术鉴赏的知识应用到对美术作品的鉴赏之中，从而形成自己独有的美术鉴赏的独特视角与艺术语言，实现美术教育的功能。

七、中外美术成就

1. 绘画

（1）出土的战国时期的《人物御龙帛画》（见图1）和《人物龙凤帛画》（见图2），是这一时期最经典的绘画作品，彼时还没有纸，但创作者已经在帛或绢等丝

织品上进行绘画创作，这两幅作品手法夸张，人物造型洒脱飘逸，概括性强且对比强烈，画面黑白灰分布有序，有节奏感，线条粗细和疏密变化大，密不透风、疏可走马。创作者运用象征手法，使画面中出现的龙、凤、鱼等形象灵活、生动也极具神秘感，具有十分丰富的文化内涵。

图1 《人物御龙帛画》，战国　　　　图2 《人物龙凤帛画》，战国

（2）东晋的顾恺之有"画绝、文绝、痴绝"三绝之称，与陆探微、张僧繇并称两晋南北朝"画界三杰"。其绘画的传世摹本有《女史箴图》（见图3）、《洛神赋图》（见图4）、《列女仁智图》等，以《洛神赋图》存世的摹本数量最多。此外，他所提出的"迁想妙得""以形写神"等艺术观点对后世影响极大。

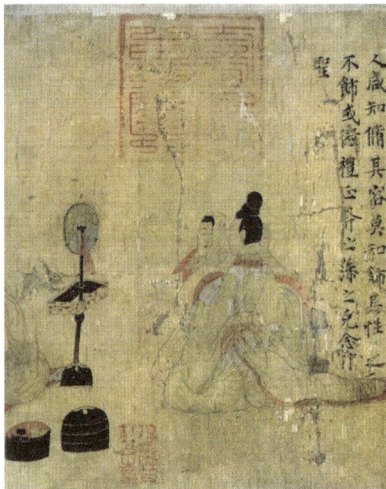

图3 《女史箴图》局部，顾恺之

图 4 《洛神赋图》局部，顾恺之

《女史箴图》是顾恺之的代表作品，此图依西晋张华的文学著作《女史箴》而画，内容是劝解宫中妇女遵守的一些封建道德规范。画家通过表现贵族妇女的生活场景，展现她们的神采，画面中每个人物都表现得十分细致入微，给观者一种活灵活现的感觉，让人身临其境。

（3）《步辇图》（见图 5）为唐代著名人物画家阎立本所画，作品以当时唐太宗下嫁文成公主与吐蕃王松赞干布联姻的事件为背景，画面表现了吐蕃使者禄东赞及其随从前来拜见唐太宗的情景。禄东赞及其随从明显的高原民族特色与唐太宗谦和外表中又蕴含的雄才大略形成对比，人物塑造刻画到位，线条挺拔有力而韧性十足，人物设色深沉、雅致，将人物的性格特征也展现得十分传神，到现在仍然具有重要的历史价值。在人物画方面还有阎立本的《历代帝王图》、吴道子的《八十七神仙卷》《天王送子图》、周昉的《簪花仕女图》等。

图 5 《步辇图》局部，阎立本

（4）山水画在宋代达到高峰，结构严谨，法度森严，深沉有力。其中范宽的《溪山行旅图》（见图 6）较具有代表性。

《溪山行旅图》纵约 206 厘米、宽约 103 厘米，表现了北方大山的巍峨雄强，主山体占了整个画面的三分之二，山体运用勾线再皴擦的方式层层叠加，最后呈现出厚重雄强的体势。画面下部表现近景，嶙峋的山石与树丛之间夹杂着过路的行人和牛马，行人与牛马在图中极小，这更加衬托出了山的高大，放眼望

图 6 《溪山行旅图》，范宽

去，让人如身临其境，赞叹不已。

（5）张择端，字正道，东武（今属山东）人。故宫博物院所藏《清明上河图》是其传世名作。

《清明上河图》（见图7）是展现宋代人民市井生活的真实写照，创作者采用散点透视的方法，将画面结构分为三段：纵横交错的街景、以汴河虹桥为中心的商贸活动和郊野风光。创作者观察细微，笔法严谨，聚散布局合理，展现了高超的绘画技巧和艺术水平。

（6）黄公望是元四家（黄公望、王蒙、倪瓒、吴镇）之一，他的代表作《富春山居图》（见图8）是中国十大传世名画之一。此图为横幅长卷，以苍润精练的笔墨和优美动人的意境表现浙江富阳、桐庐一带的山容水态和富春江上的秀丽风光。这幅画在清代顺治年间曾遭焚毁，断为两段。前半卷重新定名为《剩山图》，现藏于浙江省博物馆；后半卷《富春山居图》世称《无用师卷》，现藏台北故宫博物院。另外，同时代赵孟頫的《秋郊饮马图》和《鹊华秋色图》（见图9）也是非常著名的画作。

图7 《清明上河图》局部，张择端

图8 《富春山居图》局部，黄公望

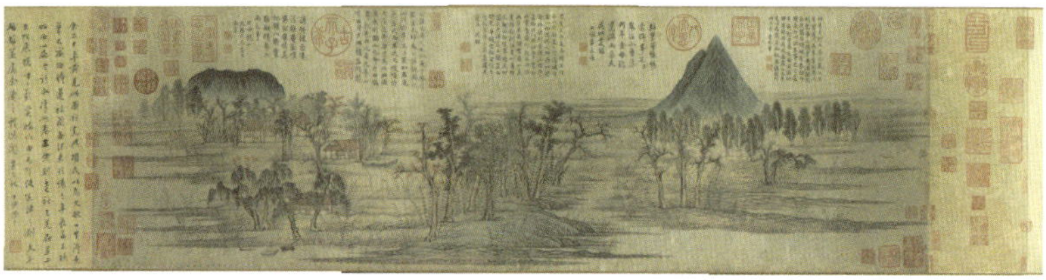

图9 《鹊华秋色图》，赵孟頫

（7）明四家（沈周、文徵明、唐寅、仇英）的绘画风格开创自沈周，形成于文徵明。他们的绘画以山水为主，多描绘江南风光与人文园林，代表性作品有沈周的《庐山高》（见图10）、唐寅的《落霞孤鹜图》。

（8）清四僧（朱耷、石涛、髡残、弘仁）是由于四位画家都是僧人，又具备各自的风格面貌，故统称为"四僧"，其作品以山水为主，兼有禽鸟花卉等题材，每人的作品各有特点。朱耷作品中的动物多表现白眼向天、不问世事的孤傲，整幅作品简逸荒寒；石涛的作品烦冗复杂，"搜尽奇峰打草稿"，尽显奇异之态；髡残的作品尽是淳雅之态；弘仁的作品给人一种幽疏的感觉。代表性作品有朱耷的《河上花图》（见图11）、石涛的《搜尽奇峰图》、髡残的《山水图》、弘仁的《黄山图》等。

图10 《庐山高》，沈周

（9）郑燮，字克柔，号板桥，江苏兴化人，乾隆元年（1736）进士。为官清正，性格旷达。有"狂""怪"之誉，为"扬州八怪"（罗聘、李方膺、李鱓、金农、黄慎、郑燮、高翔和汪士慎）之一。他书画皆善，画中以兰竹之作最负盛名，作品有《兰竹图》（见图12）等。

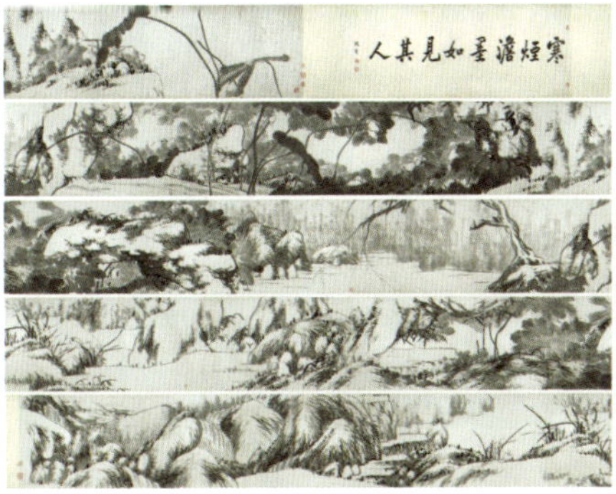

图11 《河上花图》，朱耷

图12 《兰竹图》，郑燮

（10）齐白石，原名纯芝，字渭清，又字兰亭，后改名璜，号濒生，别号白石山人、寄园、寄萍、寄萍堂主人、老萍、萍翁、寄幻仙奴等。湖南湘潭人，擅绘画、篆刻和书法，也攻诗词。绘画以花鸟见长。曾任中央美术学院名誉教授、中国美术家协会主席。20世纪中国画艺术大师，20世纪十大书法家、画家之一，世界文化名人。其作品笔墨老辣但不失生动，情感质朴天真，动物形态捕捉得十分到位，代

表作品有《虾》《蟹》《牡丹》《牵牛花》《蛙声十里出山泉》（见图13）等。

（11）徐悲鸿，1895年出生，江苏宜兴屺亭镇人，20世纪杰出的画家和美术教育家。徐悲鸿早年曾留学日本和法国，归国后坚持现实主义绘画创作道路，把西方写实观念和素描技法引入中国人物画的创作之中，为中国画的发展拓宽了道路。徐悲鸿画的马著称于世，他画的马打破了中国传统画马的造型程式，用笔肯定，用墨淋漓，奔马体态矫健，栩栩如生，收放自如，真正做到"尽精微而致广大"。代表作品有《奔马图》《愚公移山》《九方皋》等。

（12）傅抱石，江西新余人，原名傅瑞麟，因喜爱清初石涛的画，自号"抱石斋主人"，后遂改名为傅抱石。后得徐悲鸿赏识，赴日留学。1949年后任教于南京师范学院美术系，曾任江苏国画院院长、中国美术家协会副主席等职。其代表作品《江山如此多娇》（见图14）和《潇潇暮雨》等。

图13 《蛙声十里出山泉》，齐白石

《江山如此多娇》系傅抱石与关山月合作为人民大会堂绘制，通幅作品运用了现实主义与浪漫主义相结合的创作手法，俯视江山，云雾缭绕，咫尺千里，气势磅礴。这一艺术作品具有深远的历史意义。

图14 《江山如此多娇》，傅抱石、关山月

（13）文艺复兴三杰。

达·芬奇是整个欧洲文艺复兴时期最完美的代表。他是一位思想深邃、学识渊博、多才多艺的画家、寓言家、雕塑家、发明家、哲学家、音乐家、医学家、生物

学家、地理学家、建筑工程师和军事工程师。他的艺术实践和科学探索精神对后世产生了重大而深远的影响。

米开朗琪罗，意大利文艺复兴时期的画家、雕塑家、建筑师和诗人。

拉斐尔，意大利杰出的画家。他的作品博采众家之长，形成了自己独特的风格，代表了当时人们最崇尚的审美趣味，成为后世古典主义者不可企及的典范。其代表作品有油画《西斯廷圣母》、壁画《雅典学院》。

（14）印象派画家，19世纪法国印象派风靡西方美术界，并产生了许多大师与优秀的作品。他们倡导走出画室，描绘自然景物，以迅速的手法把握瞬间的印象，使画面呈现出新鲜、生动的感觉。代表画家马奈、雷诺阿、德加和莫奈等，他们都把"光"和"色彩"作为绘画追求的主要目的。代表性作品有马奈的《草地上的午餐》，莫奈的《日出·印象》（见图15）和《睡莲》，西斯莱的《马利港的洪水》等。

图15 《日出·印象》，莫奈

（15）凡高是我们众所周知的画家，但他生前并不得志，当时的人们对他的作品不屑一顾，如果不是其弟弟提奥的赞助，他早就没有了生活来源。可是他对绘画的渴望异常强烈，他非常勤奋，每天从早画到晚，人物、花卉、风景都有所涉猎，到他的绘画生涯后期，他笔下的物体逐渐倾向于表现性，夸张而怪异，他的作品《星空》是表现扭曲的树和含混的天空，让人感觉一定是画家的精神受到了刺激。而向日葵系列却充满了对生活的渴望，浓烈的笔触和鲜艳的色彩仿佛画家心中的乐符，轻快自然也大胆强烈，此幅《向日葵》（见图16）是凡高的绘画成熟时期的典型代表，整个画面充满温暖的气息，笔触也非常细腻，不禁让人沉浸其中。

（16）毕加索，西班牙画家、雕塑家，法国共产党党员。是现代艺术的创始人，西方现代派绘画的主要代表。毕加索是当代西方最有创造性和影响最深远的艺术家

之一，是20世纪最伟大的艺术天才之一。其代表作品有《格尔尼卡》《和平鸽》《亚威农少女》《生命》。

《格尔尼卡》（见图17）表现的是1937年德国空军疯狂轰炸西班牙小城格尔尼卡的暴行。作为一个具有强烈正义感的艺术家，毕加索对于这一野蛮行径无比愤慨。他仅用了几个星期便完成这幅巨作，作为对法西斯兽行的谴责和抗议。

图16 《向日葵》，凡高　　　　　图17 《格尔尼卡》，毕加索

（17）蒙德里安，荷兰画家，风格派运动幕后艺术家和非具象绘画的创始者之一，对后世的建筑、设计等影响很大。

《红、黄、蓝的构成》（见图18）是蒙德里安几何抽象风格的代表作。粗重的黑色线条控制着七个大小不同的矩形，形成非常简洁的结构。画面主导是右上方那块鲜亮的红色，不仅面积巨大，且色度极为饱和。左下方的一小块蓝色、右下方的一点点黄色与四块灰白色有效配合，牢牢控制住红色正方形在画面上的平衡，这些有限的图案与抽象的表达相互结合，象征构成自然的力量和自然本身，让观者充满遐想。

图18 《红、黄、蓝的构成》，蒙德里安

2. 雕塑

（1）商周

青铜器艺术在商周时代盛行，多为礼乐器，是统治阶级用以区别尊卑等级的器物。礼器一般有鼎、盂、瓻、豆、簋、钺等；乐器有铃、铙、鼓、钟、镈等。这一时期的代表性作品有《饕餮乳钉纹方鼎》《四羊方鼎》《曾侯乙编钟》等。另外，青铜人物雕塑、青铜动物雕塑或者雕有人物和动物的礼器也有较大批量的生产。在三星堆遗址中出土的文物中，高2.62米的青铜大立人（见图19）、宽1.38米的青铜面具、高达3.95米的青铜神树等，均体现了古蜀先民高超的创造力和工艺水平。

（2）秦朝

秦始皇陵兵马俑（见图20）是迄今为止出土的世界上最大的雕塑艺术宝库，坐落在陕西省临潼区骊山北麓。1974—1976年，在秦始皇陵东垣外的临潼西杨村南先后发现三座埋藏大型陶塑兵马俑的随葬坑。其中的兵俑布局严谨、排列整齐，各个兵种齐全，且各司其位，整体气势磅礴，全部面向东方。秦俑采取写实的表现手法，人物形态、面部表情、结构比例全都按照真实人的状态进行塑造与刻画；运用整体排列的方式，把相对单一的塑像进行有序的重复，产生排山倒海的气势，让人望而生畏。

图19 青铜大立人，三星堆遗址　　　　图20 秦始皇陵兵马俑1号坑

（3）汉朝

汉阳陵（汉景帝墓）出土了上万件举世无双的陶俑，以仕女俑最为著名。甘肃武威出土的东汉铜奔马，又名马踏飞燕（见图21），是国之重宝。霍去病墓石刻是汉代石刻艺术的高峰。现存的霍去病墓石刻有马踏匈奴、卧马、卧虎、人熊大战、

卧象、石蛙、卧牛、石蟾等14件雕塑作品，全都采用循石造像的方式雕刻而成。所谓循石造像是指根据石体外轮廓经过简单雕凿，恰如其分地表现出石刻形象，这样所雕凿的作品由于最大限度地保留原石本来的形态，所以整体的力量感和体量感尤为突出。

图21 马踏飞燕，东汉

（4）魏晋至隋唐

魏晋南北朝是古代雕塑史上的一个重要发展时期，规模巨大，技巧更成熟，并吸取、借鉴和融合外来艺术。这一时期雕塑的主要成就在四大石窟中得以体现，四大石窟分别是敦煌莫高窟、山西大同云冈石窟、河南洛阳龙门石窟、甘肃麦积山石窟。到了隋唐时期，开窟造像之风十分兴盛，四大石窟在这一时期更是得到了前所未有的拓展与丰富。

3. 建筑

中国古建筑以木结构建筑为主，在造型上，人字屋顶和飞檐斗拱体现了最典型的东方风格。保留至今的杰出古代建筑典范如下。

（1）皇家建筑：故宫（见图22）、天坛（见图23）、颐和园、承德避暑山庄、沈阳故宫。

图22 故宫

图23 天坛

（2）帝王陵寝：秦始皇陵、乾陵（见图24）、清东陵、清西陵、明十三陵（见图25）、南京明孝陵。

图 24　乾陵石狮

图 25　明十三陵

（3）防御工事：长城。

（4）最为古老的木建筑：仅存的唐朝木结构建筑——五台山古刹佛光寺和南禅寺；辽代木塔——山西应县木塔（见图26）。

（5）其他建筑：嵩山古建筑群、武当山古建筑群、五台山古建筑群。

（6）古老的砖石建筑：河北赵州桥、西安大雁塔、大理崇圣寺三塔、开封铁塔。

（7）江南园林：苏州的拙政园（见图27）、留园，南京的瞻园，无锡的寄畅园，扬州瘦西湖、个园、何园等。

图 26　应县木塔

图 27　拙政园

4. 手工艺品

中国古代手工艺技术的成就主要体现在青铜器、陶瓷器、玉器和纺织品等方面。

（1）青铜器

青铜器在商周时期达到了登峰造极的高度。汉朝以后逐渐没落，工艺逐渐失传。在河南安阳殷墟、陕西周原、江西、湖南、四川等地出土了大量青铜器国宝（见图28）。

（2）陶瓷器

中国古代陶器有悠久的历史。有旧石器时代晚期距今1万多年的灰陶，有距今8000多年前的磁山文化的红陶，有距今7000多年的仰韶文化的彩陶，有距今6000多年的大汶口的"蛋壳黑陶"，有距今4000多年的商代白陶，有距今3000多年的西周硬陶，还有秦朝的兵马俑、汉朝的釉陶、唐朝的唐三彩（见图29）等。到了唐宋时期，瓷器的生产得到迅猛发展，逐渐取代了陶器的历史地位。

图28　四羊方鼎

图29　骆驼伎乐俑

宋朝"五大名窑"：汝窑（见图30）、官窑、哥窑、钧窑和定窑。

景德镇瓷器：景德镇在明朝时成为全国制瓷中心。景德镇有四大传统名瓷：青花瓷、粉彩瓷、颜色釉瓷和玲珑瓷。

（3）玉器

玉文化是古代中国独特的传统文化。距今8000多年的辽宁查海遗址出土了大量玉佩、玉饰。内蒙古红山文化遗址出土了大型C形玉龙，被称为"中华第一龙"（见图31）。

距今4000多年的浙江良渚遗址发掘出土大量玉器，包括玉琮、玉钺等。经科学家勘别，良渚玉器所用玉为新疆和田玉。而在四川三星堆古蜀国遗址，发掘出土了良渚的玉器，说明在4000多年前中国东西部已经有了经贸交流。商朝玉器与青铜器一样是重要的礼器。河南安阳殷墟商朝妇好墓就出土了大量精美玉器。春秋战国时期，玉文化逐渐形成，玉与礼、德挂钩。《韩非子》记载了春秋时期和氏璧的故事。汉朝诸侯王殡葬时身着金缕玉衣。河北的西汉中山靖王墓出土了两套完整的金缕玉

衣。金缕玉衣是将多达两千多玉片用金丝编缀而成。宋、辽、金时期，玉器中实用装饰玉占据重要地位。宋徽宗赵佶嗜玉成瘾，金石学兴起。

图30 汝窑

图31 红山文化C形玉龙

（4）纺织品

现存最早的丝织品出土于具有5000多年历史的良渚遗址。西汉马王堆汉墓出土了仅49克薄如蝉翼的素纱禅衣（见图32）。中国四大名绣为蜀绣、苏绣、湘绣、粤绣。南京云锦、中国蚕桑丝织技艺于2009年成为联合国教科文组织评选的"人类非物质文化遗产"。

图32 素纱禅衣

5. 民间美术

民间美术也有着非常辉煌灿烂的历史，其种类繁杂、形式多样，且很多传承至今。

窗花剪纸是陕西民间最广泛、最普及的民间艺术活动，自汉代就有剪纸贴窗花的习俗，发展到近现代，陕西各地农村，上至老年妇女，下至青少年女子，几乎家家都延续了这一习俗，多数人会剪"花鸟虫鱼"，许多家户保存有"窗花底样"，逢年过节，前后窗格、墙头，都贴有各种人物、戏曲、山水、花鸟虫鱼、家禽、兽物等剪纸和窗花，尤其以剪纸最为普遍。

民间剪纸艺术大师库淑兰，其作品贴近生活且想象力丰富，剪纸手法娴熟，剪

纸作品精美绝伦，《寿桃》《空空树》《十二月花》《过家家》（见图33）等作品充满民间生活的质朴气息，很接地气，同时又具有非常高的艺术价值。

木版年画是中国历史悠久的传统民俗文化艺术形式，有着一千多年的历史，传承至今，天津杨柳青、河北武强、山东潍坊、河南朱仙镇、四川绵竹、陕西凤翔、福建漳州、广东佛山、湖南滩头等地还尚存木版年画作坊。年画取材于世俗社会生活，题材无所不包。根据王树村先生的统计，各种题材画样多达两千多种，有历史故事类、神话传说类、世俗生活类、风景名胜类、实事新闻类、讽喻劝戒类、仕女娃娃类、花鸟虫鱼类、吉祥喜庆类，等等。《无底洞》（见图34）系陕西木版年画作品，取材于"西游记"中的故事片段，画面内容诙谐幽默，妙趣横生，题材与创作手法相得益彰，乃木版年画中的佳作。

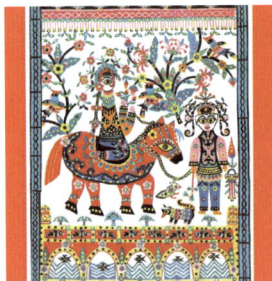

图33 《过家家》，库淑兰　　图34 陕西木版年画《无底洞》

皮影堪称当今影视艺术的鼻祖，起源于中国，是出现最早的戏曲剧种之一。据史书记载，皮影戏始于先秦，兴于汉朝，盛于宋代，元代时期传至西亚和欧洲，可谓历史悠久，源远流长，相传孔子的弟子子夏就曾利用皮影进行讲学，寓教于乐。

皮影本身也是我国民间美术中不可多得的艺术瑰宝，皮影的产地较多，其中滦州皮影颇具特色（见图35）。影人以驴皮制成，故又名驴皮影。演出时，影人前有大幅素纸幕，影人后有灯光，演者立于幕后，持影人于纸幕舞动，配以唱词与音乐，当地有谜语"远看灯火照，近看像个庙，里头人马喊，外边哈哈笑"。

图35 滦州皮影

6．文字和书法

（1）商朝

商朝时期，甲骨文（见图36）已经成为比较成熟的文字，用于王室和贵族的占卜活动。我国已出土甲骨15万片，共发现甲骨文4500余字，目前仅破译了1500余字。

（2）西周

金文（见图37）是铸刻在青铜器上的文字。西周晚期的毛公鼎，腹内铸有铭文499字，是目前已发现的铸刻铭文最多的青铜器。

图36　甲骨文

（3）秦朝

秦朝时期，标准字体是小篆，民间流行更简化的隶书。

（4）东汉

隶书是汉朝主要的字体，以《张迁碑》（见图38）等最具代表性。东汉末年，书法成为一种艺术。张芝是东汉时期著名的草书大家，被后人称为"草书之祖"。

图37　毛公鼎及其铭文　　　　图38　《张迁碑》局部

（5）曹魏

曹魏时期，钟繇开始把隶书转化为楷书，以《宣示表》（见图39）最具代表性。

图39　《宣示表》，钟繇

（6）东晋

东晋时期，最有名的书法家是"书圣"王羲之，其代表作品有《兰亭序》（见图40）和《黄庭经》。

（7）唐朝

初唐三大家：欧阳询、虞世南、褚遂良。其中欧阳询代表作品有《九成宫醴泉铭》（见图41）。

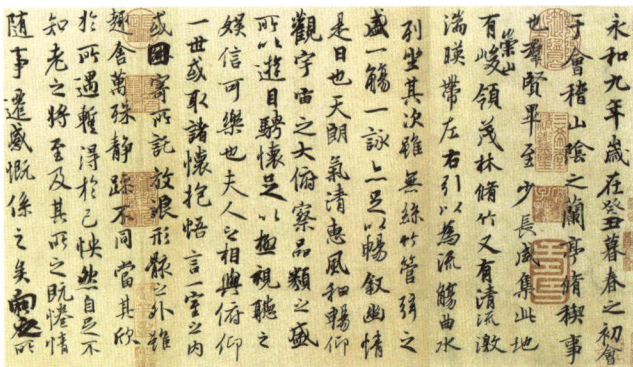

图40 《兰亭序》局部，王羲之

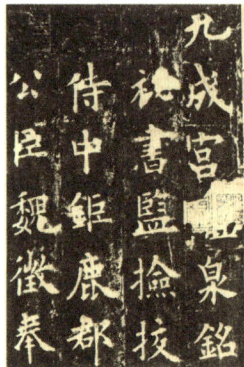

图41《九成宫醴泉铭》局部，欧阳询

盛唐：颜真卿，其书法作品被称为"颜体"，代表作品有《多宝塔碑》《颜氏家庙碑》（见图42）、《祭侄文稿》。

中晚唐：柳公权，其书法作品被称为"柳体"，代表作品有《神策军碑》《玄秘塔碑》《冯宿碑》《李晟碑》；张旭和怀素和尚被誉为"草圣"，其中张旭的代表作品有《古诗四帖》(见图43)。

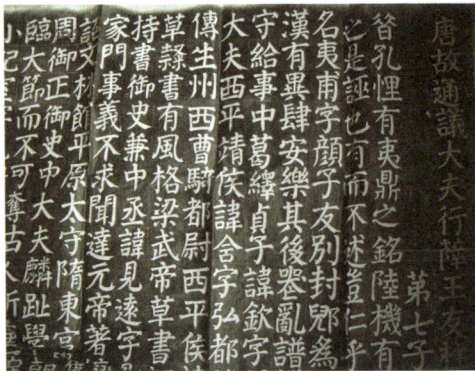

图42 《颜氏家庙碑》局部，颜真卿

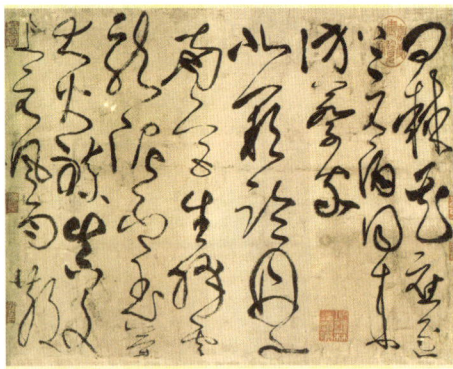

图43 《古诗四帖》局部，张旭

（8）宋朝

宋四家：苏轼、黄庭坚、米芾、蔡襄。宋徽宗赵佶也是一位杰出的书法家，以

"瘦金体"著称。其中，苏轼的代表作品有《跋吏部陈公诗帖》（见图44），黄庭坚的代表作品有《惟清道人帖》（见图45）。

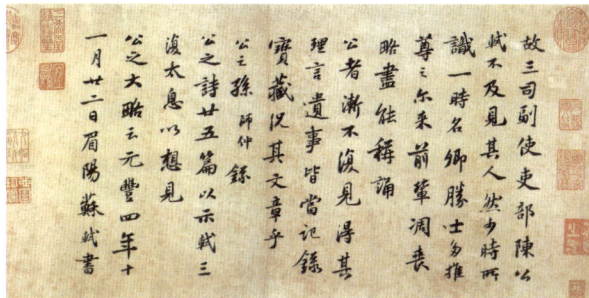

图44 《跋吏部陈公诗帖》，苏轼

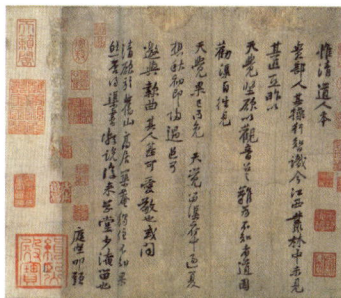

图45 《惟清道人帖》，黄庭坚

（9）元朝

赵孟頫与唐朝欧阳询、颜真卿、柳公权并称为"楷书四大家"。其中赵孟頫的代表作品有《雪岩和尚拄杖歌》（见图46）。

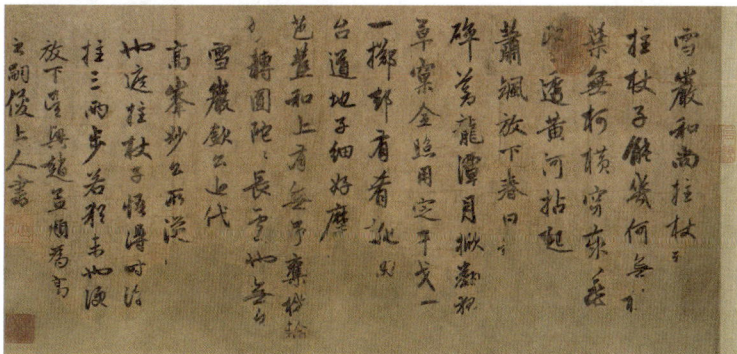

图46 《雪岩和尚拄杖歌》，赵孟頫

2009年，中国书法、篆刻艺术双双被联合国教科文组织列入"人类非物质文化遗产代表作名录"。

[18] 陈辉东 . 幼儿画指导手册 [M] . 台北：艺术家出版社，1990.

[19]（美）罗恩菲德 . 创造与心智的成长 [M] . 王德育，译 . 长沙：湖南美术出版社，1993.

[20]（美）伊莱恩 · 皮尔 · 科汉等 . 美术，另一种学习语言 [M] . 尹少淳，译 . 长沙：湖南美术出版社，1992.

[21] 崔学勤 . 发展幼儿的审美感知力 [J] . 合肥学院学报：社会科学版，2007（3）.

[22] 李英姬 . 我国幼儿美术教育目标历史演变研究 [D] . 长春：东北师范大学，2004.

[23] 吕静 . 基于绘本的幼儿美术主题活动设计研究 [D] . 济南：山东师范大学，2017.

[24] 严虎 . 儿童绘画心理学 [M] . 北京：电子工业出版社，2020.

[25] 余清臣 . 教育实践的哲学 [M] . 北京：北京师范大学出版社，2018.

[26] 尹少淳 . 尹少淳谈美术教育 [M] . 北京：人民美术出版社，2016.

[27] 顾明远 . 中国教育路在何方：顾明远教育漫谈 [M] . 北京：人民教育出版社，2016.

[28]（美）乔治 · S. 莫里森 . 学前教育：从蒙台梭利到瑞吉欧 [M] . 祝莉丽，周佳，高波，译 . 11 版 . 北京：中国人民大学出版社，2014.

[29] 陈艳蓉 . 游戏精神与学期儿童艺术教育研究 [M] . 北京：中国纺织出版社，2018.